财政部规划教材

国家会计导论

李连友　编著

中国财经出版传媒集团
中国财政经济出版社

图书在版编目（CIP）数据

国家会计导论 / 李连友编著．-- 北京：中国财政经济出版社，2023.6

财政部规划教材　中央财经大学“双一流”建设精品教材

ISBN 978-7-5223-2190-5

Ⅰ.①国…　Ⅱ.①李…　Ⅲ.①会计学-高等学校-教材　Ⅳ.①F230

中国国家版本馆 CIP 数据核字（2023）第 073493 号

责任编辑：马　真　　　　责任校对：张　凡

封面设计：北京兰卡绘世　　　　责任印制：党　辉

国家会计导论

GUOJIA KUAIJI DAOLUN

中国财政经济出版社 出版

URL：http：//www.cfeph.cn

E-mail：cfeph@cfeph.cn

社址：北京市海淀区阜成路甲 28 号　邮政编码：100142

营销中心电话：010-88191522

天猫网店：中国财政经济出版社旗舰店

网址：https：//zgczjjcbs.tmall.com

北京中兴印刷有限公司印刷　各地新华书店经销

成品尺寸：185mm×260mm　16 开　19.25 印张　373 000 字

2023 年 6 月第 1 版　2023 年 6 月北京第 1 次印刷

定价：68.00 元

ISBN 978-7-5223-2190-5

（图书出现印装问题，本社负责调换，电话：010-88190548）

本社质量投诉电话：010-88190744

打击盗版举报热线：010-88191661　QQ：2242791300

前言

《国家会计导论》是作者在《国民经济核算学》的基础上，从会计视角编著的一本教材。国民经济核算（National Accounting）在历史上曾有过“社会会计”“宏观（经济）会计”“总量会计”“国民账户”“国民（经济）会计”等多个称谓。早在1982年，闵庆全教授等将《国民经济核算体系（1968）》（A System of National Accounts 1968，英文缩写为SNA1968）引入我国时，考虑到“accounting”这个词的内容更贴近人们通常所了解的“核算”这个词的含义，故当时将National Accounting暂定名为“国民经济核算”①。这种称谓一直延续到联合国等五大国际组织编写的《国民经济核算体系（1993）》，直至联合国等五大国际组织出版了System of National Accounts 2008，我国国家统计局经与联合国等协商，才将国民经济核算体系更名为国民账户体系。这一名称的变更更加贴近国民账户体系是以工商会计（微观会计）核算方法（会计账户方法）为主要核算方法的宏观经济核算的特征。

国民账户体系作为整个统计体系中具有中心地位的核算体系，是在一定经济理论指导下，综合应用会计、统计和数学等方法，对一个国家（或一个地区）进行宏观核算的体系。这个体系自它产生至今的五个版本②，都是以会计核算为主要核算方法，履行了国家会计的职能。

在日常经济活动和生活中，社会上普遍存在一种对工商会计（微观会计，公司、集团会计）较为熟悉和十分重视，而对国家会计（宏观会计）十分陌生和忽视的现象。我曾在多个不同场合对不同职业或层次的人（包括许多公司的财务和会计方面的高管）询问过以下两个的问题：

1. 你听说过“国家会计”吗？

2. 你认为是由谁来承担国家会计的工作？

对于第一个问题几乎所有被询问者的回答是不知道。对于第二个问题的回答，要么是回答不知道，要么回答是财政部。实际上，财政部只是代表国家行使了“政府会计”的职能，而国家会计的职能则是由国家统计局（具体是国家统计局的国民经济核算司）和国务

① 参阅联合国经济和社会事务部统计处．国民经济核算体系（SNA）［M］．闵庆全，等译．北京：中国财政经济出版社，1982．“译者的话”脚注。

② SNA的五个版本分别为SNA1947、SNA1953、SNA1968、SNA1993和SNA2008。

院与编制国民账户体系相关的其他部委联合行使的。

鉴于上述，为提高全民对国家会计重要性的认识，更广泛地普及宏观经济核算知识，本人决定编写这本《国家会计导论》教材。

《国家会计导论》主要以国民账户体系为基础，摒弃国民账户体系中那些统计与数学的核算内容和方法，侧重从会计视角阐述有关宏观经济核算的问题。

编写一本《国家会计导论》教材，对于经济与管理类高校完善和丰富课程内容是十分必要和有益的。尤其是对于这类高校中的会计学专业，如果能够开设一门国家会计课程，无论是对于完善会计学理论的学科体系建设，还是普及会计专业学生的宏观会计核算知识，扩大他（她）们的宏观视野都具有重要的理论意义和深远的现实意义。

此外，由于我国社会各界（尤其是非统计人员）长期以来缺乏对国民账户体系的了解，而对工商会计又较为热衷和熟悉，从而造成使国民经济核算（宏观经济核算）成为一种仅限于统计界负责核算工作人员的一项专业性极强的工作，整个社会其他成员将国民经济核算视为高不可攀，或漠不关心的现象。这种状况对于提高国民素质和宏观经济管理水平都是极其不利的。将国民账户体系转化为国家会计，对于政府官员、学术界、媒体、商业界和社会公众提升对宏观核算的认识，熟悉和掌握宏观核算原理和方法，并将其运用于实践中以提高国民经济管理水平将会发挥极大的推动作用。

编写一本《国家会计导论》从实践上也是完全可行的。首先，国民账户体系（SNA）本身就是在宏观经济理论的指导下，借助于微观会计核算方法对宏观经济流量和存量进行核算的一种体系；其次，从国民核算数据的来源看，SAN 的绝大部分数据都来源于微观或中观的会计核算；最后，从统计与会计的关系看，历来有“会统是一家”的传统与说法，二者都是对经济运行（企业运营）中的有关流量和存量所进行的核算，其差异只是方法和范围的不同。

作者正是基于对以上问题的长期思虑，终于决定着手编写一本《国家会计导论》。从2019 年 3 月中旬个人动笔开始写出该书初稿的第一个字开始，经过长达 4 年多的不断写作、修改完善和三易其稿，今天终于完成了全书的成稿工作。但愿本书能为我国的宏观会计学科建设，以及国家会计人才的培养作出一份贡献。

在本书幸即付梓之际，我要十分感谢中央财经大学知名校友、中化资本有限公司副总裁、中化商业保理有限公司总经理张亚蔚女士。张女士对本书的编写和出版始终给予高度的关心与帮助。

本书的出版得到中央财经大学统计与数学学院领导和中国财政经济出版社的大力支持，在此，作者表示衷心的感谢。

李连友

2023 年 4 月于中央财经大学

本书使用说明

编写一本教材，通常需要回答好以下三个问题：首先要明确编写这本教材的目的是什么？为什么要编写这本教材？其次是这本教材的适用对象都有哪些？最后是如何布局教材的篇章结构和内容？关于第一个问题，作者已在前言中做了明确说明。这里着重就第二和第三个问题作出回答。

关于本教材的适用对象，作者首先认为是经济和管理类高校会计专业的本科生和研究生。本教材作为会计专业学生的必读教材，可以帮助该专业的学生在充分掌握企业单位会计（微观会计或工商会计）理论和方法的基础上，进一步扩展他（她）们的宏观视野和知识领域，了解掌握一些有关国家会计（宏观会计）方面的知识。其次是经济和管理类高校其他专业的本科生和研究生。本教材作为该类学生的选修选读教材，可以帮助他（她）们拓宽知识面，提高综合素质。最后是社会上各级领导干部和对国家会计感兴趣的人员。本教材可以作为这些人士丰富个人管理理论和知识的读物，以帮助他（她）们通过国家会计的管理手段来提高个人管理水平。

关于国家会计教材的篇章结构和内容的安排思路，通常可以有以下两种选择：

第一，按照国民经济运行过程各环节和内容来编排，即除了一些总论和概述外，会计核算的内容从生产核算开始，依次为生产核算——收入分配和使用核算——积累核算——资产负债核算。这种安排篇章结构的优点是，与联合国等国际组织编写的《国民账户体系》相一致，各个核算主体之间的核算内容不会出现重复的现象。但缺点是无法突出会计核算的主体特征。

第二，在一级会计核算层次上按照核算主体，即从非金融公司部门开始，依次按照非金融公司部门会计核算——金融公司部门会计核算——政府部门会计核算——住户部门会计核算——为住户服务的非营利机构会计核算——经济总体会计核算——国外会计核算来安排全书结构；在二级会计核算层次上再按经济运行过程各环节来安排各经济主体的会计核算内容。这样安排的好处是能够充分突出会计核算的主体特征。但缺点是，在第二个核算层次上，各部门核算的内容和科目会出现重复。

考虑到国家会计核算的关注重点和特征主要是经济主体的会计核算，所以，本教材采取了第二种思路来安排全书的篇章结构和内容。同时，为了避免不同部门之间对于相同领域核算内容（科目）出现重复的问题，本教材采取的方法是，凡是后面章节的核算内容（科目），包括基本概念、核算范围、科目解释等有与前面章节相同的，只要前面章节已有详细阐述，后面章节一律不再重复阐述。

为此，读者在使用本教材时需要注意：在阅读和学习某个核算主体的有关核算内容和问题时，如果本书对此项内容没有作详细阐述，大家可以从前面其他核算主体的相应核算部分寻找有关相同的内容。比如，关于生产的会计核算，由于非金融公司单位（部门）是生产货物和服务最重要的单位（部门），所以，有关生产会计核算的内容在这类单位（部门）的生产账户中阐述得就比较详细，而在其他单位（部门）的生产账户中就没有做过多的阐述。读者在阅读学习其他某一部门会计核算知识时，如果想了解该部门生产核算的更详细内容，就可以重点去阅读非金融公司（部门）生产账户中的有关内容。

总之，本教材作为一本国家会计的入门书，读者既可以从中了解国家会计核算的一些基本原理，也可以将其作为一本国家会计核算手册，根据国家相关部门发布的有关数据，尝试着核算一下国家会计这笔大账。

目录
Contents

第一章　总论

【学习目标与要求】

1. 掌握国家会计的含义、职能和特征；
2. 掌握国家会计的核算对象与会计要素；
3. 了解国家会计与工商会计的联系与区别。

第一节　国家会计概述

一、国家会计的含义

会计作为一种以价值管理为对象的经济管理活动，是整个经济管理的重要组成部分。作为一种管理活动，会计与其管理对象的发展有着密不可分的联系。会计的产生与发展是人们对各种经济活动进行科学管理的客观需要。

经济活动从活动所包含的范围看，有微观经济活动（个人与家庭、企业、政府机关和事业单位等的活动）、中观经济活动（一个经济总体中的机构部门的经济活动、产业部门的经济活动和区域经济活动）和宏观经济活动（经济总体的经济活动①）。长期以来，在人们的传统观念中，会计作为一种管理手段只是在微观经济活动层面发挥其职能与功效，却忽视了它在中观和宏观经济活动层面应有的作用。从理论上讲，宏观经济活动作为由微观经济活动经由中观经济活动的传导，再到宏观经济活动逐级汇总的集合，对它的科学管理同样需要会计这种有效的管理手段，即国家会计或宏观会计。实际上，从国际范围看，早在20世纪20年代的末期（1928年），当时的国际联盟就开始组织相关专家着手采用会计账户的方法核算宏观上的国民收入。经过80多年的理论研究和实践探索，至2008年已经发展成为由联合国、欧盟委员会、经济合作与发展组织、国际货币基金组织和世界银行共同编写，历史上第五版的《2008国民账户体系（System of National Accounts 2008, SNA2008)》。

国民账户体系是由一套按照逻辑严密、协调一致和完整的宏观经济账户、资产负债表和表式所组成的，包括符合国际惯例的概念、定义、分类和核算规则的核算框架。在这个框架内，经济数据得以按照经济分析、决策和政策制定的要求，以一定的程式编制和表述。国民账户体系的本质是，主要采用工商会计（微观会计）核算方法，以一套经济逻辑和原理为基础，通过设计一套完整的国民账户体系对宏观经济进行测度的核算方法制度体系。由此可见，从方法论角度看，国民账户体系就是一套完整的国家会计账户体系。

基于上述，作者给国家会计所界定的含义为，国家会计是以经济理论和逻辑为基础，在国民账户体系指导下，通过采用会计核算和账户的方法，从会计视角对国民经济进行管理的一种活动。国家会计是国民经济管理的重要组成部分。在国民经济管理体系中，国家会计有着其他管理手段不可替代的特殊职能。

二、国家会计的基本职能

会计职能是指会计作为一种管理工作所应当担负的职责和发挥的功能。国家会计的职能可以有很多，但其基本职能包括以下四个方面。

（一）核算国民经济活动的流量与存量

会计核算是国家会计的首要职能，也是国家会计全部管理活动的基础。任何组织要对国民经济活动进行管理，都首先要求国家会计能够提供真实、准确、完整、系统和及时的

① 人们习惯上将一个国家或地区的经济称为“国民经济”。实际上，国民经济一词较为模糊，其范围难以明确界定。为避免歧义，本书按照国际惯例，将传统意义上的一国国民经济称为“经济总体”。

会计信息。这就要求国家会计在微观和中观会计核算的基础上，对一定时期（通常为会计年度）内国民经济活动的流量和某一时点上的经济存量进行分类、汇总、审核和计算，从而为全部宏观经济管理（包括国家会计管理）活动提供必要的会计信息，以保证各种宏观管理所依据的数据资料数出有据。

（二）监测国民经济运行状况

国家会计的第二个职能就是对国民经济活动进行监测。国家会计中的许多科目，比如国内生产总值和人均国内生产总值、国民总收入和人均国民总收入，以及国民可支配收入和人均国民可支配收入，还有资本形成总额、最终消费支出、出口和进口等，作为衡量国家经济活动的综合性、全局性科目，已经被经济分析人员、政府官员、媒体、商业界和社会公众广泛接受和使用。这些总量科目常被用作监测国民经济运行状况、评估经济总体表现、判断政府所采取的某些经济政策效果的数据依据。

（三）开展宏观经济分析

国家会计的第三个职能是开展宏观经济分析。国家会计也可以用于分析宏观经济中许多活动的总规模、某些经济现象之间的数量关系、某种经济现象由量变到质变的数量界限等。即利用国家会计提供的信息，采用某种经济计量模型，对宏观经济领域诸如货物与服务生产、收入分配、最终消费、资本形成、金融交易、对外关系、资产负债等开展宏观经济分析，研究和估算不同经济科目之间函数关系的参数等。

（四）进行国际比较

国家会计的最后一个基本职能是进行国际比较。国家会计所遵循的是一整套国际通行的标准、概念、科目和账户序列、形式等。因此，由国家会计所形成的数据，诸如国内生产总值和人均国内生产总值、国民总收入和人均国民总收入等可以广泛地应用于国际比较，以分析评价不同国家之间的生产或收入水平的差异。同样，国家会计中的其他一些重要的总量科目也可以用作国家之间的比较。

三、国家会计的特征

国家会计（宏观会计）相较于企业会计（微观会计或工商会计）和部门会计（中观会计），既有许多相同之处也有显著的自身特征。它们的相同之处主要表现在一些会计术语、账户设计原理、多数记账规则等基本相同，但国家会计又有以下几点主要特征。

（一）国家会计是最高层次的综合性宏观会计

如前所述，会计按其核算的空间范围可以分为微观会计（个人与家庭、企业和政府单位等会计）、中观会计（机构部门会计）和宏观会计（国家会计）。国家会计是在前两种会计基础上，经过逐级汇总而形成的一种层次最高、综合性最强的宏观会计，其核算对象为所有国民经济活动，而并非个别单位或个别机构部门的经济活动。

（二）国家会计采用四式记账的记账规则

与企业会计或机构部门会计不同，由于国家会计记录和核算的是单位与单位之间、部门与部门之间的经济往来，一笔交易需要记录四次。即在每个单位或部门内部各记录两次（复式记账），从而形成四笔记录。因此，国家会计遵循的是四式记账规则，而不是企业会计或机构部门会计所遵循的复式记账规则。

（三）国家会计遵循经济逻辑设计账户序列

由于国家会计的核算对象是整个国民经济活动，因此在设计账户序列时就必然遵循经济学的基本逻辑，即按照“谁——经济活动主体”设计账户户主，分别包括非金融公司部门、金融公司部门、政府部门、住户部门和为住户服务的非营利机构；在“干什么——经济活动客体”设计账户内容，分别包括生产账户、收入分配账户、收入使用账户、资本账户、金融账户、资产其他变化账户和资产负债账户；它们“干得怎么样——用每个账户的平衡科目反映经济活动结果流量和存量”，分别包括国内生产总值、国民总收入、国民可支配收入、总储蓄、净借出（+）/净借入（-）、由资产物量其他变化引起的资产净值变化、由持有损益（包括名义持有损益、中性持有损益和实际持有损益）引起的资产净值变化和资产净值等。

（四）国家会计核算的内容和规则具备全面性、一致性和完整性

国家会计核算内容和规则的全面性、一致性和完整性特点分别表现在，整个账户体系包含了经济体所有活动过程和运行结果（全面性）；运用相同的核算规则度量所有经济主体所参与的一项特定活动产生的结果，由此形成了一致的价值（一致性）；对于某一经济主体特定活动所产生的所有结果都能在对应的账户中（包括资产负债表）得到反映（完整性）。

第二节 国家会计的对象与会计要素

一、国家会计的对象

学习和掌握国家会计的基本理论和方法，需要明确国家会计的对象，即国家会计核算和监督的内容是什么。

国家会计的对象是经济总体内部各类经济运行主体和以货币形式表现的国民经济活动，以及与经济总体有联系的国外和国外经济活动。具体包括以下五个方面。

（一）国民经济运行的主体——各种交易者

任何一项国民经济活动首先需要有该项活动的参与者，国家会计称其为交易者。这些交易者从宏观层面考察就是各种不同的机构部门。

（二）国民经济运行过程的客体——各种复杂的交易流量和其他流量

多数经济活动都是按照机构单位之间的相互协议而发生的。国家会计将这种按两个机构单位双方协议而发生的活动称为交易。然而并非所有的流量都属于交易流量，有些流量，比如地下资源的发现或耗减、自然灾害等造成资产的减少等都不是由交易形成的流量。国家会计将此类流量称为其他流量（非交易流量）。由此，交易流量和其他流量包括：（1）货物和服务交易，记录货物和服务的来源（国内产出和进口）与使用（中间消耗、最终消费、资本形成和出口）；（2）收入分配交易，包括收入初次分配交易和收入与财富再分配交易；（3）金融工具交易，记录各种金融工具的金融资产净获得或金融负债净发生；（4）其他积累交易，记录并非由交易活动而形成的流量。国家会计核算的对象为经济总体与机构部门层次的各种流量。

（三）国民经济运行结果的客体——资产和负债存量[①]

国家会计核算的存量对象为经济总体与机构部门在一定时点上所持有的资产、负债和

① 按国际惯例，国家会计认为，每种非金融资产没有对应的负债。只有除了货币黄金以外的其他各种金融资产才有对应的负债。

资产净值等存量状况。

（四）经济流量和存量的时间限制——会计记录时间

国家会计制度规定，对所有经济流量必须在其债权和债务产生、转换或取消时进行记录，即采用权责发生制的记账原则；对于资产和负债存量要在会计核算的期初或期末特定时点上记录。

（五）价值量核算介质——估价

国家会计制度规定，对于交易流量需要以市场价格作为估价的基本准则，即按照交易双方约定的实际价格进行估价。具体说，对于那些用货币作为交易手段的流量，要按实际发生的货币交易额记录；对于有些没有以货币作为交易手段的流量，要按照“虚拟”估价方法所得出的交易额记录。对于资产和负债存量则按在编制资产负债账户时的当期价格进行记录。

上述这些对象各自所包括的内容便构成了国家会计核算内容。

二、国家会计要素

国家会计要素，顾名思义就是从会计视角解释构成国家会计核算内容和方法的必要因素。如前所述，由于国家会计主要是对以货币价值形式表现的国民经济活动的流量和存量进行会计核算，其中，流量又分为经常交易流量和积累流量包括交易流量和非交易流量，因此国家会计主要由记录经常交易流量的来源、使用和平衡科目，反映积累流量的资产变化、负债变化和资产净值变化，以及记录经济存量的资产、负债和资产净值三组九个要素构成。

（一）来源、使用和平衡科目

在国民经济活动中，任何一项经常交易都会引起交易中的一方（机构单位或部门）增加经济价值，而另一方（机构单位或部门）同时减少等额的经济价值。国家会计将增加经济价值称为“来源”，将减少经济价值称为“使用”。如果分别将来源和使用分别置于一个账户的右方和左方，那么，用来源方所有科目的合计数减去使用方所有科目的合计数，就会得到一个差额。国家会计将这个差额称为“平衡科目”。由此，国家会计就有第一组三个要素的如下恒等式：

$$\text{来源方合计} - \text{使用方合计} = \text{平衡科目}$$

（二）资产变化、负债变化和资产净值变化

在国民经济的积累交易活动中，无论是通过资本形成获得或处置非金融资产，或是通过金融工具交易获得或减少金融资产，或是由于其他积累，包括资产物量其他变化和重估价增加或减少非金融资产或金融资产，都会引起资产价值的变化；与此相反，如果是通过金融工具交易增加或减少负债，或是由于其他积累导致负债增加或减少，都会引起负债价值的变化；如果将资产变化置于账户左方，负债变化和资产净值变化置于账户右方，这样，用资产变化方的合计数减去负债变化方的合计数所得的差额即为资产净值变化价值。于是，国家会计就有了第二组三个要素所构成的恒等式：

$$资产变化合计-负债变化合计=资产净值变化价值$$

（三）资产、负债和资产净值

国民经济经过各种积累交易活动后，在某一时点上就会形成一定的经济存量。这些经济存量的表现形式为各种非金融资产与金融资产、负债和资产净值。

国家会计所核算的资产是一种经济资产。这种经济资产是一种价值贮备，代表经济所有者在一定时期内通过持有或使用某实体所产生的一次性或连续性经济利益。经济资产是价值从一个会计核算期向另一个会计核算期结转的载体。

负债是债务人在特定条件下有义务向债权人所提供的一次性或连续性的支付。负债通常是依据具有法律约束力的合法合同确定的。

资产净值是机构单位或部门或经济总体拥有的全部资产减去全部未决负债之后的价值。根据国家会计恒等式原理，资产、负债和资产净值三者之间有如下的关系：

$$资产-负债=资产净值$$

第三节　国家会计与工商会计的关系

一、国家会计与工商会计的联系

国家会计作为一种基于经济学原理的严格核算规则来测度经济活动的宏观会计，与工

商会计（微观会计）之间既存在联系也有许多区别。二者之间的联系主要表现在以下三个方面。

（一）国家会计所使用的规则和程序以工商会计所使用的规则和程序为基础

国家会计既然是会计系列中的一种，从其诞生之日起在所使用的规则和程序方面都以工商会计所使用的规则和程序为基础。比如，工商会计中传统的“复式记账原则”在国家会计中就得以运用，并且在此基础上拓展为“四式记账”。再比如，有关记账的时间规定方面，国家会计所遵循的是与工商会计完全一致的“权责发生制原则”。

（二）国家会计的设计和结构依赖于工商会计的核算惯例

国家会计除了在一些规则和程序的使用上以工商会计的规则和程序为基础外，在设计和结构方面也借鉴了工商会计的惯例。尤其在会计账户的结构设计、记账原理、会计恒等式等方面，尽管存在一些诸如术语方面的细微差别，但总体上都依赖于工商会计惯例来进行。

（三）国家会计核算的基础数据都来源于工商会计资料

国家会计作为以经济总体运行过程和结果为对象的宏观会计，它不是无源之水无本之木，而其资料均来自工商会计。在核算过程中，通过部门会计（中观会计）的传导，将各种工商会计资料汇总成国家会计核算资料，以满足会计核算和分析的需要。

二、国家会计与工商会计的区别

国家会计与工商会计之间尽管存在上述的密切联系，但二者之间还是明显存在着以下五个方面的主要区别。

（一）两种会计的性质和层次不同

所谓国家会计，顾名思义，是算国家大账的会计。因此，国家会计是具有宏观性特征的最高层次的会计。而工商会计则是有关企业、单位运营过程中货币核算的，具有微观特征的基础性会计。这就决定了二者之间无论在性质或是层次方面都存在明显的差别。

（二）两种会计核算的目的和用途不同

国家会计核算的目的是为宏观经济分析、制定政策和决策服务的，而工商会计核算只是为本单位了解和分析运营状况，制定生产和投资决策服务。

由于两种会计的性质、层次和核算目的不同，决定了它们的用途也不同。如前所述，国家会计的主要用途在于监督经济活动、进行宏观经济分析、为宏观经济决策提供支撑和国际比较。而工商会计的主要用途在于企业内部会计核算和会计监督。即会计核算主要是通过价值量对经济活动进行确认、计量、记录和报告等，以反映企业内部各单位经营状况；而会计监督则主要通过预测、决策、控制、分析和考评等方法，促使企业的各项经营活动按照规定运行，以达到预期的目的。

（三）两种会计核算的范围不同

国家会计与工商会计在核算范围方面的差别主要表现在：

首先，从经济主体范围角度考察，国家会计核算的是整个国民经济活动，不仅包括国内所有机构部门（非金融公司部门、金融公司部门、一般政府部门、住户部门和为住户服务的非营利机构）的经济活动，还包括所有与国内经济有交往的非常住机构单位的集合——国外的经济活动。而工商会计核算的经济主体范围则只是公司（企业）内部各单位的经济活动。

其次，从经济客体范围角度看，国家会计核算的范围不仅包括生产、收入分配、投资和资产负债，还包括最终消费等。而工商企业由于不具有最终消费的功能，它们的可支配收入只用作投资（包括非金融投资和金融投资），因此工商会计核算的范围与内容并不包含最终消费。

最后，从交易的手段看，国家会计不仅包括对货币交易的核算，也包括对非货币交易的核算。后者诸如有些货物或服务并不是经过货币交易出售的，而是以易货形式用于交换其他货物或服务，或以转移形式提供给其他单位。再比如农民自产自用的粮食、蔬菜等。这些没有通过货币交易的经济活动国家会计都要通过利用虚拟估价的方法将其纳入核算范围内。而工商会计主要以货币度量为主，核算企业内部经济活动在价值量上的表现状况。

（四）两种会计设计和结构所依赖的理论和原则有所不同

国家会计的设计和结构尽管在很多方面遵循了工商会计的核算惯例，但由于国家会计是为经济分析和政策制定的目的而设计的，所以从依赖程度视角看，国家会计还是更加高度地依赖于经济理论和原则。当工商会计惯例与经济理论相冲突时，国家会计则优先考虑的是经济理论。这从国家会计所使用的许多概念（科目）与工商会计有所区别便可见一斑。比如，国家会计中的“生产成本”使用的是“机会成本”概念，即在某一特定生产过程中使用或耗尽的某些现有资产或货物的成本，是通过将这些资产或货物用于其他生产过程中能够获得的收益来衡量的。而工商会计中的“生产成本”是使用“历史成本”的概念，即要求对生产过程中所使用的资产或货物按照获得时发生的实际支出估价，不管其支出发生在过去什么时候。

（五）两种会计所使用的一些概念和核算内容不同

正是由于上述国家会计对经济理论与原则和工商会计惯例的依赖程度不同，两种会计在核算过程中所使用的一些概念（科目）及其核算内容也有所不同。

这些最重要的不同除了上面提到的生产成本以外，还有以下几个主要区别：(1) 工商会计常用的“固定资产折旧”，国家会计则用“固定资本消耗”。后者无论是范围还是数额都要大于前者。(2) 工商会计常用的“利润”，国家会计并不使用“利润”这一术语，而在非金融公司和金融公司的业主收入账户中使用了与利润接近的“业主收入”概念；在所有的收入再分配账户中所使用的“可支配收入”与工商会计中的“税后利润”接近。(3) 工商会计中将资产超过负债的部分称为“所有者权益”，国家会计则将其称为“资产净值”。(4) 工商会计在计算收入时不仅包括生产经营活动所取得的收入，还包括由不同单位之间资本转移得到或处置资产而增加（或减少）的收入，从与生产无关的事件（如自然资源的发现、战争或自然灾害等）中得到或处置的资产，以及由于相对价格变化引起的资产或负债实际持有损益。国家会计在计算收入时则不包括上述内容，而是分别将其作为资本转移引起资产净值变化、资产物量其他变化引起资产净值变化和持有损益引起资产净值变化来处理。

上述只是阐述了国家会计与工商会计的一些主要区别，其余一些细微的差别将在涉及具体内容时再加以介绍。

【复习思考题】

1. 什么是国家会计？国家会计的职能有哪些？
2. 国家会计具有哪些特征？
3. 国家会计的对象是什么？它有哪些具体表现？
4. 简述国家会计要素。
5. 阐述国家会计与工商会计的关系。

第二章　国家会计核算的基础

【学习目标与要求】

1. 掌握机构单位、机构部门的概念和分类；
2. 了解经济总体和国外的概念和特征；
3. 掌握国家会计账户体系的基本内容；
4. 掌握国家会计核算的基本规则。

第一节　国家会计中的机构单位、部门和经济总体

如前所述，国家会计核算的对象主要是以货币表现的国民经济活动，即经济总体的各种生产、收入分配和使用、资本形成和金融工具交易、资产其他变化，以及资产、负债和资产净值等。而经济总体则是由微观层面的所有常住机构单位、中观层面所有机构部门构成的。因此，了解如何界定国家会计中的机构单位、机构部门和经济总体，以及经济总体与国外的界限是十分重要的。

一、机构单位及其类型

（一）机构单位的含义及特征

机构单位是指能以自己的名义拥有资产、发生负债、独立从事经济活动并与其他实体进行交易的经济实体。

机构单位的基本特点包括：（1）有权独立拥有货物或资产，并因此能够通过与其他机构单位的交易变更对货物或资产的所有权；（2）能够作出经济决策、从事经济活动，并以自己的名义在法律上承担相应的直接责任；（3）能够代表自己发生负债，或承担其他的义务或承诺，签订契约等；（4）能够编制包括资产负债表在内的完整账户，或者在被要求时，有可能编制出这样的全套账户，而且从经济观点看，这种编制具有意义。

（二）机构单位的种类

国家会计认为，在现实社会中，具备机构单位条件的单位基本有以下两类。

1. 住户

住户是指共用生活设施，把住户成员的部分或全部收入或财产汇集起来使用，主要集体性地消费住房和食物等货物和服务的一群个人。

住户又可以进一步区分为个体住户和机构住户。

个体住户即为通常以家庭为单位的住户。

机构住户是指由诸如长期住在医院、养老院、宗教场所、监狱等地的人员所组成的住户。

2. 法律或社会实体

一个法律或社会实体（通常称为法人单位），是指被法律或社会承认的、独立于可能拥有或控制它的自然人或其他实体而存在的实体。包括公司、非营利性机构（NPI）和政府单位等。

（1）公司[①]。国家会计所定义的公司，是指满足①能够为其所有者创造利润或其他财务收益；②在法律上被认定为独立于其承担有限责任的所有者的法律实体；③为从事市场生产而成立等条件的经济实体。

在国家会计中，公司这一术语覆盖依法成立的法人公司，以及合作公司、有限责任合

① 国家会计中所使用的公司概念，要比单纯法律意义上的概念更为宽泛。

伙公司、名义常住单位和准公司等。

国家会计将公司划分为两类：一类是非金融公司，是指那些以生产市场性货物或非金融服务为主要活动的公司；另一类是金融公司，是指那些主要从事向其他机构单位提供金融服务活动（包括保险、养老基金服务等）的公司。

（2）非营利性机构（NPI）。非营利性机构（NPI）是指出于生产货物或服务的目的而建立的，但其法律地位不允许那些建立它们、控制它们或为其提供资金的单位利用该实体获得收入、利润或其他财务收益的法律或社会实体。

非营利性机构可以进一步区分为从事市场生产的 NPI 和从事非市场生产的 NPI。

（3）政府单位。政府单位是一种通过政治过程建立的、能在一个特定区域内对其他机构单位行使立法、司法和行政权的独一无二的法律实体。政府单位的主要职能是承担向社会和个体住户提供货物和服务的责任，并利用税收和其他收入在资金上支持这种供给；通过转移支付的手段对收入和财产进行再分配；同时从事非市场性生产。

（三）机构单位的常住性

国家会计中所设定的机构单位是一种常住单位，即在一个国家的经济领土范围内具有显著经济利益中心的机构单位。国家会计设计经济领土和常住性的概念，目的在于保证每一个机构单位是唯一的一个经济领土上的常住者，以进一步明确会计核算范围和避免重复核算。某个机构单位与某一确定的经济领土的联系，取决于该机构单位的自然存在地点和是否受该领土上政府之管辖等因素。

以经济领土作为国家会计核算的范围意味着，一个包含多个附属企业的集团，它的每一个成员都是各自所在的经济领土上的常住者，而不是全部归并到总部所在地的经济体中。

二、机构部门

机构部门是指将主要职能、活动和目标相同的机构单位归并在一起的机构单位的总称。由于机构单位可以划分为非金融公司、金融公司、广义政府、住户和为住户服务非营利机构，因此与机构单位对应的则是将经济总体中的机构部门划分为非金融公司部门、金融公司部门、政府部门、住户部门和为住户服务非营利机构部门。

（一）非金融公司和非金融公司部门

非金融公司是指那些以生产市场性货物或非金融服务为主要活动的常住公司。所有非金融公司的集合组成非金融公司部门。

（二）金融公司和金融公司部门

金融公司是指那些主要从事向其他机构单位提供金融服务活动（包括保险、养老基金服务等）的公司。所有金融公司的集合组成金融公司部门。

（三）一般政府单位和一般政府部门

一般政府单位是一种通过政治过程建立的、能在一个特定区域内对其他机构单位行使立法、司法和行政权的独一无二的法律实体。所有一般政府单位的集合组成一般政府部门。

（四）住户和住户部门

住户是指共用生活设施，共同使用部分或全部收入或财产，主要集体性地消费住房和食物等货物和服务的常住个人或个人群体。所有住户的集合组成住户部门。

（五）为住户服务的非营利机构和为住户服务的非营利机构部门

为住户服务的非营利机构是指从事非市场性生产、为住户提供服务、其资金主要来源于会员会费或社会捐赠，且所有活动不受政府控制的非营利常住单位。所有为住户服务的非营利机构单位的集合组成为住户服务的非营利机构部门（NPISH）。

三、经济总体和国外

（一）经济总体

经济总体是根据机构单位定义的。经济总体是由在一个国家经济领土范围内所有常住机构单位组成的集合。可见，经济总体是由一个国家所有常住单位构成的。

尽管从微观层面考察，经济总体是由一个国家所有常住机构单位构成，但从中观层面看，由于不同机构单位可以归类于各自不同的机构部门，因此，国家会计在核算经济总体的资金活动时，通常是将各机构部门的会计核算资料加以汇总得到的。

（二）国外

与某个经济总体中常住单位对应的是非常住单位，即其他经济体的常住单位。对于一个开放性的经济体，其中的常住单位总是要与该经济体以外的非常住单位发生经济往来。当常住单位与非常住单位之间发生交易时，国家会计则将所有非常住单位的集合称为国外。

国外尽管不是经济总体中的一个机构部门，但是，它的地位和作用类似于机构部门。因此，在国家会计核算中，通常也把国外作为一个机构部门来对待，并与经济总体中的五个机构部门并列，以方便核算国内各机构部门和经济总体与国外发生的经济往来。有关国外的详细内容将在后面的专门章节中阐述。

第二节　国家会计账户体系

账户作为会计核算的主要手段，国家会计是由一个完整的账户体系组成的，具体包括经常账户、积累账户和资产负债账户。

一、经常账户

经常账户记录的是国民经济活动中经常发生的交易流量，包括生产、收入的形成、分配和使用等。因此，经常账户序列由生产账户、广义初始收入分配账户（包括收入形成账户和初始收入分配账户）、广义收入再分配账户（包括狭义收入再分配账户和实物收入再分配账户）和收入使用账户组成。

二、积累账户

积累账户记录的是一定会计核算期内所有资产、负债和资产净值的变化。积累账户序列由资本账户、金融账户和资产其他变化账户（包括资产物量其他变化账户和重估价账户）组成。这些账户显示的是经济总体从期初资产负债账户到期末资产负债账户之间资产、负债和资产净值的全部变化金额。

三、资产负债表和资产负债账户

资产负债表和资产负债账户记录的是资产、负债和资产净值的存量。资产负债表序列包括会计年度期初资产负债表、会计年度期间资产负债变化表和会计年度期末资产负债表三张表。

资产负债账户是一个将期初资产负债表、四个积累账户和期末资产负债表集于一体，全面显示资产、负债和资产净值在期初的存量、期间的变化量及期末存量的账户。

第三节　国家会计核算的基本规则

一、设计账户的原则与方法

国家会计采用工商会计（企业会计）设计账户形式的原则和方法来构造它的账户形式，将价值量的增加项、减少项和差额分别置于账户的两侧，并分别赋予不同的会计术语。通常情况下，国家会计将经常账户、积累账户和资产负债账户分别设计成以下三种账户形式（见表 2－1 至表 2－3）：

表 2－1　经常账户

使用	来源
各种使用科目	各种来源科目
平衡科目	

表 2－2　积累账户

资产变化	负债和资产净值变化
各种资产科目	各种负债科目
	资产净值变化
平衡科目	

表 2－3　资产负债表

资产	负债和资产净值
各种资产科目	各种负债科目
	资产净值

通过上述三种账户或表的表式可以看出，国家会计对于有关账户左右各方应当包括的科目分为以下三种情况予以处理：(1) 对于经常账户，凡是能够为机构单位或部门或经济总体带来收入的交易都记录在账户的来源方；反之，凡是给机构单位或部门或经济总体带来支出的交易则记录在账户的使用方。(2) 对于积累账户，账户的左方记录资产的变化值，右方记录负债和资产净值的变化值。(3) 对于资产负债表，表的左方记录资产的存量，右方记录负债和资产净值的存量。

二、记账方法

记账方法是指当一项经济交易活动或其他业务发生后，如何将其记录在相应账户中的方法。对于机构单位或机构部门，国家会计采用的是工商会计中的复式记账方法。而对于经济总体，国家会计采用的则是四式记账方法。

国家会计之所以需要在经济总体层面采用四式记账方法，是因为在两个发生交易的机构单位或机构部门之间，任何一笔交易都需要在两个机构单位或机构部门的内部账户上各自进行一次复式记录。国家会计将这两笔复式记账合起来就形成了四式记账。

例如，当一个广义政府单位将一笔现金作为社会福利支付给所辖区域的一个住户时，这笔业务就需要在广义政府单位和住户单位分别记录两次（复式记账）。在政府账户中，两次记录是将这笔资金分别作为社会福利记录在收入再分配账户使用方的经常转移科目下，同时作为金融资产减少记录在金融账户资产变化方的通货和存款科目下；在住户账户中，则将这笔资金分别作为社会福利记录在收入再分配账户来源方的经常转移科目下，同时作为资产获得记录在金融账户资产变化方的通货和存款科目下。上述这笔交易的具体四式记账结果分别如表 2－4 至表 2－7 所示。

表 2－4　　政府单位收入再分配账户

使用	来源
经常转移	
实物社会转移以外的社会福利	
社会保障现金福利	

表 2－5　　政府单位金融账户

资产变化	负债和资产净值变化
通货和存款	
－通货	

表 2-6　住户单位收入再分配账户

使用	来源
	经常转移 　实物社会转移以外的社会福利 　　社会保障现金福利

表 2-7　住户单位金融账户

资产变化	负债和资产净值变化
通货和存款 　+通货	

三、记录时间原则

四式记账方法必须遵循的原则之一就是，交易或其他流量必须在同一时点记入交易双方有关账户中。这一原则也同样适用于资产、负债和资产净值存量的登录。

国家会计对于记录时间总的原则是，机构单位之间的交易必须遵循权责发生制原则，即交易双方必须在货物和服务所有权发生变更、债权与债务产生、转换或取消时进行记录。

四、估价原则和方法

（一）估价原则

四式记账方法必须遵循的另一个原则就是估价原则。估价原则要求交易双方必须同时对货物和服务按相同的价值将一笔交易记录在各自有关账户中。这一原则也同样适用于资产、负债和资产净值存量的登录。

国家会计估价的一般原则是将市场价格作为估价的基准。具体规定可区分为：（1）凡有货币支付行为的交易，都按交易双方认定成交的实际价格估价；（2）没有货币支付行为的交易，则按照发生的费用（如政府生产的非市场服务），或参照类似货物和服务的市场价格来估价；（3）内部交易包括入库、出库、中间消耗和固定资本消耗等，应当按这些交易发生时的当期价格而不是原价来估价；（4）资产、负债和资产净值则按照编制资产负债表的当期价格而不是原价来记录。

（二）估价方法

国家会计在核算不同科目时一共有三种不同的价格可供选用，它们分别是基本价格、生产者价格和购买者价格。

1. 基本价格

基本价格是生产者就其生产的每单位货物或服务产出，从购买者那里所获得的金额，扣除生产或销售时应付的所有税，再加上所获得的所有补贴后的金额。它不包括生产者在发票上单列的任何运输费用。

$$\text{基本价格} = \text{从购买者获得的单位产品金额} - \text{生产或销售时应付的所有税} + \text{生产或销售时获得的所有补贴}$$

由于基本价格不包含生产税和运输费用，并且将生产或销售时所获得的补贴包括在内，这样最能体现生产者生产每单位产品实际所获得的好处。

2. 生产者价格

生产者价格是生产者就其生产的每单位货物或服务产出，从购买者那里所获得的金额，扣除向购买者开列的所有增值税或类似可抵扣税以后的金额。它不包括生产者在发票上单列的任何运输费用。

$$\text{生产者价格} = \text{从购买者获得的单位产品金额} - \text{向购买者开列的所有增值税或类似可抵扣的税}$$

生产者价格和基本价格的共同点在于，它们都是用来核算生产产出的价格，它们都不包括在销售发票上单列的增值税或类似可抵扣税。但二者的区别在于，生产者价格中包括产品税（每单位产出的应缴税额），但不包括产品补贴（每单位产出获得的补贴）。

从上述可以看出，基本价格是归生产者所有的那部分，因此，该价格与生产者的决策密切相关。

3. 购买者价格

购买者价格是购买者在指定的时间和地点获得每单位货物或服务所支付的金额。它不包括任何增值税或类似可抵扣税，但包括购买者在其要求的时间和地点提取货物时单独支付的运输费用。

$$\text{购买者价格} = \text{生产者价格} + \text{购买者不可抵扣的增值税} + \text{另行支付的运输费用} + \text{批发、零售商的商业毛利}$$

国家会计制度规定，经济主体在核算生产产出时应当优先采用基本价格，当基本价格难以获取时，则可以采用生产者价格。经济主体在核算对货物服务的使用时通常采用购买者价格。

【复习思考题】

1. 什么是机构单位和机构部门？
2. 什么是常住单位和国外？
3. 什么是经济总体？经济总体中包含哪些类型的机构部门？
4. 简述国家会计账户体系。
5. 阐述国家会计核算的基本规则。

第三章　非金融公司部门会计核算

【学习目标与要求】

1. 掌握非金融公司部门的概念、构成、功能和特点；
2. 掌握生产的概念和核算范围；
3. 掌握生产成果的分类和核算方法；
4. 掌握非金融公司生产账户的科目和表式结构；
5. 掌握非金融公司部门收入分配账户的基本内容；
6. 掌握非金融公司部门积累账户的基本内容；
7. 掌握非金融公司部门资产负债表的基本内容。

第一节　非金融公司部门会计核算的基本问题

一、非金融公司部门的概念和构成

非金融公司部门是由经济总体中所有以生产市场性货物或非金融服务为主要活动的非金融常住公司所组成的整体。非金融公司是指以生产市场性货物或非金融服务为主要活动的公司。

一个经济总体中的非金融公司部门由该经济总体内的以下三种常住机构单位组成：(1) 所有的常住非金融公司；(2) 非常住企业在该经济领土内长期从事非金融生产的分支机构（国外控制的非金融公司)；(3) 所有为市场生产货物或非金融服务的非营利性机构 (NPI)。

二、非金融公司部门的特点和功能

在整个经济总体中，非金融公司部门具有以下两个显著特点和功能。

首先，非金融公司部门是市场性货物和非金融服务最主要的提供者。

其次，非金融公司部门只具有生产、收入分配和积累的功能，而不具备最终消费的功能。

三、非金融公司部门会计核算的内容

由于非金融公司部门不具有最终消费的功能，因此国家会计对该部门的核算，主要包括生产核算、收入分配核算、积累核算和资产负债存量核算等，并分别采用生产账户、收入分配账户、积累账户和资产负债表的手段（形式）核算和表现各自的内容。

第二节 生产账户

一、生产的概念、范围和成果

（一）生产的概念

国家会计所界定的生产是一种经济生产，是指在机构单位的负责、控制和管理下，利用劳动、资本、货物和服务（含知识载体产品）的投入而生产出新的货物或服务（含知识载体产品）的活动。

作为经济生产，必须有一个机构单位对这个生产过程负责任，并有权拥有作为产出的货物或知识载体产品，或者有权为所提供的服务接受付款或其他补偿。而非经济生产是指没有人或机构单位参与或管理的自然过程，如国际海域中鱼类的无控制增长。

（二）生产的范围

国家会计在明确界定了生产的概念为经济生产基础上，也为经济生产划定了核算范围。即包括在生产核算范围内的有以下几类具体生产活动：（1）生产者提供或准备提供给其他单位的所有货物或服务的生产，包括在生产这些货物或服务过程中所消耗的货物或服务的生产；（2）生产者为了自身的最终消费或资本形成所保留的所有货物的自给性生产；（3）生产者为了自身的最终消费或资本形成所保留的知识载体产品的自给性生产，但按惯例不包括住户部门的自给性服务的生产；（4）自有住房者的自给性住户服务（自有住房服务的虚拟收入）；（5）雇佣付酬家务人员进行的家庭和个人服务的生产。

从上述有关生产核算的范围可以看出，国家会计除了将住户内为自身最终消费而生产的家庭和个人服务排除在生产核算范围之外，其余内容与一般生产范围基本是一致的。

不属于国家会计生产核算范围内的住户自给性服务主要包括：（1）住户成员对其所住房屋的清洁、装饰和保养，包括通常由房屋承租人或房主对房屋进行的小修（所购买的原材料作为最终消费支出处理）；（2）住户成员对家庭耐用品或其他货物，包括住户家用的车辆的清洁、保养和维修；（3）住户成员对膳食的制备与提供；（4）住户成员对家庭儿童的照顾、培养和管教；（5）住户成员对家庭中病人、体弱者或老人的照顾；（6）住户成员对家庭成员或货物的运送等。

（三）非金融公司部门生产核算范围

非金融公司部门所有的运营活动首先是从生产开始的。因此，如何根据国家会计关于划分生产范围的标准，正确界定非金融公司部门的生产核算范围，不仅关系到对该部门生产核算的准确性，还影响着该部门后面一系列核算内容的科学性和准确性。

根据国际准则，国家会计为非金融公司部门所界定的生产核算范围包括以下三类活动：（1）生产者在市场上提供或准备提供给其他单位的所有货物和服务（含知识载体产品）的生产，包括在生产这些货物或服务过程中所消耗的货物或服务的生产；（2）生产者为了自身资本形成所保留的所有货物的自给性生产；（3）生产者为了自身资本形成所保留的知识载体产品的自给性生产。

（四）生产的成果

生产的基本原理表明，生产者的一定量投入必定会带来等量的产出。国家会计为了全面、准确地核算作为生产成果的产出，主要从以下三个方面对生产成果进行了分类和核算。

1. 货物和服务——产品

生产成果从形态角度考察，可以区分为货物和服务（含知识载体产品）。

货物和服务（含知识载体产品）统称为产品。

（1）货物。货物是指对其有某种需求，且能够确定其所有权的有形产品。例如，面粉、电视机和机床等。这些有形产品被生产出来以后，它们的所有权可以通过市场上的交易从一个机构单位转移给另一个机构单位。

货物具有以下四个明显特征：①货物的生产和交换属于两种完全独立的活动；②货物在未被使用以前可以储存；③一般情况下，货物的生产过程和使用过程都是分离的；④货物不仅可以满足居民或社会最终消费需要，还可以用于生产其他货物或服务。

（2）服务。服务是一种无形产品，是服务生产者通过提供服务所获得的生产成果。作为生产活动的成果，服务生产者通过提供各种服务活动，可以改变消费单位的状况，或促进产品或金融资产的交换。服务可以分为以下两类。

①促成变化服务，是指生产者按照消费者的需要进行活动，以实现消费单位状况的改变的活动。服务消费者通过聘请服务生产者提供服务所能获得的变化包括以下三方面：一是改变消费品的状况。服务的生产者通过运输、清洁、修理或其他改变货物的方式，直接作用于服务的消费者所拥有的货物上。如运输改变的是货物的空间状况；清洁和修理改变的是货物本身的状况。这些服务的目的都是确保货物价值的顺利实现。二是改变消费者的身体状况。服务的生产者向消费者提供运输、食宿、医疗或手术、美容等服务。这些服务都是为满足消费者生活需要的服务。三是改变消费者的精神状况。生产者为消费者提供教育、信息、咨询、娱乐或类似的面对面服务。

②增值服务，是指一个机构单位为另外两个机构单位之间变更货物、知识载体产品、某些服务或金融资产的所有权而提供便利的活动。增值服务由批发商、零售商和各类金融机构提供。如服务的生产者提供保险、金融中介服务、保护、担保等。

与货物相比，服务具有以下三个重要特征：一是服务的生产和销售不能分离；二是服务不能被储存；三是服务的生产和消费过程同时发生，当生产完成时，它们就已经被提供给消费者。

（3）知识载体产品。知识载体产品，是指那些以消费单位能够重复获取知识的方式而提供、储存、交流和发布的信息、咨询和娱乐等。

国家会计在核算生产成果时，没有将知识载体产品单独作为一种产品类型，而是根据其所包含货物或服务比重的大小来确定将其归入货物还是归入服务。当某件知识载体产品中所包含的货物价值量占总价值量的比重超过服务所占比重，则将其包含在货物产出内；反之，则将其包含在服务产出中。

2. 总产出、中间产出和最终产出

生产成果从流程角度考察，可以区分为总产出、中间产出和最终产出。

（1）总产出。总产出也称总产值，是指一个基层单位生产的全部货物和服务（含知识载体产品）的总价值，包括中间产出和最终产出的价值。

（2）中间产出。中间产出也称中间产品（从使用角度也称为中间消耗或中间使用），是指生产过程中使用的那些除了固定资产以外的原材料、能源等消耗品的价值。

（3）最终产出。最终产出也称最终产品，是指产品结束了全部生产加工过程，可供社会最终使用的产品中所包含的新创造价值和固定资本消耗的价值。

总产出、中间产出和最终产出三者之间的关系为：

总产出 = 中间产出 + 最终产出

3. 市场总产出、为自身最终使用的总产出和非市场总产出

生产成果从市场化程度角度考察，分为市场总产出、为自身最终使用的总产出和非市场总产出。

（1）市场总产出。市场总产出是指生产者准备在市场上以有显著经济意义的价格予以销售的产品价值。有显著经济意义的价格就是对生产者愿意提供的产品数量和购买者希望购买的数量均有重要影响的价格。

（2）为自身最终使用的总产出。为自身最终使用的总产出也称自给性总产出，是指生产者为自身资本形成或最终消费而留用的产品价值。

（3）非市场总产出。非市场总产出是指由政府或为住户服务的非营利机构生产的，以免费或按没有显著经济意义的价格提供给其他机构单位或全社会使用的货物或个人及公共服务的价值。

二、非金融公司部门生产核算中的主要科目

（一）总产出

非金融公司部门核算的总产出科目包括以下两种子科目。

1. 市场总产出。

2. 为自身最终使用的总产出。

（二）中间消耗

中间消耗即前述的中间产出，是指生产过程中作为投入所消耗的除固定资产以外的货物和服务的价值。

在确定中间消耗的范围时，除了绝大部分货物和服务可以作出明确划分外，对于那些容易混淆的支出，应当明确区分哪些支出应当包括在中间消耗范围内，哪些支出不应当包括在中间消耗范围内。

1. 中间消耗包括的支出

除了可以明确确定为中间消耗的绝大部分货物和服务的支出外，应当包括在中间消耗范围内的支出还有：

（1）企业为使用固定资产所支付的租金，包括通过经营租赁从其他单位租借的设备或厂房，在许可协议中应付的服务费、佣金和税款等。

（2）未作为独立基层单位的单位所提供的辅助服务，包括购置、销售、营销、会计核算、统计核算、数据加工、运输、仓储、安全保卫等。

（3）雇员为了完成工作而必须使用的货物或服务，包括只能在工作时间穿戴的工作服、鞋帽等；在工作中使用的工具；工作场所提供的住宿服务（雇员家人不能使用）；特殊工作条件下所必需的专用膳食或饮料；为因公出差的雇员提供的交通和住宿服务以及伙食补贴；因工作需要的更衣设施、厕所、淋浴、浴缸等；因工作所需的急救设施、医疗检查或健康检查等。

（4）小型、价廉和操作相对简单，经常发生支出且数额比机器设备小很多的耐用生产资料，如手工工具中的锯、锤子、改锥等。

（5）对生产中所使用的固定资产的日常定期保养和修理，如更换坏损的零件。

（6）不会给所有者带来任何经济利益的研究与开发。

（7）对炸弹、鱼雷及其零部件等军事耐用品的使用。

（8）政府向生产者所提供的有偿服务。

（9）各种以商会、行业协会形式存在的非营利机构中会员所缴纳的捐款、赞助费或会费。

（10）生产者将某些生产活动或生产支持活动，如办公室的清洁、安保等进行外包所发生的支出。

2. 中间消耗不包括的支出

（1）企业用于贵重物品的支出。

（2）企业所拥有固定资产的逐渐磨损引起的成本。

（3）雇员在工作时间以外也可穿戴的衣物和鞋类等工作服。

（4）政府为企业提供的，收费未能弥补服务成本的收费服务。

（三）固定资本消耗

固定资本消耗是指生产者拥有的和使用的固定资产存量，在会计年度内由于物理退化、正常报废或一般意外损伤所导致的现期价值的减少。

值得注意的是，国家会计中的固定资本消耗尽管与工商会计中的固定资产折旧有一定的联系，但二者之间还是存在很大区别，并且国家会计制度规定，不能用固定资产折旧代替固定资本消耗①。

国家会计制度之所以强调不要用工商会计中的固定资产折旧代替固定资本消耗的主要原因是，工商会计中的折旧通常用于历史成本的核销，而国家会计中的固定资本消耗则取决于固定资产的现期价值。

固定资本消耗计算的范围包括生产者拥有的，通过生产过程而生产出来的全部固定资产，即所有诸如房屋、道路、桥梁、水坝之类的构筑物和机器与设备等。

固定资本消耗计算的内容包括：（1）由于自然退化（生产过程中的物质消耗）而下降的价值；（2）由于技术进步和新替代品的出现所导致对其服务需求减少而下降的价值；（3）在正常或预料之内的意外损失所导致的资产的损失，如由于火灾、风暴和人为失误等致使生产中所使用的固定资产发生的损失。但是，由于战争或不常发生的严重自然灾害，如大地震、火山爆发等造成的损失不包括在固定资本消耗中，而应当记录在资产物量其他变化中。

（四）增加值

增加值是常住单位核算期内由生产过程所创造的新增价值和固定资本消耗价值之和。其中，由生产过程所创造的新增价值包括雇员报酬、生产税净额和营业盈余。

国家会计将包含固定资本消耗的增加值称为总增加值；将不包含固定资本消耗的增加值称为净增加值。

增加值通常有以下两种核算方法。

1. 生产法

$$总增加值 = 总产出 - 中间消耗$$

$$净增加值 = 总增加值 - 固定资本消耗$$

---

① 尽管理论上国家会计制度规定不允许用固定资产折旧代替固定资本消耗，但现实中，由于固定资本消耗的资料很难获得，在国家会计实际核算中还是采用替代的方法。

2. 收入法

$$总增加值 = 雇员报酬 + 生产税净额 + 固定资本消耗 + 营业盈余$$

$$净增加值 = 雇员报酬 + 生产税净额 + 营业盈余$$

或

$$净增加值 = 总增加值 - 固定资本消耗$$

增加值是生产账户的平衡科目，也是下一个账户——收入形成账户的起始科目。

三、总产出、中间消耗和固定资本消耗的估价与记录时间

（一）总产出的估价与记录时间

1. 总产出的估价

对于总产出的估价，分别按市场总产出、市场生产者为自身最终使用生产的总产出，以及非市场总产出三种情况进行。

（1）对于在市场上按有显著经济意义的价格出售的货物和服务（市场总产出），应当优先采用基本价格进行估价。只有当无法获取基本价格时，才使用生产者价格进行估价。

（2）对于市场生产者为自身最终使用生产的总产出（自给性总产出），可以分成两种不同情况分别进行估价。一种情况是，在可以获得与此类货物或服务相同的货物或服务足够多销售数量前提下，按这些货物或服务的平均销售价格进行估价；另一种情况是，如果无法获得平均价格，则应当按所发生的生产总成估价。

（3）对于政府单位和为住户服务的非营利机构生产的非市场总产出，应当按生产总成本估价。

2. 总产出的记录时间

对于大部分可以在一个会计核算期（如一个月、一个季度或一年）完成生产过程的货物和服务，通常是在它们生产完成时予以记录。对于生产过程保持在两个或两个以上会计核算期的货物和服务（如建筑、船舶等大型耐用品），应当将在会计核算期已经完成的货物和服务的那部分作为“在制品”，记录这些在制品的价值。

（二）中间消耗的估价和记录时间

对于作为中间投入而消耗的货物或服务，通常按照这些货物或服务进入生产过程时通行的购买者价格估价，也就是在这些货物被使用时生产者如果要重置它们所需要支付的价格。

货物和服务的中间消耗在它们进入生产过程时予以记录。

（三）固定资本消耗的估价和记录时间

对于固定资本消耗，应当按该资产当前通行的实际价格或估计价格及租金来计算，而不应当按最初获得时的价格计算。具体方法是，采用永续盘存法计算出会计核算期的资本存量，然后再通过固定资本消耗率计算出固定资本消耗的价值。

由于固定资本消耗贯穿于整个生产过程，因此，对于它的记录通常在核算期的生产过程结束时记录。

四、非金融公司部门的生产账户

将上述生产核算的所有科目分别置于生产账户的来源方和使用方，即可编制出非金融公司部门的生产账户。

现以联合国等国际组织编写的《2008 国民账户体系》①② 中的有关数值为例，说明非金融公司部门生产核算的内容及生产账户的编制方法和表式。

【例 3－1】 已知某经济总体的非金融公司部门，在某个会计年度的生产情况如下：

通过生产所取得的市场总产出为 2808，没有生产自给性总产出。

在生产中消耗的材料和能源为 1000；企业为商会缴纳的会员费和捐款分别为 20 和 7；企业为未独立设立基层单位所提供的辅助服务支出的费用 10；企业为进行生产在为雇员提供的货物和服务方面发生的应付支出为 150，其中有 10 个单位价值的工作服雇员可以在工作以外的时间穿；企业为政府提供的有偿服务应付金额为 15，其中有 5 个单位的政府收费低于其成本；企业的研究与开发应付支出为 40，其中，有 35 个单位的支出为企业带来了收益；生产过程中对小型工具和对机器设备日常保养和维修的应付开支分别为 20 和 35。

用于生产中的固定资产由于自然退化而减少的价值为 140；由于技术进步而被提前淘汰退出生产使用领域的固定资产为 10；由于火灾和其他人为因素造成的固定资产损失为 7；由于特大地震造成的固定资产损失为 8；生产企业应付给使用外单位固定资产的租金为 200。

现根据以上有关会计科目的数据，核算该非金融公司部门在该会计年度生产的总增加值和净增加值，并将所有数据编制成生产账户。

由上述会计分录所记录的数据可知，要核算出非金融公司部门该会计年度的增加值和编制生产账户，需要按以下步骤进行。

---

① 参见联合国等 . 2008 国民账户体系［M］. 中国国家统计局国民经济核算司，等译 . 北京：中国统计出版社，2012.

② 本书中所有有关账户中的数值都取自①中的相关数值，例题中对一些账户里的一级或二级科目的数值进行了具体分解和改编。

第一步，计算出中间消耗。依据前述国家会计对中间消耗核算所界定的范围，从上述资料中筛选并计算得到的该非金融公司部门会计年度中间消耗为：

中间消耗（1477）=材料和能源（1000）
+固定资产租金为（200）
+为商会捐款和会员费（27）
+辅助服务支出（10）
+为雇员提供的货物和服务（140）
+政府为企业提供的有偿服务（10）
+研究与开发支出（35）
+小型工具支出（20）
+机器设备日常保养和维修（35）

第二步，计算固定资本消耗。依据国家会计制度规定的固定资本消耗核算范围和上述已给出的会计分录资料，该非金融公司部门会计年度固定资本消耗为：

固定资本消耗（157）=自然退化减少的价值（140）
+技术进步淘汰的价值（10）
+正常损失价值（7）

第三步，分别计算总增加值和净增加值。

总增加值（1331）=总产出（2808）－中间消耗（1477）

净增加值（1174）=总增加值（1331）－固定资本消耗（157）

第四步，将上面已知的总产出和经过计算得到的中间消耗、固定资本消耗、总增加值和净增加值填入生产账户。

按照国家会计编制账户的基本规则，分别将总产出列在生产账户的来源方（右方），中间消耗和增加值列在生产账户的使用方（左方）。因此，该非金融公司部门该会计年度增加值的核算结果及所编制的生产账户如表3－1所示。

表3－1　非金融公司部门生产账户

使用		来源	
中间消耗	1477	总产出	2808
		市场产出	2808
		自给性产出	0
总增加值	1331		
固定资本消耗	157		
净增加值	1174		

从表 3 - 1 中的数值可以看出，非金融公司部门所生产的可供全社会最终使用的最终产品（总增加值）为 1331，占总产出的 47.4%。而生产中消耗的中间产品为 1477，占总产出的 52.6%。

第三节　收入分配账户

一、收入分配的含义和步骤

非金融公司（部门）通过生产过程既形成了供市场销售（社会使用）的货物和服务，同时也形成了一定的收入。按照社会再生产的理论，生产者当完成了生产过程后，首先需要对生产所形成的收入进行分配。

经济学理论认为，收入分配是指生产过程所创造的价值（通常微观是总增加值或净增加值，宏观是国内生产总值或国内生产净值）在参与生产活动过程的要素所有者之间进行的直接分配，以及要素收入在不同单位和部门之间通过转移收支形成的间接分配。

由上述收入分配的定义可以发现，收入分配的对象是生产成果。对生产成果所进行的直接分配称为收入初次分配，而对生产成果进行的间接分配则称为收入再分配。

国家会计制度依据收入分配理论，将收入分配分解为两个阶段四个层次。即第一个阶段为收入初次分配阶段，包括收入形成和初始收入分配两个层次；第二个阶段为收入再分配阶段，包括实物社会转移以外的收入再分配和实物收入再分配两个层次。其中，由于实物收入再分配只发生在政府、为住户服务的非营利机构和住户之间，因此，非金融公司部门和金融公司部门不需要建立实物收入再分配账户。

二、非金融公司部门的初始收入分配账户

（一）收入初次分配的概念

如前所述，收入初次分配是指按照各生产要素所有者对生产的参与状况和贡献，对生产成果所进行的直接分配。

(二) 非金融公司部门收入初次分配核算中的主要科目及其子科目

对于非金融公司部门的收入初次分配核算，主要涉及如下六个科目及其各自的子科目。

1. 雇员报酬

雇员报酬是指在会计年度内企业按雇员在生产活动中的贡献应支付给他（她）的全部现金和实物报酬。雇员报酬由以下两个子科目（二级科目）构成。

（1）工资或薪金。雇主以现金或实物形式应付给雇员的工资或薪金。

（2）雇主应付的社会缴款。雇主应付的社会缴款，包括雇主对社会保险计划的缴款、对其他就业相关社会保险计划的实际社会缴款和虚拟社会缴款。

2. 生产税和进口税

税收是由机构单位缴纳给政府单位的强制性的、无回报的现金或实物。生产税和进口税是机构单位因为从事以货物或服务为产出的生产活动，或因进口货物或服务所应缴纳的税款，包括产品税和其他生产税两个二级科目。

（1）产品税。产品税是指每单位货物或服务应缴纳的税收。当非金融公司生产、销售或进口产品时，通常应当缴纳产品税；在其他一些情况下，如出口、出租、转移、交付货物，或为自身资本形成而使用货物，也可能要缴纳产品税。

产品税包括以下四个三级科目：①增值税（VAT）；②VAT 以外的进口税和进口关税；③出口税；④VAT、进口和出口税以外的产品税。

（2）其他生产税。其他生产税是指除产品税以外，非金融公司因从事生产活动而应缴纳的所有税收。这类税收不包括任何针对非金融公司所得利润或其他收入而征收的税，亦即无论非金融公司生产活动的盈利如何，只要从事生产活动都应纳税。

其他生产税包括以下七个三级科目：①工薪或劳力税；②土地、房屋或其他建筑物定期税；③营业和执业执照税；④固定资产使用或其他活动税；⑤印花税；⑥污染税；⑦跨国交易税。

3. 补贴

补贴[①]是政府部门（包括非常住政府部门）根据非金融公司生产活动水平或生产、销售、进口货物或服务的数量或价值量给予公司的经常性无偿支付。补贴的目的是影响公司的生产水平、产品的销售定价或生产单位的报酬。从补贴对营业盈余的影响来看，由于补贴与生产税的作用方向相反，因此，可将补贴视为一种负税。补贴包括产品补贴和其他生

① 这里的补贴特指生产补贴，即政府对发生在生产领域的活动所给予的补贴。政府除了生产补贴外，还有其他方面的补贴，如在资本形成过程中对生产企业的投资补贴等。

产补贴两个二级科目。

（1）产品补贴。产品补贴是指按每单位货物或服务计算应得到的补贴，包括进口补贴、出口补贴和其他产品补贴等三个三级科目。

（2）其他生产补贴。其他生产补贴是指产品补贴以外的，常住企业因参与生产所应得的补贴，包括工薪或劳力补贴、减少污染补贴等两个三级科目。

4. 营业盈余

营业盈余是收入形成账户的平衡科目，是增加值扣除雇员报酬和生产税净额（生产税减去生产补贴后的数额）后的差额，是对生产单位由于生产活动所获得盈余的一种测度。

国家会计理论认为，营业盈余是对生产中所使用资产的回报。它依据是否包括固定资本消耗分为营业盈余总额和营业盈余净额。

5. 财产收入

财产收入是金融资产和自然资源的所有者将其资产交由其他机构单位支配时所获得的收入。

财产收入作为一个既有收入又有支出的科目，在有关收入分配账户中将会同时出现在账户的来源方和使用方。当财产收入作为应收科目出现在账户的来源方时，通常称为“应收财产收入”；相反，当财产收入作为应付科目出现在账户的使用方时，通常称为“应付财产收入”。

财产收入包括投资收入和地租两个二级科目。

（1）投资收入。投资收入是金融资产所有者因向另一机构单位提供资金而应得的作为回报的收入。

国家会计制度规定，投资收入包括利息、公司已分配收入、外国直接投资的再投资收益和投资收入支付等四个三级科目。

①利息。利息是某种类型金融资产［包括存款、贷款、债券和其他应收账款（有可能）］的所有者因将其金融资产交由另一机构单位支配而应得的财产收入。

利息包括贷款和存款的应收应付利息和债券应付利息两个四级科目。

②公司已分配收入。公司已分配收入包括红利和准公司收入提取两个四级科目。

红利是股东因将其资金交由公司支配而有权获得的财产收入。

准公司收入提取是指所有者从准公司提取的可分配的收入。它类似于通过股东分红从公司提取的收入。因此，国家会计将准公司收入提取与红利一起作为财产收入中公司已分配收入的一种类型。

③外国直接投资的再投资收益。外国直接投资的再投资收益是指外国直接投资企业将留存收益中用作再投资的那部分金额。

④投资收入支付。投资收入支付包括属于投保人的投资收入、养老金权益的应付投资收入和属于投资基金股东集体的投资收入三个四级科目。

属于投保人的投资收入分为属于非寿险投保人的投资收入和属于寿险投保人的投资收入两种。前者是指保险公司将持有的保险专门准备金[①]用于投资，并将属于投保人收入的投资收入假定先由保险公司分配给投保人，然后再由投保人返还给保险公司作为追加保费。后者是指保险公司将为投保人和养老金领受人设立的基金[②]用于包括金融资产和非金融资产投资而获得的收入，以及保险公司因持有金融资产而产生的持有损益。保险公司向人寿保单持有人所公告的分红应记为投保人应收投资收入。

养老金权益的应付投资收入包括定额缴款计划的应付投资收入和定额福利计划的应付投资收入。前者是指计划管理者代表作为未来养老金领受者的雇员，用雇主和雇员的缴款进行投资所获得的收入，它等于基金投资收入加上通过出租基金所有的土地或建筑物而获得的全部营业盈余净额。后者是指养老金管理者将按一定公式决定的应付福利用于投资而取得的收入。

属于投资基金股东集体的投资收入包括已分配给投资基金股东的红利和属于投资基金股东的留存收益两部分。

（2）地租。地租是指自然资源的所有者（出租人或地主）因将其自然资源交由另一机构单位（承租人或佃户）支配供其在生产中使用而应得的收入。地租包括土地地租、地下资源地租和其他自然资源地租三个三级科目，其中，前两者为地租的主要形式。

财产收入的各级科目汇总如表 3－2 所示。

表 3－2　　财产收入各级科目汇总

<table>
<tr><th>一级科目</th><th>二级科目</th><th>三级科目</th><th>四级科目</th></tr>
<tr><td rowspan="10">财产收入</td><td rowspan="7">投资收入</td><td>利息</td><td></td></tr>
<tr><td rowspan="2">公司已分配收入</td><td>红利</td></tr>
<tr><td>准公司收入提取</td></tr>
<tr><td>外国直接投资的再投资收益</td><td></td></tr>
<tr><td rowspan="3">投资收入支付</td><td>属于投保人的投资收入</td></tr>
<tr><td>养老金权益的应付投资收入</td></tr>
<tr><td>属于投资基金股东集体的投资收入</td></tr>
<tr><td rowspan="3">地租</td><td>土地地租</td><td></td></tr>
<tr><td>地下资源地租</td><td></td></tr>
<tr><td>其他自然资源地租</td><td></td></tr>
</table>

① 非寿险专门准备金是保险公司为应对包括预付保险费、所有应付而仍未付的索赔金额、备付未报索赔或已报但未理赔索赔等负债而设立的准备金。

② 人寿保险基金由分红保单所公告的分红、为将来向投保人和年金领受人支付红利或其他应得所建立的准备金构成。

6. 初始收入

初始收入是指一个机构单位或部门经过收入初次分配后，应收初次分配收入之和减去应付初始分配收入之和的差额。

初始收入依据是否包括固定资本消耗分为初始收入总额和初始收入净额。

（三）初始收入分配账户

国家会计将初始收入分配账户分解为如表 3－3 所示的收入形成账户和表 3－4 所示的初始收入分配账户。

1. 非金融公司部门收入形成账户

收入形成账户是生产账户的进一步延伸或者说是细化。它记录的是政府单位（部门）和那些直接参与生产活动的单位（部门）在生产过程中所创造的收入数量及其构成（对各种生产要素是使用）。

非金融公司部门收入形成账户记录的是该部门的总增加值是如何由劳动力、资本和政府创造的。

【例 3－2】经过对上述经济总体的非金融公司部门在某个会计年度收入形成会计科目原始凭证汇总得到如下结果：

在该部门核算会计年度所生产的 1331 个单位总增加值中，由雇员创造的收入为 986。其中，工资和薪金为 841，雇主替雇员缴纳的社会缴款为 145。政府部门征收的其他生产税为 88，同期为非金融公司部门发放的其他生产补贴 35。生产中固定资本创造的收入为 157。

根据以上会计核算资料，分别核算该部门在该会计年度所创造的营业盈余总额和营业盈余净额，并将核算结果和所有相关科目编制成收入形成账户。

由于营业盈余总额等于总增加值减去雇员报酬和生产税净额，营业盈余净额等于总营业盈余减去固定资本消耗，因此该部门会计年度的营业盈余总额和营业盈余净额分别为：

营业盈余总额（292）＝总增加值（1331）－雇员报酬（986）
－生产税和进口税（88）
－生产补贴（－35）

营业盈余净额（135）＝营业盈余总额（292）－固定资本消耗（157）

将上述核算结果和相关科目编入收入形成账户，即可形成如表 3－3 所示账户形式。

表 3－3　　非金融公司部门收入形成账户

使用		来源	
		总增加值	1331
		净增加值	1174
雇员报酬	986		
工资和薪金	841		
雇主实际社会缴款	145		
生产税和进口税	88		
产品税	0		
其他生产税	88		
补贴	－35		
产品补贴	0		
其他生产补贴	－35		
营业盈余总额	292		
营业盈余总额中的固定资本消耗	157		
营业盈余净额	135		

从上面的账户和各科目之间数值的关系可以看出，非金融公司部门的总增加值主要是由雇员、政府和资本创造的。其中，雇员所创造的部分（雇员报酬 986）占到总增加值（1331）的 74.1%，政府创造的部分（生产税净额 53 = 生产税和进口税 88 － 生产补贴 35）占到总增加值（1331）的 4.0%，资本所创造的部分（营业盈余总额 292）占到总增加值（1331）的 21.9%。

2. 非金融公司部门初始收入分配账户

非金融公司部门收入形成账户作为记录该部门通过生产活动所创造的收入（营业盈余），并不是该部门在收入初次分配阶段所得到的全部收入。通常情况下，非金融公司部门中的一些企业为了增加收入，或基于其他原因会将部分暂时闲置的金融资产和自然资源交由其他机构部门中的单位使用，由此获得一笔应收财产收入①。与此同时，该机构部门中的一些企业为维持生产经营活动正常进行，又会使用其他机构部门中某些单位提供的金融资产和自然资源，从而产生一笔应付财产收入。要全面记录和反映非金融公司部门在会计年度的初次分配收入状况，就需要在营业盈余基础上，将该机构部门的财产收入净额加进去，从而需要编制初始收入分配账户。

初始收入分配账户记录的是各机构部门各自所获得的初始收入是多少，以及这些初始收入的构成。

非金融公司部门初始收入分配账户记录的是该部门收入初次分配中，在收入形成账户

① 由于每笔应收财产收入都有相对应一笔应付财产收入，所以，在每个机构部门内部各机构单位之间的应收财产收入之和与应付财产收入之和相互抵消后是 0。国家会计在机构部门层面记录的则是机构部门与机构部门之间应收与应付财产收入的状况。

的基础上，通过财产收入科目的应收应支活动最终形成收入初次分配的结果。

【例 3－3】 通过查阅上述经济总体的非金融公司部门会计年度会计账簿发现，该机构部门在收入初次分配过程中，通过转让各种金融资产和自然资源的经济所有权获得的应收财产收入为 96。其中，投资收入中的利息、公司已分配收入、外商直接投资再投资收益和投资收入支付分别为 33、10、4 和 8；地租中的土地地租、地下资源地租和其他自然资源地租分别为 30、11 和 0。而同期发生的应付财产收入为 134。其中，投资收入中的利息和公司已分配收入分别为 56 和 47；地租中的土地地租、地下资源地租和其他自然资源地租分别为 20、9 和 2。

根据上述会计资料，分别核算该部门在该会计年度的初始收入总额和初始收入净额，并编制该部门的初始收入分配账户（要求：财产收入编制到三级科目）。

由于初始收入总额等于营业盈余总额加应收财产收入后，再减掉应付财产收入；初始收入净额等于营业盈余净额加应收财产收入后，再减掉应付财产收入，或等于初始收入总额减去固定资本消耗。所以，这两个科目的具体数值分别为：

初始收入总额（254）＝营业盈余总额（292）＋应收财产收入（96）
－应付财产收入（134）

初始收入净额（97）＝营业盈余净额（135）＋应收财产收入（96）
－应付财产收入（134）

或

初始收入净额（97）＝初始收入总额（254）－固定资本消耗（157）

将上述科目的具体数值和经过核算得到的初始收入科目数值编制成初始收入分配账户，便可得到如表 3－4 所示的该非金融公司部门会计年度初始收入分配账户。

表 3－4　　非金融公司部门初始收入分配账户

使用		来源	
		营业盈余总额	292
		营业盈余净额	135
应付财产收入	134	应收财产收入	96
投资收入	103	投资收入	
利息	56	利息	33
公司已分配收入	47	公司已分配收入	10
外商直接投资再投资收益	0	外商直接投资再投资收益	4
投资收入支付		投资收入支付	8
地租	31	地租	41
土地地租	20	土地地租	30
地下资源地租	9	地下资源地租	11
其他自然资源地租	2	其他自然资源地租	0
初始收入总额	254		
初始收入净额	97		

从上面账户和各科目数值之间的平衡关系可以看出，该非金融公司部门经过收入初次分配后所获得的初始收入总额和净额分别为254和97个单位。其中，初始收入净额的97主要由营业盈余净额135（占初始收入净额139.2%）和应收财产收入和应付财产收入的差额-38（应收财产收入96-应付财产收入134，占初始收入净额-39.2%）两部分构成。

值得注意的是，由于非金融公司部门应收财产收入少于应付财产收入38个单位，从而使该部门在会计年度经过收入初次分配后应得的初始收入比其所创造的收入（营业盈余）少了38个单位，分别占营业盈余总额和净额的13.0%和28.1%。

三、非金融公司部门的收入再分配账户

（一）收入再分配的概念

收入再分配是指经济总体中的各类经济主体和国外在收入初次分配基础上，通过转移获得与支付使初始收入（要素收入）在它们之间所进行的进一步分配。收入再分配的手段是各种类型的经常转移。

（二）收入再分配核算中的主要科目及其子科目

1. 经常转移

经常转移是指一个机构单位向另一个机构单位提供货物、服务或资产，但同时又不向后者索取任何货物、服务或资产作为与之直接对应回报，并且交易的一方或双方无须获得或处置资产的一种交易。

经常转移是转移科目的一个子科目。与经常转移对应的是资本转移。由于资本转移属于资本账户中的科目，在此先不介绍它的基本含义。

国家会计将经常转移①区分为所得税和财产税等经常税、社会缴款和社会福利以及其他经常转移三个二级科目。

（1）所得税、财产税等经常税。所得税、财产税等经常税是一种收入税。它是指政府代表国家对住户收入和公司利润所征收的税，以及对住户和公司每个纳税期的财产定期应征收的财产税②。所得税、财产税等经常税包括所得税和其他经常税两个三级科目。

① 为减少会计科目的分类层级，本书不将“转移”作为一级会计科目，而分别将“经常转移”和“资本转移”作为收入再分配账户和资本账户中的一级科目。

② 定期应征收的财产税不同于非定期征收的资本税，后者构成资本转移的内容。

（2）社会缴款和社会福利。社会缴款是指住户对社会保险计划应做出的实际或虚拟的支付，以便为社会保险的给付提供准备。它可以由雇主为雇员支付，也可以由雇员、自我雇佣者或非受雇人员为自己支付。

社会缴款包括雇主实际社会缴款、雇主虚拟社会缴款、住户实际社会缴款和住户追加社会缴款四个三级科目。每个三级科目下还进一步分别包含若干个四级科目。

在非金融公司部门收入再分配会计核算中，该部门作为向其雇员提供社会保险的部门之一，将净社会缴款作为应收科目记录在账户的来源方。

所谓净社会缴款是指住户向备付社会福利的社会保险计划所支付的，不包括计划管理者所收取的服务费的实际缴款或虚拟缴款。即：

净社会缴款 = 社会缴款 － 社会保险计划服务费

社会福利是住户部门为满足应对一些突发事件或情况如疾病、失业、退休、住房、教育及家庭问题的需要而应获得的经常转移。

在收入再分配会计核算中，列示在收入再分配账户中的社会福利是实物社会转移以外的社会福利。

所谓实物社会转移是指由政府和为住户服务的非营利机构免费或以没有显著经济意义的价格提供给住户的货物和服务。由于实物社会转移只涉及政府、为住户服务的非营利机构和住户三类经济主体，所以在非金融公司部门和金融公司部门的收入再分配账户的社会福利科目中只列示实物社会转移以外的社会福利。

实物社会转移以外的社会福利包括：现金形式的社会保障福利、其他社会保险福利和现金形式的社会救济福利三个三级科目。

在非金融公司部门收入再分配核算中，国家会计将由雇主提供的实物社会保险福利视作以现金形式支付，并记录在收入再分配账户的使用方。

（3）其他经常转移。其他经常转移是指发生在常住机构单位之间或常住机构单位和非常住机构单位之间除所得税、财产税等经常税，社会缴款与社会福利以外的所有经常转移。

其他经常转移包括：非寿险保费净额、非寿险赔付、政府部门内经常转移、国际经常性合作和杂项经常转移等五个三级科目。每个三级科目下还分别包含若干个四级科目。

经常转移作为可以在各机构部门收入再分配账户来源方和使用方同时出现的一个科目，当出现在账户来源方时通常称为“应收经常转移”；相反，当出现在账户使用方时通常称为“应付经常转移”。

2. 可支配收入

可支配收入是指机构单位或部门在收入分配过程全部结束后所形成的，可供它们最终支配使用的收入。它是收入再分配账户的平衡科目。

（三）收入再分配账户

非金融公司部门收入再分配账户记录的是该机构部门会计年度的初始收入是如何通过经常转移的收支关系而转化成可支配收入的账户。

【例3－4】已知上述经济总体的非金融公司部门在某一会计年度内，从初始收入分配账户结转过来的初始收入总额和初始收入净额分别是254和97。该部门通过经常转移活动，应收净社会缴款为66，包括雇主实际社会缴款30、雇主虚拟社会缴款12和住户实际社会缴款24；其他应收经常转移为6，全部为非寿险索赔。同时，通过经常转移发生的应付经常转移有所得税、财产税等经常税为24，包括所得税20和其他经常税4；实物社会转移以外的社会福利为62，全部为其他社会保险福利；其他经常转移为12，分别为非寿险保费净额8和杂项经常转移4。

根据上述会计记录资料，分别核算该经济总体非金融公司部门该会计年度的可支配收入总额和可支配收入净额，并编制收入再分配账户（要求：经常转移编制到三级科目）。

由上述资料和题目要求可知，要计算出非金融公司部门会计年度的可支配收入并编制收入再分配账户，需要按以下步骤完成此项工作。

首先，分别计算出该部门的应收经常转移和应付经常转移。

应收经常转移（72）＝净社会缴款（66）＋其他经常转移（6）

应付经常转移（98）＝所得税、财产税等经常税（24）
＋实物社会转移以外的社会福利（62）
＋其他经常转移（12）

其次，分别计算该部门的可支配收入总额和净额。由于非金融公司部门的可支配收入总额等于该部门初始收入总额加上应收经常转移，再减去应付经常转移；该部门的可支配收入净额等于初始收入净额加上应收经常转移，再减去应付经常转移。因此，该经济总体非金融公司部门会计年度的可支配收入总额和可支配收入净额分别为：

可支配收入总额（228）＝初始收入总额（254）＋应收经常转移（72）
－应付经常转移（98）

可支配收入净额（71）＝初始收入净额（97）＋应收经常转移（72）
－应付经常转移（98）

最后，将上述核算结果和有关科目按要求编入非金融公司部门收入再分配账户，即可得到如表3－5所示的账户形式。

表 3－5　　非金融公司部门收入再分配账户

使用		来源	
		初始收入总额	254
		初始收入净额	97
应付经常转移	98	应收经常转移	72
所得税、财产税等经常税	24	净社会缴款	66
所得税	20	雇主实际社会缴款	30
其他经常税	4	雇主虚拟社会缴款	12
实物社会转移以外的社会福利	62	住户实际社会缴款	24
其他社会保险福利	62	其他经常转移	6
其他经常转移	12		
非寿险保费净额	8		
杂项经常转移	4		
可支配收入总额	228		
可支配收入净额	71		

从上述账户中相关数值可以看出，由于非金融公司部门会计年度应收的经常转移比应付的经常转移少了 26 个单位，从而使其可支配收入总额和净额也分别比初始收入总额和净额少了 26 个单位，分别下降了 10.2% 和 26.8%。

第四节　积累账户

依据国民经济运行的基本原理，各经济主体经过收入分配后，就会将所获得的可支配收入用于各种用途，主要是最终消费和储蓄。整个国民经济随之也由收入分配阶段进入收入使用阶段。

国家会计对于收入使用的核算主要是揭示各有关经济主体如何将可支配收入在最终消费和储蓄之间进行分配与使用。由于非金融公司或部门不具有最终消费的功能，由此，它的可支配收入将全部用于储蓄，因而，国家会计在核算完了非金融公司部门的收入分配后，就直接对其进行积累的会计核算。

积累核算包括资本形成核算、金融工具交易核算和其他积累核算三部分内容。其中，其他积累核算包括对资产物量其他变化的核算和对资产负债重估价的核算。由此，非金融公司部门积累核算就包括资本账户、金融账户、资产物量其他变化账户和重估价账户四个账户。

一、资本账户

（一）所有权和资产的定义

国家会计设置资本账户的目的，是记录常住机构单位如何通过交易来获得或处置非金融资产，并对由储蓄和资本转移引起的资产净值变化进行说明。因此，首先需要对有关所有权和资产的定义作出界定。

1. 所有权

国家会计认为，每项资产的所有者都对该项资产拥有一定的所有权。所有权分为法定所有权和经济所有权两类。因此，每项资产都有一个法定所有者和经济所有者。

法定所有者是指不仅对某项资产具有法律上的权利，而且能够通过持有该项资产持续获得相关收益的机构单位。而经济所有者是指对某项资产，只是有权通过在经济活动过程中使用该项资产并承担相关风险获得相关收益的机构单位。

尽管在多数情况下某项资产的法定所有者和经济所有者是同一个机构单位，但某些资产的法定所有者和经济所有者有时也不一定是同一个机构单位。当一项资产的两种所有者不是同一个机构单位时，法定所有者就会把承担在经济活动中使用这些资产的相关风险的责任和获得相关收益的权利转交给经济所有者。法定所有者接受的则是来自经济所有者另一组相关收益和风险。

2. 资产

国家会计所界定的资产都是经济资产。经济资产的定义是，资产是一种价值贮备，它代表资产所有者在一段时期内通过持有或使用该项资产所产生的一项收益或系列收益。同时，资产是一种凭据，价值由此可以从一个会计年度转移到另一个会计年度。

（二）经济资产包含的科目

经济资产根据其性质不同，可区分为非金融资产和金融资产两种不同类型的资产。

1. 非金融资产

非金融资产是一种非金融性的经济资产，包括生产资产和非生产资产两个二级科目。

（1）生产资产。生产资产是指在国家会计所界定的生产范围内，作为生产过程的产出而形成的非金融资产。生产资产包括以下三个三级科目：①固定资产，生产过程中被反复或连续使用一年以上的生产资产；②存货，生产单位持有的本会计年度或较早会计年度生产的货物和服务；③贵重物品，主要不用于生产或消费，而是在一段时间内作为价值贮藏手段持有的，具有相当大价值的生产性货物，包括贵金属和宝石、珠宝、艺术品等。

（2）非生产资产。非生产资产是指通过生产过程以外的方式形成的非金融资产。非生产资产包括以下三个三级科目：①自然资源；②合约、租约和许可；③外购商誉和营销资产。这些非生产资产是生产所需的，但其本身并不能被生产的资产。

2. 金融资产

金融资产是指包括所有金融债权、公司股票或公司其他权益，以及被货币当局作为储备资产持有的黄金等资产。

由于金融资产不属于资本账户中的科目，在此不对其进行详尽阐述。

（三）资本账户中的科目

1. 储蓄

储蓄是经济主体的可支配收入中没有用于货物和服务最终消费的那部分收入。

由于非金融公司或部门不具有最终消费的功能，因此，该类单位或部门的储蓄就是它们的可支配收入。储蓄既可能为正数也可能为负数或零。

储蓄依据是否包括固定资本消耗分为总储蓄和净储蓄。

由于净储蓄对于资本形成更有意义，所以，在各个机构单位、机构部门，以及经济总体的资本账户中，从收入使用账户（非金融公司或部门，金融公司或部门从收入再分配账户）中只将净储蓄这一平衡科目结转过来，作为该账户的起始科目。

2. 资本转移

（1）资本转移的含义。资本转移是一种在转移中，或是转出一方需要通过处置除了现金或存货以外的资产、放弃除了应收账款以外的债权来筹集资金，或是转入一方必须获得现金除外的资产，或是两个条件同时满足的无回报转移。

（2）资本转移的种类。资本转移分为资本税、投资补助和其他资本转移三个二级科目。

①资本税。资本税是指对机构单位所拥有的资产的总价值或资产净值，或对机构单位之间作为遗产、生者之间的赠与或其他转移物所转移的资产价值，不定期或间隔相当长时间而征收的税，包括资本税和资本转移税两个三级科目。

②投资补助。投资补助是政府向常住或非常住机构单位提供的，全部或部分用作获得

固定资产的资金。

③其他资本转移。其他资本转移是指除资本税和投资补助以外的所有资本转移。

（3）资本转移和经常转移的关系。为确保国家会计核算的准确性和一致性，有必要正确认识资本转移和经常转移之间的以下几点主要区别：一是两种转移的目的不同。资本转移的目的是投资，而经常转移的目的是增加转入方的收入。二是两种转移的资金数额存在差异。资本转移的金额往往巨大，经常转移的金额通常较小。三是两种转移的时间间隔存在不同。资本转移一般不经常发生且无规律，经常转移通常是经常发生。四是两种转移涉及的双方所有权不同。资本转移属于资产所有权的转移，涉及交易的一方或双方对资产的处置或获得，经常转移涉及双方收入所有权的转移。五是两种转移的结果不同。资本转移会减少转出方的资产存量，增加转入方的资产存量，经常转移会减少转出方的收入和最终消费的可能性，增加转入方的收入和最终消费的可能性。

此外，从另一方面分析，在其他相同的情况下，经常转移增加接受方的储蓄额，减少转出方的储蓄额，而资本转移不影响任何一方的储蓄额。

在现实生活中，可能会遇到很难根据可获得的依据来判断一笔现金转移是经常转移或是资本转移的情况。如果出现这种情况，按照国家会计制度的有关规定，将这项转移列为经常转移。

3. 储蓄和资本转移引起的资产净值变化

储蓄和资本转移引起的资产净值变化反映了由储蓄和资本转移筹集到的资金来源，是机构单位或部门在没有对外借入资金情况下，用于资本形成的自有资金最大数额。

4. 资本形成总额（净额）

资本形成总额是由固定资本形成总额、固定资本消耗、存货变化数额和贵重物品的获得减处置四种总价值的二级科目构成的。

资本形成总额扣除固定资本消耗后就是资本形成净额。

（1）固定资本形成总额。固定资本形成总额是指机构单位在会计年度获得的固定资产价值减去处置的固定资产价值，再加上对附着在非生产资产价值上某些服务的特定支出后而形成的资本价值。具体包括固定资产获得减处置和非生产资产所有权转移费用两个三级科目。

①固定资产获得减处置。固定资产是指那些在生产过程中使用时间超过一年的货物和服务。固定资产获得是指经济主体在会计年度，通过新建、新制、购买等手段而增加的固定资产。固定资产处置是指经济主体在会计年度，通过出售、报废等手段而减少的固定资产。固定资产获得减处置包括：新固定资产获得、现有固定资产获得、现有固定资产处置三个四级科目。

②非生产资产所有权转移费用。经济主体在获得与处置生产资产和非生产资产时都会发生一些所有权转移费用。其中，所有生产资产（包括固定资产和贵重物品）所有权转移费用都被视为固定资本形成总额；非生产资产所有权转移费用除了土地所有权转移费用[①]以外，其他非生产资产所有权转移费用全部作为固定资本形成总额的一个子科目，并单独加以列示。

（2）固定资本消耗。固定资本消耗是指生产者拥有的和使用的固定资产存量，在会计年度内由于物理退化、正常报废或一般意外损伤所导致的现期价值的减少。

（3）存货变化。存货变化是企业在会计年度内进入存货（包括原有存货和新进入存货）的价值减去退出存货的价值和存货在持有期间所经常发生的损失价值后的资本价值。

存货的进入和退出通常通过以下两种途径实现：一是企业从外部购买和对外销售；二是企业内部生产的产品转化成存货和生产过程对存货的使用。

对于进入存货的估价，如果是制成品则按它们如果被出售所应采纳的现行价格进行估价；如果是在制品，则以增加它们为存货时的价格估价。对于退出存货的估价，应以退出存货时的现行购买者价格进行估价。

存货包括：材料和用品、在制品、制成品、军事存货和供转售的货物五个三级科目。

（4）贵重物品的获得减处置。贵重物品是指主要不是用于生产或最终消费，而是在一段时期内作为价值贮藏手段持有，具有相当大价值的生产性货物。贵重物品包括：①任何机构单位所持有的不打算把它们用于生产过程中间投入的诸如钻石、非货币黄金、白金、白银等宝石和贵金属；②被承认为艺术品和古玩的绘画、雕塑等；③用宝石和贵金属制成的珠宝和收藏品等其他贵重物品三个三级科目。

贵重物品的获得减处置就是用会计年度内获得的贵重物品价值减去处置的贵重物品价值后所得到的资本价值。

对于贵重物品获得减处置的会计处理方法是，只记录贵重物品本身的价值，对于在进行贵重物品交易中所发生的诸如支付给估价人和拍卖人的酬金等所有权转移费用，应当作为固定资本形成处理。

5. 非生产资产获得减处置

非生产资产的获得减处置就是用会计年度内获得的非生产资产价值减去处置的非生产资产价值后所得到的资本价值。

对于非生产资产获得减处置的会计处理方法是，只记录非生产资产本身的价值。对于

---

① 国家会计制度规定，土地的所有权转移费用包括在土地改良之中。对于土地改良，根据改良的对象不同有两种不同的会计处理方式：一种是对于自然状态下土地的改良，被视为创造了新的固定资产，而不是自然资源价值的增加；另一种是对于已改良过土地的进一步改良，就按对现有固定资产的改良来处理。

在进行非生产资产交易中所发生的所有权转移费用，除了土地外，其他非生产资产所有权转移费用全部作为固定资本形成总额处理。

6. 净借出（+）/净借入（-）

净借出（+）/净借入（-）是资本账户的平衡科目，是储蓄和资本转移引起的资产净值变化金额减去用于资本形成净额和非生产资产获得减处置后的差额，反映了机构单位或部门在资本积累过程中的资金余缺情况。

（四）非金融公司部门的资本账户

资本账户是四个积累账户中的第一个账户。国家会计在设计资本账户时采用了与编制资产负债表相同的方式方法，分别将资产变化记录在账户的左方，负债和资产净值变化记录在账户的右方。

资本账户右方记录的是经济主体积累的资金来源，包括净储蓄、应收资本转移、应付资本转移和储蓄与资本转移引起的资产净值变化。其中，储蓄与资本转移引起的资产净值变化作为反映经济主体自有资金来源总量的科目，等于净储蓄加上资本转移净额。

资本账户左方列示的是非金融资产价值变化的有关科目和该账户的平衡科目——净借出（+）或净借入（-）。其中，非金融资产价值变化包括资本形成总额、资本形成净额和非金融非生产资产获得减处置三个一级科目。每个一级科目下分列二级和三级科目。净借出或净借入揭示的是经济主体经过资本交易而形成的资金余缺情况。

下面通过【例3-5】来具体阐释非金融公司部门资本账户的编制方法。

【例3-5】根据上述经济总体的非金融公司部门会计核算资料显示，该部门在某个会计年度期初的净储蓄为71个单位（由可支配收入净额全部转为净储蓄）。整个会计年度期间，通过资本转移获得的应收投资补助为23，其他应收资本转移为10。与此同时，通过其他应付资本转移转出16个单位的资本。

另据会计分录资料显示，该部门在会计年度内用于新建厂房的投资是162，用于购置新机器设备的资金为100，用于购置现有设备的资金为4，报废了4个单位的现有固定资产。非生产资产所有权转移费用为17，固定资本消耗的价值为157；存货变化价值为26；新获得现有贵重物品的价值为4，处置现有贵重物品价值为2。在进行贵重物品的交易中发生价值为1的贵重物品所有权转移费用。

除了上述有关生产资产会计科目记录的数据外，该部门还处置了6个单位的自然资源和1个单位的合约、租约和许可等非金融非生产资产。

根据上述会计资料，核算该部门会计年度的资金余缺情况，并将核算结果和资本积累的相关科目编制资本账户（要求资本形成总额和净额两个一级科目下的固定资本形成总额二级科目编制到四级科目，其他科目编制到二级科目；非金融非生产资产获得减处置编制到二级科目）。

由以上资料和题目要求可知，要求出该部门会计年度的资金余缺额度，以及编制资本账户，应当按下列步骤进行。

第一步：核算由储蓄和资本转移引起的资产净值变化额（自有资金投资来源）

储蓄和资本转移引起的资产净值变化（88）= 净储蓄（71）+ 应收资本转移（33）- 应付资本转移（16）

第二步：核算固定资产获得减处置

固定资产获得减处置（263）= 新固定资产获得（262）+ 现有固定资产获得（5）- 现有固定资产处置（4）

第三步：核算固定资本形成总额

固定资本形成总额（280）= 固定资产获得减处置（263）+ 非生产资产所有权转移费用（17）

第四步：核算资本形成总额和净额

资本形成总额（308）= 固定资本形成总额（280）+ 存货变化（26）+ 贵重物品获得减处置（2）

资本形成净额（151）= 资本形成总额（308）- 固定资本消耗（157）

第五步：核算非生产资产获得减处置

非生产资产获得减处置（-7）= 自然资源获得减处置（-6）+ 合约、租约和许可获得减处置（-1）+ 商誉和营销资产购买减处置（0）

第六步：核算净借出（+）/净借入（-）

净借入（-56）= 储蓄和资本转移引起的资产净值变化（88）- 资本形成净额（151）- 非生产资产获得减处置（-7）

第七步：编制资本账户

将上述核算结果和相关科目资料编入非金融公司部门资本账户，则形成了如表 3 - 6 所示账户形式和内容。

从非金融公司部门资本账户和各科目之间的平衡关系可以发现，由储蓄和资本转移引起的资产净值变化（88）这一科目，作为非金融公司部门在不对外举债情况下资本形成的唯一自有资金来源，在会计年度通过资本转移收支活动比期初的净储蓄（71）增加了 17 个单位（资本转移净收入 17 = 应收资本转移 33 - 应付资本转移 16），由资本转移筹集到的资金占全部自有资金的 19.3%。

表 3 - 6　　非金融公司部门资本账户

资产变化		负债和资产净值变化	
		净储蓄	71
资本形成总额	308	应收资本转移	33
资本形成净额	151	应收投资补助	23
固定资本形成总额	280	其他应收资本转移	10
固定资本获得减处置	263	应付资本转移	-16
新固定资产获得	262	应付资本税	0
现有固定资产获得	5	其他应付资本转移	-16
现有固定资产处置	-4		
非生产资产所有权转移费用	17		
固定资本消耗	-157		
存货变化	26		
贵重物品的获得减处置	2		
非生产资产获得减处置	-7		
自然资源获得减处置	-6		
合约、租约和许可获得减处置	-1		
商誉和营销资产购买减销售	0		
		储蓄和资本转移引起的资产净值变化	88
净借入（-）	-56		

从非金融投资对资金的需求看，主要是由资本形成净额和非生产资产获得减处置构成。由于资本形成净额应支出的金额为 151 个单位，而实际只有 88 个单位的自有资金，从而形成了 63 个单位的资金缺口。但由于核算期非金融公司部门通过处置非生产资产获得了 7 个单位的投资资金，即非金融投资的实际需求为 144［151 + （-7）］，从而在账面上最终显示的实际资金缺口为 56 个单位。缺口资金占全部资金需求的 37.1%。这部分资金需要到资本市场去筹集。

通过上述资本账户还可以发现，在 151 个单位的资本形成净额中，占用资金最多的是固定资本形成净额 123（固定资本形成总额 280 - 固定资本消耗 157），占全部资本形成净额的 81.5%；其次是存货变化 26，占全部资本形成净额的 17.2%；最少的是贵重物品获得减处置 2，只占全部资本形成净额的 1.3%。可见，非金融公司部门还是将资金主要用于固定资本形成（固定资产投资）方面，这对进一步扩大再生产是十分有利的。

二、金融账户

（一）金融账户概述

金融账户是积累账户的第二个账户，也是记录机构单位之间交易系列账户中的最后一个账户。

在资本账户中，账户右方记录的是净储蓄加上资本转移净额（应收资本转移 －应付资本转移）所得到的储蓄和资本转移引起的资产净值变化，它是可以用于非金融资产积累的金额。如果一个机构单位或部门没有将这些资产净值全部用于非金融资产的净积累，那么所形成的资金盈余就是该机构单位或部门的净借出。相反，如果一个机构单位或部门非金融资产净积累金额大于这些资产净值，那么所形成的资金短缺就是该机构单位或部门的净借入。这种净借出（＋）或净借入（－）是资本账户的平衡科目，并转入金融账户。

金融账户与其他所有账户不同，它没有可以结转到其他账户的平衡科目，仅仅解释机构单位或部门的净借出（＋）或净借入（－）如何受到其所持有金融资产和负债变化的影响。

理论上，金融账户中金融资产和负债的变化之差所形成的净借出（＋）或净借入（－）在数值上应当与资本账户平衡科目的数值相等，但它要被放在负债与资产净值变化一方。

金融账户是记录经济主体之间涉及金融资产和负债交易的账户。账户的左方记录金融资产净获得（金融资产获得减处置），右方记录负债净发生（负债发生减偿还）和金融资产净值的变化。

（二）金融资产和负债

金融资产是某一经济主体所持有的金融债权、公司股票或公司其他权益，以及被货币当局作为储备资产而持有的黄金的总称。其中，金融债权是债权人应得的由债务人根据债务条款进行的支付或系列支付。

负债是指某一经济主体（债务人）承担的在特定条件下对另一经济主体（债权人）进行支付或系列支付的义务。负债包括根据合约无条件付款的负债和推定负债两种类型。

国家会计不承认非金融负债，即国家会计中负债一词的本质是指金融负债。

国家会计认为，除了货币黄金以外，所有其他金融资产都有对应的金融负债。

金融资产（负债）分为以下八种不同类别的二级科目①。

1. 货币黄金和特别提款权

货币黄金是由货币当局（或受货币当局有效控制的其他机构）所拥有的，并作为储备资产而持有的黄金。货币黄金是所有金融资产中唯一没有对应负债的金融资产。

特别提款权（SDR）是由国际货币基金组织（IMF）创立并分配给其成员以补充现有储备资产的国际储备资产。

2. 通货和存款

通货是那些由中央银行或中央政府发行或授权的，具有固定面值的纸币和硬币。

存款分为可转让存款和其他存款两个三级科目。其中，可转让存款包括银行间头寸和其他可转让存款两个四级科目。

3. 债务性证券

债务性证券是作为债务证明的可转让工具。根据债务性证券的内容和性质不同，包括以下六个三级科目：(1) 票据；(2) 债券和债权证；(3) 资产支持证券和抵押债务凭证；(4) 银行承兑汇票；(5) 拆分证券；(6) 与指数挂钩的证券。

4. 贷款

贷款包括以下两个三级科目的金融资产：(1) 债权人直接将资金借给债务人时产生的金融资产；(2) 以不可流通票据作为凭证的金融资产。

5. 股权和投资基金份额/单位

股权和投资基金份额/单位是持有者对发行单位的资产有剩余索取权的金融资产。它分为股权和投资基金份额/单位两个三级科目。

股权是指对清偿了债权人全部债权后的公司或准法人公司的剩余价值有索取权的所有票据和记录。它又进一步区分为上市股票、非上市股票、其他股权三个四级科目。

投资基金是指将投资者的资金集中起来投资于金融或非金融资产的集体投资。它又进一步区分为货币市场基金股份/单位、其他投资基金份额/单位两个四级科目。投资基金采用公司结构时，发行基金份额；采用信托结构时，发行基金单位。

6. 保险、养老金和标准化担保计划

保险、养老金和标准化担保计划是金融机构进行财富调节或收入再分配的形式。包括以下五个三级科目：(1) 非寿险专门准备金；(2) 寿险和年金权益；(3) 养老金权益；(4) 养老金经理人的养老基金债权；(5) 标准化担保代偿准备金。

① 如果将金融资产作为一级科目，那么金融资产下面的八种类别则为二级科目（子科目）；如果将金融资产作为经济资产的二级科目（子科目），那么，其下面这八种类别的子科目则为三级子科目。本书在金融资产分类中将金融资产作为一级科目。

7. 金融衍生工具和雇员股票期权

金融衍生工具是与某种特定金融工具，或特定指标，或特定商品挂钩的金融工具。通过金融衍生工具，特定的金融风险本身就可以在金融市场上交易。金融衍生工具包括期权和远期两个三级科目。

雇员股票期权是雇主与雇员之间在某日（授权日）签订的一种在未来约定时间（含权日）或紧接着的一段时间（行权期）内，雇员能以约定价格（执行价格）购买约定数量的雇主股票的协议。

8. 其他应收/应付账款

其他应收/应付账款包括：（1）商业信用和预付款；（2）其他应收/应付款两种类型金融资产科目。

（三）非金融公司部门金融账户中的科目

非金融公司部门金融账户中所包含的科目有：

1. 净借出（+）/净借入（-）

从资本账户结转来的平衡科目，是非金融公司部门的资金盈余或短缺的数额。通常情况下，非金融公司部门多为资金短缺部门。

2. 金融资产净获得

金融资产净获得就是会计年度内各类金融资产获得的金额减去处置的金额后的差额。

3. 除了货币黄金和特别提款权以外其余七类金融资产和负债

4. 金融负债净发生

金融负债净发生就是会计年度内各类金融负债发生的金额减去偿还的金额后的差额。

（四）非金融公司部门金融账户

【例 3-6】根据会计核算资料显示，上述经济总体的非金融公司部门为了解决该会计年度非金融投资的资金短缺问题，通过在资本市场上的各种金融交易活动，最终筹集到了资本形成所需的资金额度。具体使用有关金融工具的交易状况如下：

（1）通过以下金融工具进行了金融资产的获得减处置活动，并最终形成各类金融资产的净获得分别为：通货和存款 39；债务性证券 7；贷款 19；股权和投资基金份额 10；保险、养老金和标准化担保计划 1；金融衍生工具和雇员股票期权 3；其他应收款 4。

（2）通过各种金融工具偿还了部分债务，并同时发生一些新债务，最终使以下几种负债净发生的金额分别为：债务性证券 6；贷款 21；股权和投资基金份额 83；金融衍生工具和雇员股票期权 3；其他应付款 26。

根据上述会计资料分别核算该部门会计年度金融资产净获得总额和负债净发生总额，并编制金融账户。

将非金融公司部门上述每笔金融资产获得减处置账目和每笔负债净发生账目分别加以汇总，便得到该部门的金融资产净获得和负债净发生的金额分别为 83 和 139。编制成金融账户则如表 3－7 所示。

表 3－7　　非金融公司部门金融账户

资产变化		负债和资产净值变化	
		净借入（－）	－56
金融资产净获得	83	金融负债净发生	139
通货和存款	39	债务性证券	6
通货	5	贷款	21
可转让存款	30	股权和投资基金份额	83
其他存款	4	股权	83
债务性证券	7	投资基金份额	
贷款	19	金融衍生工具和雇员股票期权	3
股权和投资基金份额	10	金融衍生工具	2
股权	10	雇员股票期权	
投资基金份额	0	其他应付款	26
保险、养老金和标准化担保计划	1	商业信用和预付款	6
金融衍生工具和雇员股票期权	3	其他应付款	20
金融衍生工具	3		
雇员股票期权	0		
其他应收款	4		
商业信用和预付款	3		
其他应收款	1		

非金融公司部门金融账户中各项科目之间的平衡关系有：

金融资产净获得（83）－金融负债净发生（139）＝净借入（－56）

金融资产净获得（83）＝通货和存款（39）＋债务性证券（7）＋贷款（19）
＋股权和投资基金份额（10）
＋保险、养老金和标准化担保计划（1）
＋金融衍生工具和雇员股票期权（3）
＋其他应收款（4）

金融负债净发生（139）＝债务性证券（6）＋贷款（21）
＋股权和投资基金份额（83）
＋金融衍生工具和雇员股票期权（3）
＋其他应付款（26）

从表3－7和上述平衡关系可以看出，非金融公司部门在会计年度通过资本市场的各种金融工具交易，净获得了83个单位的金融资产，同时，净发生的负债为139个单位。净获得的金融资产和净发生的负债二者相抵，最终形成56个单位的净借入。这个金额正好与资本形成中产生的资金短缺金额相等，意味着资本形成中的资金缺口是靠在资本市场上的金融负债来弥补的。其中，股权和投资基金份额（83）是负债的主要来源，占了全部净负债（139）的近六成（59.7%）。其次是该部门拖欠其他部门的款项，其他应付款（26）占了全部净负债的18.7%。两种金融工具形成的负债占了全部负债的近八成。

从非金融公司部门新增加的金融资产看，主要是通货和存款。该部门新增的通货和存款（39）占到全部新增金融资产的47.0%。其次是贷款（19）占比为22.9%。其余的金融资产则较为分散。

三、其他积累账户

从会计年度的期初到期末，资产、负债和资产净值的变化除了绝大部分由交易流量引起外，还有一部分是受到非交易流量（或称其他流量）的影响，如地下资源的发现、灾害损失等引起的。其他积累账户就是记录由其他流量引起的从期初到期末资产、负债和资产净值变化有关内容的账户。

其他积累账户，也称资产其他变化账户，包括资产物量其他变化账户和重估价账户。

（一）资产物量其他变化账户

1. 资产物量其他变化账户的含义及功能

资产物量其他变化账户是记录由于经济主体（机构单位或机构部门或经济总体）无法控制的外生变量，或意外事件引起的资产、负债和资产净值所发生变化的账户。

无论是资本账户还是金融账户，记录的都是经济总体内部各机构部门之间，以及常住单位和国外之间发生的针对现有资产的交易。但是这些获得或处置只改变资产的所有权。除了在常住单位和国外之间发生的这些交易外，经济总体内部各机构部门之间所发生的这些交易并不改变经济总体资产净值的总计。而通过资产物量其他变化账户，可以记录一些由资产物量其他变化引起经济总体资产净值变化的内容。

资产物量其他变化账户具有以下三种主要的功能。

（1）记录某些不通过交易进入和退出资产负债表的资产变化情况。当机构单位与自然之间发生相互作用时，就会发生资产进入和退出资产负债表的现象。国家会计将这种进入和退出资产负债表的行为分别称为“经济出现”（简称“出现”）和“经济消失”（简称“消失”)。通过资产物量其他变化账户可以记录这些“经济出现”和“经济消失”的物量变化金额，从而为那些没有通过交易而增加或减少的资产进入或退出资产负债表开辟一条渠道。

(2) 记录某些意外的、不可预测的事件给经济利益造成的损失。由于某些诸如自然灾害或战争等意外事件属于外部事件而不是交易，它们对资产所造成的损失应当在资产物量其他变化账户中记录。

(3) 记录因机构单位和资产分类的变化以及机构单位结构变化而引起的资产变化。

2. 资产物量其他变化科目的分类

根据资产物量其他变化账户的功能，可以将该科目分为以下三大类子科目。

(1) 非交易资产的出现和消失类科目。这类科目包括资产的经济出现和非金融非生产资产的经济消失等。

(2) 外部事件对资产价值的影响类科目。这类科目包括巨灾损失、无偿没收和未另分类资产物量的其他变化等。

(3) 分类变化类科目。这类科目包括部门分类和结构变化、资产和负债分类变化等。

3. 资产物量其他变化账户的具体科目

(1) 资产的经济出现。资产的经济出现是指那些已经获得经济价值但没有经过交易而进入资产负债表的资产。资产的经济出现包括非金融生产资产和非金融非生产资产的出现。其中，前者如一件尚未记录在资产负债表中的公共纪念物和贵重物品的首次认定；后者如地下自然资源的发现等。

(2) 非金融非生产资产的经济消失。非金融非生产资产的经济消失是指那些由于对地下资源开采和价值下调、非培育性生物资源的收获，以及其他自然资源从经济活动中退出等不经过交易而退出资产负债表的非金融非生产资产。包括自然资源耗减和非金融非生产资产的其他经济消失。

(3) 巨灾损失。巨灾损失是指可能毁灭所有类型资产的大规模的、离散的和可识别的事件所造成的损失。这类事件包括大地震、火山爆发、海啸、特大暴风、干旱和其他自然灾害；战争行为、暴乱和其他政治事件；以及诸如大量有毒物质溢漏或放射性颗粒释放到空气中等技术事故。

(4) 无偿没收。政府或其他机构单位的罚没款不作为资本转移记录在资本账户，而是作为没收单位资产的增加和被没收单位资产的减少记录在资产物量其他变化账户中。

(5) 未另分类的资产物量其他变化。这项科目包括未另分类非金融资产物量的其他变化和未另分类金融资产的其他变化两部分内容。

(6) 分类变化。该项科目包括：①部门分类和结构的变化，是指一个机构单位从一个部门重新归类到另一个部门时所引起的资产物量的变化；②资产和负债分类的变化。

（7）资产物量其他变化引起的资产净值变化。资产物量其他变化引起的资产净值变化是资产物量其他变化账户的平衡科目，它是由资产物量其他变化引起的资产增加额减去由资产物量其他变化引起的资产减少额后所得的差额，反映由经济主体通过无法控制的外生变量，或意外事件等非交易积累活动而使得资产净值变化的数额。

4. 非金融公司部门资产物量其他变化账户

【例3-7】根据会计账目资料显示，上述经济总体的非金融公司部门，在某个会计年度因非交易和非持有损益使资产负债发生变化的具体情况如下：

（1）在资产变化方面：

①由于经济出现使非金融非生产资产增加了26。其中，新发现的自然资源为22；合约、租约和许可为4。由于各种原因造成的非金融非生产资产的经济消失为9。其中，自然资源的耗减为6；非金融非生产资产的其他经济消失为3。

②由于巨灾造成的损失为5，全部为非金融生产资产。无偿没收使资产损失了5个单位。其中，有1个单位为非金融生产资产；另外4个单位为非金融非生产资产。未另分类物量的其他变化为该部门增加了1个单位的非金融生产资产。

③由于部门分类和结构的变化增加了6个单位的资产。其中，非金融生产资产为3个单位；非金融非生产资产为1个单位；金融资产为2个单位。其余的资产和负债分类没有发生变化。

（2）在负债变化方面：

非金融公司部门在会计年度没有因非交易和非持有损益引起负债发生变化的记录。

根据以上会计资料，核算该部门在该会计年度由资产物量其他变化引起资产净值变化的金额，并编制资产物量其他变化账户。

由资产变化方六个科目汇总的结果得到，该部门该会计年度物量其他变化的金额为14。与此同时，由于该部门负债方没有发生任何变化，因此该部门会计年度由资产物量其他变化引起的资产净值变化为14。

将上述记录和核算结果编入非金融公司部门资产物量其他变化账户，其结果如表3-8所示。

非金融公司部门资产物量其他变化账户中各项科目之间存在如下平衡关系：

资产的经济出现（26）+非金融非生产资产的经济消失（-9）
+巨灾损失（-5）
+无偿没收（-5）
+未另分类物量的其他变化（1）
+分类变化（6）
=物量其他变化合计（14）

表 3－8　　非金融公司部门资产物量其他变化账户

资产变化		负债和资产净值变化	
资产的经济出现	26		
非金融生产资产			
非金融非生产资产	26		
非金融非生产资产的经济消失	－9		
自然资源耗减	－6		
非金融非生产资产其他经济损失	－3		
巨灾损失	－5		
非金融生产资产	－5		
非金融非生产资产			
无偿没收	－5		
非金融生产资产	－1		
非金融非生产资产	－4		
未另分类物量的其他变化	1	未另分类物量的其他变化	0
非金融生产资产	1	金融负债	0
非金融非生产资产			
分类变化	6	分类变化	0
部门分类和结构变化	6	部门分类和结构变化	0
资产和负债分类变化	0	资产和负债分类变化	0
物量其他变化合计	14	物量其他变化合计	0
非金融生产资产	－2		
非金融非生产资产	14		
金融资产	2		
		资产物量其他变化引起的资产净值变化	14

$$\text{资产物量其他变化合计（14）} - \text{负债物量其他变化合计（0）} = \text{资产物量其他变化引起的资产净值变化（14）}$$

从以上账户的资产变化方有关数据可以发现，由资产物量其他变化而增加的资产为 33 个单位（账户中的正项数值）。其中，由资产的经济出现而增加的资产最多（26），占全部增加资产的 78.8%。但是，由于经济消失、巨灾损失和无偿没收等因素引起资产的减少（三者共减少资产 19 个单位），最终使资产物量其他变化只增加了 14 个单位的资产。从资产的类型看，在资产物量其他变化所增加的 14 个资产中，非金融生产资产减少了 2 个单位；非金融非生产资产增加了 14 个单位；金融资产增加了 2 个单位。

如前所述，由于负债变化方没有发生任何变化。最终使得该账户的平衡科目，即由资产物量其他变化引起的资产净值变化金额为 14。

（二）重估价账户

重估价账户是记录会计年度非金融资产、金融资产和负债所有人应计的持有损益变化账户。

1. 持有损益的概念

所谓持有损益是指由于资产和负债价格变化引起的资产、负债和资产净值变化的价值。持有损益是一个包含双重含义的科目。当资产所有者由于所持有资产价格变化为其带来收益时，将该损益称为持有收益。反之，则称其为持有损失。

持有损益根据界定的标准不同可分为名义持有损益、中性持有损益和实际持有损益。

2. 重估价账户的科目

（1）名义持有损益。名义持有损益是指一笔资产的货币价值随着时间的推移而发生变化为其所有者带来利益上变化的价值，包括非金融资产名义持有损益、金融资产名义持有损益和负债名义持有损益。

非金融资产名义持有损益是指非金融资产因资产价格随时间发生变化而对资产所有者产生损益的价值。该一级科目下又包含非金融生产资产名义持有损益和非金融非生产名义持有损益两个二级科目。

非金融生产资产名义持有损益是指非金融生产资产因资产价格随时间发生变化而对资产所有者产生损益的价值。该二级科目下又包含固定资产、存货和贵重物品各自名义持有损益三个三级科目。

非金融非生产资产名义持有损益是指非金融非生产资产因资产价格随时间发生变化而对资产所有者产生损益的价值。该二级科目下又包含自然资源，合约、租赁和许可各自名义持有损益两个三级科目①。

金融资产名义持有损益是指金融资产在交易和资产物量其他变化之外，因价格发生变化所引致的价值变化。该一级科目下又包含金融资产的八个二级科目。

负债名义持有损益是指负债在交易和资产物量其他变化之外，因价格发生变化所引致的价值变化。该一级科目下又包含金融负债的八个二级科目。

（2）中性持有损益。中性持有损益是指在不发生交易和资产物量其他变化情况下，一笔资产为保持其能够交换到与期初相同数量的货物或服务而增加（减少）的价值。包括非金融资产中性持有损益、金融资产中性持有损益和负债中性持有损益。上述三个一级科目各自所包含的二级科目及二级科目下面所包含的三级科目与名义持有损益相同。

① 非金融非生产资产中的商誉和营销资产由于其不能与实体资产相分离，因此，该类资产不能核算其持有损益。

（3）实际持有损益。实际持有损益是指会计年度在不发生交易和资产物量其他变化情况下，一笔资产价值增加（降低）超过中性持有损益的那部分价值量。包括非金融资产实际持有损益、金融资产实际持有损益和负债实际持有损益。上述三个一级科目各自所包含的二级科目及二级科目下面所包含的三级科目与名义持有损益相同。

上述三种科目之间的平衡关系为：

$$名义持有损益 - 中性持有损益 = 实际持有损益$$

（4）名义持有损益引起的资产净值变化。名义持有损益引起的资产净值变化是指一个机构单位所有资产和负债的正负名义持有损益的代数和。

$$\begin{matrix}名义持有损益引起的 \\ 资产净值变化\end{matrix} = \begin{matrix}中性持有损益引起的 \\ 资产净值变化\end{matrix} + \begin{matrix}实际持有损益引起的 \\ 资产净值变化\end{matrix}$$

3. 非金融公司部门重估价账户

由于名义持有损益可以分解为中性持有损益和实际持有损益，因此，非金融公司部门以及其他机构部门和经济总体的重估价账户都分别由名义持有损益账户、中性持有损益账户和实际持有损益账户三个账户构成的。其中，后两个账户是前一个账户的分解账户。

【例 3 -8】 依据国家会计有关账目显示，上述经济总体的非金融公司部门在某个会计年度所持有的资产和负债由于价格变动，使其价值额发生了如下变动：

第一，由于价格变动而产生的名义持有损益。

非金融生产资产产生的名义持有损益为 63，分别为固定资产 58、存货 4 和贵重物品 1；非金融非生产资产产生的名义持有损益为 81，分别为自然资源 80，合约、租约和许可 1。

债务性证券与股权和投资基金份额/单位产生的名义持有损益分别为 3 和 5。

金融负债造成的名义持有损失为 18。其中，债务性证券与股权和投资基金份额/单位分别为 1 和 17。

第二，由于物价变动而产生的中性持有损益。

非金融生产资产产生的中性持有损益为 60，包括固定资产 58、存货 1 和贵重物品 1。非金融非生产资产为 41，分别为自然资源 40，合约、租约和许可 1。

金融资产产生的中性持有损益为 18。其中，通货和存款为 8；债务性证券为 2；贷款为 1；股权和投资基金份额/单位为 3；保险、养老金和标准化担保计划为 1；其他应收款为 3。

共有五个科目的金融负债造成了中性持有损失。它们分别是，通货和存款 1；债务性证券 1；贷款 18；股权和投资基金份额/单位 14；其他应付款 3。

根据以上资料分别核算该机构部门该会计年度由名义持有损益引起的资产净值变化金额、中性持有损益引起的资产净值变化金额和实际持有损益引起的资产净值变化金额，并依据核算结果和已有会计资料编制该机构部门本会计年度的重估价账户（要求：账户要编制到三级科目）。

由于持有损益包括名义持有损益、中性持有损益和实际持有损益，因此，本题可以按要求首先分别计算三种持有损益引起的资产净值变动额，并在此基础上将重估价账户分别编织成名义持有损益账户、中性持有损益账户和实际持有损益账户三个账户。

1. 三种持有损益引起的资产净值变动额

（1）名义持有损益引起的资产净值变动额：

名义持有损益引起的资产净值变动额（134）= 非金融资产名义持有损益（144）+ 金融资产名义持有损益（8）− 负债名义持有损益（18）

（2）中性持有损益引起的资产净值变动额：

中性持有损益引起的资产净值变动额（82）= 非金融资产中性持有损益（101）+ 金融资产中性持有损益（18）− 负债中性持有损益（37）

（3）实际持有损益引起的资产净值变动额：

实际持有损益引起的资产净值变动额（52）= 名义持有损益引起的资产净值变动额（134）− 中性持有损益引起的资产净值变动额（82）

2. 三种持有损益账户

（1）名义持有损益账户。将上述有关名义持有损益的详细资料和名义持有损益引起的资产净值变动额填入名义持有损益账户中，即可得到如表 3－9 所示的账户内容与表式。

表 3－9　　非金融公司部门名义持有损益账户

资产变化		负债和资产净值变化	
资产名义持有损益	152		
非金融资产	144		
非金融生产资产	63		
固定资产	58		
存货	4		
贵重物品	1		
非金融非生产资产	81		
自然资源	80		
合约、租赁和许可	1		
金融资产	8	负债名义持有损益	18
通货和存款	0	通货和存款	0
债务性证券	3	债务性证券	1
贷款	0	贷款	0
股票和投资基金份额/单位	5	股票和投资基金份额/单位	17
保险、养老金和标准化担保计划	0	保险、养老金和标准化担保计划	0
金融衍生工具和雇员股票期权	0	金融衍生工具和雇员股票期权	0
其他应收款	0	其他应付款	0
		名义持有损益引起的资产净值变化	134

（2）中性持有损益账户。将上述有关中性持有损益的详细资料和中性持有损益引起的资产净值变动额填入中性持有损益账户中，即可得到如表3－10所示的账户内容与表式。

表3－10　　非金融公司部门中性持有损益账户

资产变化		负债和资产净值变化	
资产中性持有损益	119		
非金融资产	101		
非金融生产资产	60		
固定资产	58		
存货	1		
贵重物品	1		
非金融非生产资产	41		
自然资源	40		
合约、租赁和许可	1		
金融资产	18	负债中性持有损益	37
通货和存款	8	通货和存款	1
债务性证券	2	债务性证券	1
贷款	1	贷款	18
股票和投资基金份额/单位	3	股票和投资基金份额/单位	14
保险、养老金和标准化担保计划	1	保险、养老金和标准化担保计划	0
金融衍生工具和雇员股票期权	0	金融衍生工具和雇员股票期权	0
其他应收款	3	其他应付款	3
		中性持有损益引起的资产净值变化	82

（3）实际持有损益账户。由于本题中没有给出各类科目实际持有损益的详细资料，需要根据三种持有损益之间的换算关系，分别用各类科目的名义持有损益减去相应的中性持有损益以得出各科目的实际持有损益，然后再逐级汇总，以达到编制账户的要求。

第一，资产实际持有损益

固定资产实际持有损益（0）＝固定资产名义持有损益（58）－固定资产中性持有损益（58）

存货实际持有损益（3）＝存货名义持有损益（4）－存货中性持有损益（1）

贵重物品实际持有损益（0）＝贵重物品名义持有损益（1）－贵重物品中性持有损益（1）

非金融生产资产实际持有损益（3）= 固定资产实际持有损益（0）+ 存货实际持有损益（3）+ 贵重物品实际持有损益（0）

自然资源实际持有损益（40）= 自然资源名义持有损益（80）- 自然资源中性持有损益（40）

合约、租约和许可实际持有损益（0）= 合约、租约和许可名义持有损益（1）- 合约、租约和许可中性持有损益（1）

非金融非生产资产实际持有损益（40）= 自然资源实际持有损益（40）+ 合约、租约和许可实际持有损益（0）

非金融资产实际持有损益（43）= 非金融生产资产实际持有损益（3）+ 非金融非生产资产实际持有损益（40）

通货和存款实际持有损益（-8）= 通货和存款名义持有损益（0）- 通货和存款中性持有损益（8）

债务性证券实际持有损益（1）= 债务性证券名义持有损益（3）- 债务性证券中性持有损益（2）

贷款实际持有损益（-1）= 贷款名义持有损益（0）- 贷款中性持有损益（1）

股票和投资基金份额/单位实际持有损益（2）= 股票和投资基金份额/单位名义持有损益（5）- 股票和投资基金份额/单位中性持有损益（3）

保险、养老金和标准化计划实际持有损益（-1）= 保险、养老金和标准化计划名义持有损益（0）- 保险、养老金和标准化计划中性持有损益（1）

其他应收款实际持有损益（-3）= 其他应收款名义持有损益（0）- 其他应收款中性持有损益（3）

金融资产实际持有损益（-10）= 金融资产名义持有损益（8）- 金融资产中性持有损益（18）

第二，负债实际持有损益

通货和存款实际持有损益（-1）= 通货和存款名义持有损益（0）- 通货和存款中性持有损益（1）

债务性证券实际持有损益（0）= 债务性证券名义持有损益（1）- 债务性证券中性持有损益（1）

贷款实际持有损益（-18）= 贷款名义持有损益（0）- 贷款中性持有损益（18）

股票和投资基金份额/单位实际持有损益（3）= 股票和投资基金份额/单位名义持有损益（17）- 股票和投资基金份额/单位中性持有损益（14）

保险、养老金和标准化计划实际持有损益（0）= 保险、养老金和标准化计划名义持有损益（0）- 保险、养老金和标准化计划中性持有损益（0）

其他应付款实际持有损益（-3）= 其他应付款名义持有损益（0）- 其他应付款中性持有损益（3）

金融负债实际持有损益（-19）= 金融负债名义持有损益（18）- 金融资产中性持有损益（37）

将上述有关科目实际持有损益的计算结果和由实际持有损益引起的资产净值变化填入重估价账户，即可得到如表3-11所示的非金融公司部门实际持有损益账户。

表3-11　　非金融公司部门实际持有损益账户

资产变化		负债和资产净值变化	
资产实际持有损益	33		
非金融资产	43		
非金融生产资产	3		
固定资产	0		
存货	3		
贵重物品	0		
非金融非生产资产	40		
自然资源	40		
合约、租赁和许可	0		
金融资产	-10	负债实际持有损益	-19
通货和存款	-8	通货和存款	-1
债务性证券	1	债务性证券	0
贷款	-1	贷款	-18
股票和投资基金份额/单位	2	股票和投资基金份额/单位	3
保险、养老金和标准化担保计划	-1	保险、养老金和标准化担保计划	0
金融衍生工具和雇员股票期权	0	金融衍生工具和雇员股票期权	0
其他应收款	-3	其他应付款	-3
		实际持有损益引起的资产净值变化	52

有时根据会计核算和管理的需要，如果不需要在重估价账户中详细列出各类一级科目的子类科目，国家会计还可以将上述表3-9、表3-10和表3-11三个账户加以合并，以此得到非金融公司部门的重估价合并账户（见表3-12）。

表 3－12　　　　　　　　　　非金融公司部门重估价账户

	资产变化		负债和资产净值变化	
名义持有损益	名义持有损益合计	152		
	非金融资产	144		
	非金融生产资产	63		
	非金融非生产资产	81		
	金融资产	8	负债	18
			名义持有损益引起的资产净值变化	134
中性持有损益	中性持有损益合计	119		
	非金融资产	101		
	非金融生产资产	60		
	非金融非生产资产	41		
	金融资产	18	负债	37
			中性持有损益引起的资产净值变化	82
实际持有损益	实际持有损益合计	33		
	非金融资产	43		
	非金融生产资产	3		
	非金融非生产资产	40		
	金融资产	－10	负债	－19
			实际持有损益引起的资产净值变化	52

由表 3－12 可以看出，非金融公司部门重估价账户中各项科目之间存在着如下平衡关系：

资产变化方：

（1）从名义持有损益中的中性与实际构成看。

资产名义持有损益（152）＝资产中性持有损益（119）＋资产实际持有损益（33）

（2）从名义持有损益中的资产类型构成看。

资产名义持有损益（152）＝非金融资产名义持有损益（144）＋金融资产名义持有损益（8）

其中，

非金融资产名义持有损益（144）＝非金融资产中性持有损益（101）＋非金融资产实际持有损益（43）

金融资产名义持有损益（8）＝金融资产中性持有损益（18）＋金融资产实际持有损失（－10）

负债和资产净值变化方：

$$\text{负债名义持有损益}(-18)=\text{负债中性持有损益}(-37)+\text{负债实际持有损益}(19)$$

$$\text{名义持有损益引起的资产净值变化}(134)=\text{中性持有损益引起的资产净值变化}(82)+\text{实际持有损益引起的资产净值变化}(52)$$

对上述账户中各种科目及其与总值之间的结构关系，我们可以作以下几点关键性的分析。

首先，从以上各种损益及其构成看，非金融公司部门的资产名义持有损益主要是由资产的中性持有损益形成的。该类损益为119，占到全部名义持有损益152的78.3%。这也就意味着，由于资产价格的变动，非金融公司部门所持有的资产尽管增加了152个单位的收益，但扣除与价格变动持平所增加的收益后，实际持有损益只增加了21.7%。

其次，从形成名义持有损益的资产类型看，由于非金融公司部门所持有的非金融资产占有较大比重，所以非金融资产所增加的名义持有损益（144）占全部名义持有损益（152）的比重达到了94.7%。

再次，从负债方面看，负债名义持有损失的18，主要是由于负债的中性持有损失（-37）造成的。该类损失是全部损失的2.06倍。所幸的是负债的实际持有收益为19，抵消了部分名义持有损失。在37个单位的中性持有损失中，贷款（18）与股权和投资基金份额/单位（14）是主要构成科目，二者占到全部损失的86.5%。

最后，从资产净值变化的角度看，考虑到资产持有损益和负债持有损益的相互影响，最终由名义持有损益引起的资产净值变化为134，其中，由中性持有损益引起的资产净值变化为82，实际持有损益引起的资产净值变化为52。二者分别占名义持有损益引起的资产净值变化总额的61.2%和38.8%。52个单位实际持有损益引起的资产净值变化表明，非金融公司部门在会计年度由于资产价格的变动使本部门所持有的资产净值增加数额高出整个经济总体价格平均上涨水平52个单位。

第五节 资产负债表

机构单位或部门或经济总体经过积累后，在会计年度末就会形成一定的经济存量，包括资产存量、负债存量和资产净值存量。其中，资产存量又分为非金融资产存量和金融资产存量。这些资产存量通常是通过资产负债表的方式进行会计核算和表现的。

一、资产负债表概述

（一）资产负债表的概念

资产负债表是某一经济主体（机构单位或部门或经济总体）在某一特定时点编制的，记录该经济主体所拥有的资产价值、承担的负债价值和资产净值的会计报表。

（二）资产负债表的功能

一个经济主体的资产负债表是由期初资产负债表、资产负债变动表和期末资产负债表三个资产负债表构成的报表体系。

期初资产负债表即是由本会计年度初从上一个会计年度末结转过来的期末资产负债表，它记录的是经济主体在会计年度初期的资产、负债和资产净值的存量，是经济主体在新的会计年度从事各种经济活动最重要的物质条件。

资产负债变动表记录的是经济主体在一个完整的会计年度内，从期初到期末由交易流量和非交易流量导致的资产、负债和资产净值变动情况的报表。

期末资产负债表是一系列会计账户和报表的终结，是记录经济主体在会计年度末资产、负债和资产净值的存量，反映其所拥有的财产总和的报表。

（三）资产负债表的表式和结构

资产负债表的表式和结构如表3-16所示。表的左方记录资产存量和变化量，包括非金融资产和金融资产；表的右方记录金融负债和资产净值的存量和变化量。

二、资产负债表中各项科目及其登录

（一）生产资产的登录

1. 固定资产的登录

国家会计在编制资产负债表时，是按照相同技术规格和年限的固定资产在市场中通行价格进行估价的一般原则登录固定资产的。在实际中，如果无法获得所登录固定资产价格的详细信息，必须求助于其他方法进行估价。最通行的估价方法如下：

某项固定资产期末价值＝资产负债表期初（或获得新资产的时间）价值

＋核算期内资产的重估价

－核算期内估算的（固定资本消耗＋任何其他物量变化和处置价值）

具体到以下各项重点科目，应当分别按下述不同方法进行估价和登录。

（1）固定资本消耗价值。在计算和登录固定资本消耗价值时，必须参照一套给定的价格，即会计年度内该类资产的平均价格来衡量。这样就可以将它界定为一家企业所拥有的固定资产，在会计年度从期初到期末之间由于其物质消耗以及正常折旧和意外损坏而引起的价值下降。即使得不到完全的市场信息，也要对该资产价格的下降进行假设，并应当用部分信息检查该假设是否与此相一致。

（2）住宅和其他建筑物、构筑物价值。对于住宅的估价，需要用从新住宅销售和现有房屋销售中所获得的信息来进行。但是，由于房屋价格在相当大程度上与该时期内所出售房屋的位置和地形有关，因而所获得的信息可能无法充分覆盖所有区域。在此情况下，就需要利用永续盘存法的测算技术进行估算。

国家会计建议，对于许多其他结构较为特殊的建筑物和构筑物的测算，也要采用永续盘存法的测算技术。

（3）土地改良价值。对于土地改良的价值，应当按最初实施改良的价值记录，并要对其进行适当的重估价。土地改良的价值永远等于土地在未改良或天然状态时的价值与改良后价值的差。

（4）现有汽车、飞机及其他运输工具价值。对于现有汽车、飞机及其他运输工具的价值，可以根据从市场上搜集有足够代表性的价格对这些存量进行估价。

（5）生产中被连续使用的牲畜和培育树木价值。对于那些在生产中年复一年被连续使用的牲畜，应当以某一年度该动物的购买者现价为基础进行估价。

对于那些培育的树木（包括灌木）等资产的价值，并不适合用购买者现价进行估价，而应当以累积资本形成的经过减记后的现行价值进行估价。

（6）研发支出价值。对于研发支出的估价，可以分为两种情况：如果是根据合同实施的研发支出，则以合同价格进行估价；如果是自行开展的研发，要按照累计成本进行估价。无论是哪种估价都需要考虑因价格变化而增加，或因资产随着寿命而产生的固定资本消耗而减少。

（7）矿藏勘探和评估价值。对于矿藏勘探和评估的估价，也要分为两种情况：对于根据合同所进行的矿藏勘探和评估，要以合同支付给其他机构单位的总额为基础进行估价；如果是自己进行的勘探，就以所发生的费用为基础进行估价。这些费用应当包括勘探活动中所使用固定资本的回报。对于在过去勘探中发生的、还未全部核销的那部分费用，应当以现期价格和费用进行重估价。

（8）知识产权产品价值。对于知识产权产品的原作，如计算机软件和娱乐、文学或艺术原创等，应当基于其最初成本经减记的价值，以现期价格进行重估价。由于这些原作通常是作者自己创作的，它们的最初成本可以用发生费用之和来估算。其中包括生产中使用的固定资产的资本回报。如果不能采用这一方法，可以通过原作之未来收益的净现值进行估算。

2. 存货的登录

对资产负债表中存货价值的登录，通常是用资产负债表编表日期的价格，而不是用产品进入存货时的价格进行估价。具体分为以下四种情况：（1）材料和用品存货按购买者价格估价；（2）制成品和在制品存货按基本价格估价；（3）批发商和零售商准备转销，不再加工的货物存货按购买它们的价格，剔除批发商和零售商的运输费用后进行估价；（4）人类活动培育的，正在生长的一次性庄稼（包括林木）和为屠宰而饲养的牲畜也视为在制品存货。估价正在生长的林木的方法是在扣除把林木培育成熟、伐木等的费用后，把未来销售林木的收益折算成现期价值。其他庄稼和牲畜可以参考此类产品的市场价格估价。

3. 贵重物品的登录

对于诸如艺术品、古董、宝石等贵重物品的登录，应按资产负债表有关日期的实际购买价格，包括代理人的手续费或佣金来估价。

（二）非生产资产的登录

1. 自然资源的登录

（1）土地价值的登录。土地是指地面本身，包括覆盖的土层和相连的地表水，但不包括在土地上修建的房屋或其他建筑物、任何园林及其生长中的作物、非培育生物资源、地下资产和地下水资源等。根据土地的定义，土地的价值原则上不包括土地改良的价值和建在土地之上的建筑物的价值。

对于土地价值的登录，应按与资产负债表时间有关的土地新所有者支付的价格估价。按照惯例，这种价格不包括所有权转移费用。

（2）矿产和能源储备的登录。地下矿产和能源储备的价值通常由该资产的商业性开发的预计净收益的当前价值来决定。但由于地下资产的所有权很少通过市场交易经常改变，因此，通常情况下要获得适合的市场价格存在一定困难。为此，实践中可以使用资产所有者在自己会计核算中使用的价格进行估价。

（3）非培育性生物资源、水资源及其他自然资源的登录。对于那些被认为有经济价值而包含在资产负债表中的非培育性生物资源、水资源及其他自然资源（不含与其相应的土地）的价值，由于无法获得可观测到的价格，通常是通过预期未来收益的现值进行估价。

2. 合约、租约和许可的登录

对于合约、租约和许可等这类资产，国家会计建议只在资产价值较大且可以认定、并有必要的合适市场价格时才进行记录。一旦超出合同协议时间，该资产便不复存在，因此，其价值应该随着合同剩余期限的缩短而下降。

3. 商誉和营销资产的登录

对于商誉和营销资产，记录在资产负债表的是企业被接收或营销资产被出售时出现在金融账户上的摊销后价值，并且，对这些记录不进行重估价。

（三）金融资产和负债的登录

对于金融资产和负债，一旦它们在有组织的金融市场上进行经常性交易，在资产负债表上登录时就按其现期的市场价格来估价，不在有组织的金融市场上交易的金融债权，应当按债务人为清偿债务必须向债权人支付的金额估价。无论是登录债权还是登录债务，它们的价格都不包括交易时对服务所支付的服务收费、酬金、委托金和其他类似费用等。

1. 货币黄金和特别提款权的登录①

货币黄金按在有组织的市场上形成的价格或中央银行之间双边协议确立的价格进行估价和登录。

特别提款权的价值根据国际货币基金组织货币篮子每日决定的情况估价，并且通过从外汇市场价格中获得的对本币的汇率进行登录。

2. 通货和存款的登录

对于通货，应当按其名义价值或面值进行估价。对于存款，则按债权人和债务人资产负债表中记录的价值登录。

3. 债务性证券的登录

无论是短期证券，还是长期证券或是指数化债务证券，都应按照其当期的市场价值进行估价。

对于那些以某种外币为参照而被指数化的债务工具的本金和息票，应当将该项债券视同是由该外币表示的，并按资产负债表编制日的中间点汇率将外币兑换为本币处理。

4. 贷款的登录

登录在资产负债表中的贷款价值，既包括未偿付的本金数额，也包括已产生但未支付的利息，以及间接测算的由该项债务所承担的已产生但未支付的服务费用的数额（银行利息与国家会计利息的差）等。

5. 股权和投资基金的登录

（1）股权的登录。

对于上市股票，在资产负债表中应当以现期价格进行登录。

---

① 在经济总体的五个机构部门中，除了金融公司部门中的中央银行和有的国家政府部门拥有货币黄金和特别提款权资产外，其他机构部门不拥有该项金融资产。此处作为全书的首次阐述资产登录按完整内容介绍金融资产的登录，以便在后面有关其他机构部门的资产负债表中就不再介绍这部分内容。

对于未上市股票，在无法获得其市场价值时，可以根据不同情况从下述方法中选择一种适宜的方法进行估算。这些方法包括近期交易价格法、净资产价值法、现值/市盈率法、会计人员根据宏观信息调整企业账面价值法、自有资金账面价值法和摊销全球价值法等①。

对于其他股权，应当用资产的价值减去负债后的净值进行估价。

（2）投资基金份额/单位的登录。

对于上市基金份额，应当采用基金份额的市场价格估价。

对于未上市基金份额则可从上述未上市股权估价方法中选择某一种方法进行估价。

6. 保险、年金、养老金以及标准化担保计划的登录

（1）非寿险专门准备金的登录。登录在资产负债表中的非寿险准备金数额，包括编制资产负债表当日未满期保费和为弥补未决赔款而留出的数额。

（2）寿险和年金权益的登录。作为存量价值登录在资产负债表中的寿险和年金权益的数额与非寿险专门准备金类似，都表示有足够多的准备金以弥补所有未来的索赔。然而，对于寿险，准备金数额则相当大，它代表了所有预期索赔的现期价值。

（3）养老金权益的登录。在登录养老金权益时，应当根据养老金权益所包括的不同内容采用不同的方法。具体说，对于事先商定的养老金数额，应当采用养老金提供者负债的精算估计值登录；对于由从未来养老金缴款中获得金融资产的投资绩效决定的养老金数额，应当按未来收益人的养老金持有金融资产的市场价值登录。

（4）标准化担保下代偿准备金的登录。记录在资产负债表中的标准化担保下代偿准备金，应当按现有担保索赔的预期水平减去任何预期收回后所得的数额估价。

7. 金融衍生工具和雇员股票期权的登录

在资产负债表中所登录的金融衍生工具的价值，原则上按其市场价值进行估价。当无法得到市场价值时，可以采用诸如期权模型或现值等方法估价。

（1）期权的登录。在资产负债表中，期权如果能得到现期价值，就应当以期权的现期价值估价，或以应付权利金的数额估价。负债应记入期权卖方所在的部门，表示收购持有者期权的现期成本或持有损益的增加。

（2）远期合约的登录。远期合约以市场价值记录。当支付实现后，资产及相应负债的价值被分期清偿，并随后反映在资产负债表编表日期的价值中。

（3）雇员股票期权的登录。雇员股票期权（ESO_s）应根据所授予的权益工具的公允价值进行估价。对于权益工具的公允价值，应利用在授予日已交易的期权同等的市场价值（如果可以得到的话）进行测算，或利用一个期权定价模型（二项式模型或 Black – Scholes

① 这些方法的具体含义可以参阅《2008 国民账户体系》第 13 章，第 13.71 小节。

模型）进行测算。

8. 其他应收/应付款的登录

对于其他应收或应付项目（如税、红利、地租、工资和薪金、社会缴款），无论是债权人还是债务人，都应按债务清偿时债务人有合同义务向债权人支付的本金额估价。除了产生于债券上的利息应作为该项资产的价值增长记录外，产生于其他应收／应付款上的利息应包括在其他应收/应付款内。

（四）资产净值的登录

资产负债表中所登录的资产净值，就是编制资产负债表当日所有金融资产和非金融资产与所有负债的差额。为了准确计算资产净值，国家会计强调必须分开确定和估价每一项资产和每一项负债的价值。

三、非金融公司部门资产负债表

【例 3－9】已知上述经济总体的非金融公司部门在某个会计年度期初和期间的各种资产、负债和资产净值分别如下：

（1）本会计年度期初的资产和负债存量情况：

本会计年度期初拥有的非金融资产 2151。其中，非金融生产资产 1274，包括固定资产 1226，存货 43 和贵重物品 5。非金融非生产资产 877。其中，自然资源 864，合约、租赁和许可 13，商誉和营销资产 0。

本会计年度期初拥有的金融资产 982。其中，通货和存款 382，债务性证券 90，贷款 50，股票和投资基金份额/单位 280，保险、养老金和标准化担保计划 25，金融衍生工具和雇员股票期权 5，其他应收款 150。

本会计年度期初承担的负债 3221。其中，通货和存款 40，债务性证券 44，贷款 897，股票和投资基金份额/单位 1987，保险、养老金和标准化担保计划 12，金融衍生工具和雇员股票期权 4，其他应付款 237。

（2）本会计年度期间资产和负债的变动情况：

本会计年度净获得的非金融生产资产 195，包括固定资产 165，存货 27 和贵重物品 3。非金融非生产资产 105。其中，自然资源 101，合约、租赁和许可 4，商誉和营销资产没有发生变化。

本会计年度净获得的金融资产 93。其中，通货和存款 39，债务性证券 10，贷款 19，股票和投资基金份额/单位 17，保险、养老金和标准化担保计划 1，金融衍生工具和雇员股票期权 3，其他应收款 4。

本会计年度负债的净发生157。其中，通货和存款0，债务性证券7，贷款21，股票和投资基金份额/单位100，保险、养老金和标准化担保计划0，金融衍生工具和雇员股票期权3，其他应付款26。

根据上述会计资料分别核算该非金融公司部门本会计年度初期、会计年度期间和会计年度末的资产净值，并将核算结果和有关科目全部登录到相应的资产负债表中。

由于资产净值等于资产合计减去负债合计，所以，经过分别将本会计年度期初、期间和期末的资产减去各自的负债后，便分别得到上面要求核算的资产净值数额。它们分别是 -88、236 和 148。

此外，由于本题只给出了本会计年度期初和期间的资产、负债与资产净值的存量和变化量资料，而没有给出会计年度末的资产、负债与资产净值的存量资料。因此，要编制会计年度期末的资产负债表就需要首先分别将各个级别每个科目的期初存量加上各自期间的变化量，从而得到期末相应的存量。然后，再将这些科目的期末存量登录到期末资产负债表中（具体每个科目的加总数值在此省略，见表 3-14）。

将以上三个资产净值和有关科目分别登录到相应资产负债表，就形成了如表 3-13、表 3-14 和表 3-15 所示的非金融公司部门本会计年度期初资产负债表、资产负债变化表和期末资产负债表。

表 3-13　　非金融公司部门期初资产负债表

资产		负债和资产净值	
资产合计	3133		
非金融资产	2151		
非金融生产资产	1274		
固定资产	1226		
存货	43		
贵重物品	5		
非金融非生产资产	877		
自然资源	864		
合约、租约和许可	13		
商誉和营销资产	0		
金融资产	982	负债	3221
通货和存款	382	通货和存款	40
债务性证券	90	债务性证券	44
贷款	50	贷款	897
股票和投资基金份额/单位	280	股票和投资基金份额/单位	1987
保险、养老金和标准化担保计划	25	保险、养老金和标准化担保计划	12
金融衍生工具和雇员股票期权	5	金融衍生工具和雇员股票期权	4
其他应收款	150	其他应付款	237
		资产净值	-88

表 3－14　　非金融公司部门资产负债变化表

资产变化		负债和资产净值变化	
资产变动合计	393		
非金融资产	300		
非金融生产资产	195		
固定资产	165		
存货	27		
贵重物品	3		
非金融非生产资产	105		
自然资源	101		
合约、租约和许可	4		
商誉和营销资产	0		
金融资产	93	负债	157
通货和存款	39	通货和存款	0
债务性证券	10	债务性证券	7
贷款	19	贷款	21
股票和投资基金份额/单位	17	股票和投资基金份额/单位	100
保险、养老金和标准化担保计划	1	保险、养老金和标准化担保计划	0
金融衍生工具和雇员股票期权	3	金融衍生工具和雇员股票期权	3
其他应收款	4	其他应付款	26
		资产净值变化总额	236
		储蓄和资本转移引起的资产净值变化	88
		资产物量其他变化引起的资产净值变化	14
		名义持有损益引起的资产净值变化	134
		中性持有损益引起的资产净值变化	82
		实际持有损益引起的资产净值变化	52

表 3－15　　非金融公司部门期末资产负债表

资产		负债和资产净值	
资产合计	3526		
非金融资产	2451		
非金融生产资产	1469		
固定资产	1391		
存货	70		
贵重物品	8		
非金融非生产资产	982		
自然资源	865		
合约、租约和许可	17		
商誉和营销资产	0		
金融资产	1075	负债	3378
通货和存款	421	通货和存款	40
债务性证券	100	债务性证券	51
贷款	69	贷款	918
股票和投资基金份额/单位	297	股票和投资基金份额/单位	2087
保险、养老金和标准化担保计划	26	保险、养老金和标准化担保计划	12
金融衍生工具和雇员股票期权	8	金融衍生工具和雇员股票期权	7
其他应收款	154	其他应付款	263
		资产净值	148

有时根据会计核算和管理的需要，在不需要详细的资产负债资料情况下，国家会计也可以将上述三张资产负债表加以合并，形成一张资产负债合并报表（见表3－16）。

表3－16　　　　非金融公司部门资产负债表

	资产存量和变化		负债与资产净值存量和变化	
期初资产负债	资产合计	3133		
	非金融资产	2151		
	非金融生产资产	1274		
	非金融非生产资产	877		
	金融资产	982	负债	3221
			资产净值	－88
资产负债变动	资产变动合计	393		
	非金融资产	300		
	非金融生产资产	195		
	非金融非生产资产	105		
	金融资产	93	负债	157
			资产净值变化总额	236
			储蓄和资本转移	88
			资产物量其他变化	14
			名义持有损益	134
			中性持有损益	82
			实际持有损益	52
期末资产负债	资产合计	3526		
	非金融资产	2451		
	非金融生产资产	1469		
	非金融非生产资产	982		
	金融资产	1075	负债	3378
			资产净值	148

非金融公司部门资产负债表中主要科目之间的平衡关系有：

（1）期初资产负债表：

期初非金融资产（2151）＋期初金融资产（982）＝期初资产合计（3133）

期初资产合计（3133）－期初负债（3221）＝期初资产净值（－88）

从上述非金融公司部门期初资产负债表和各科目之间的平衡关系中可以看出，该部门期初拥有的主要是非金融资产。该类资产（2151）占了全部资产（3133）的68.7%。

非金融公司部门期初承担的负债主要是股票和投资基金份额/单位。只此类一项负债（1987）就占到全部负债（3221）的61.7%。其次是贷款（897），占负债总额的27.8%。两项负债的金额占全部负债金额的比重达到了89.5%。亦即意味着非金融公司部门近九成的负债是通过股票和投资基金份额/单位这种直接融资渠道和贷款这种间接融资渠道发生的。

非金融公司部门期初-88的资产净值表明，该部门在本会计年度期初（上一个会计年度末）就存在88个单位的资金短缺。

（2）资产负债变动表：

非金融资产净获得（300）+金融资产净获得（93）=资产净获得（393）

资产净获得（393）-负债净发生（157）=资产净值变化总额（236）

资产净值变化总额（236）=储蓄和资本转移引起资产净值变化额（88）
+资产物量其他变化引起资产净值变化额（14）
+名义持有损益引起资产净值变化额（134）

其中，

名义持有损益引起资产净值变化额（134）= 中性持有损益引起资产净值变化额（82）+ 实际持有损益引起资产净值变化额（52）

上面非金融公司部门资产负债变动表和各种数值之间的关系表明，该部门在本会计年度经过各种积累活动，共净获得了393个单位的资产。其中，非金融资产的净获得金额为300，占全部资产净获得的76.3%；金融资产的净获得金额为93，占全部资产净获得的23.7%。

由于本会计年度也发生了新的净负债157（新发生的负债扣除已偿还的负债），从而使资产净值（资产-负债）增加了236。其中，由储蓄和资本转移引起资产净值增加88，资产物量其他变化引起资产净值增加14和名义持有损益引起资产净值增加134。三者分别占资产净值增加额的37.3%、5.9%和56.8%。

（3）期末资产负债表：

期末资产合计（3526）= 期末非金融资产（2451）+ 期末金融资产（1075）

其中，

期末非金融资产（2451）=期初非金融资产（2151）+非金融资产变化额（300）

期末金融资产（1075）= 期初金融资产（982）+ 金融资产变化额（93）

期末负债（3378）= 期初负债（3221）+ 负债变化额（157）

期末资产净值（148）＝期末资产合计（3526）－期末负债（3378）

从上述非金融公司部门期末资产负债表和相应数值之间的关系可以看出，由于本会计年度各种资产、负债和资产净值的变动，使该部门本会计年度期末的资产、负债和资产净值在期初的基础上也发生了变化。各项科目的具体情况分别是：

首先，期末资产总值为3526，比期初资产总值（3133）增加了393，比期初增长了12.5%；其中，期末非金融资产2451，占全部资产的69.5%。比期初非金融资产（2151）增加了300，增长了13.9%；期末金融资产1075，占全部资产的30.5%。比期初金融资产（982）增加了93，增长了9.5%。非金融公司部门所拥有非金融资产无论占总资产的比重，还是增长速度都多于和快于金融资产。

其次，期末负债总额为3378，比期初（3221）增加了157，增长了4.9%。负债的增加额和增长速度都少于和低于资产的增加额和增长速度。进一步观察资产负债变动表可以发现，会计年度负债净发生最多的是股票和投资基金份额/单位（100），此一项负债的净发生额就占到全部负债净发生额（157）的63.7%。

最后，由于非金融公司部门会计年度的资产净增加了236，因此使该部门期末的资产净值（148）比期初（－88）增加了236，增长了2.7倍。资产净值也由期初的负值变为期末的正值。

【复习思考题】

1. 什么是非金融公司部门？它由哪几种非金融常住机构单位组成？

2. 简述非金融公司部门的特点和功能。

3. 简述国家会计制度所界定的生产范围。

4. 简述生产成果的不同类型。

5. 非金融公司部门生产账户都包括哪些科目？简要解释这些科目的含义。

6. 非金融公司部门收入形成账户和初始收入分配账户都包括哪些科目？这些科目各自的含义是什么？

7. 非金融公司部门收入再分配账户包括哪些科目？这些科目各自的含义是什么？

8. 非金融公司部门资本账户都包括哪些科目？简述这些科目各自的含义。

9. 非金融公司部门金融账户都包括哪些科目？简述这些科目各自的含义。

10. 如何编制非金融公司部门的生产账户、收入分配账户和各种积累账户？

11. 阐述如何登录资产负债表中的各类科目。

第四章　金融公司部门会计核算

【学习目标与要求】

1. 掌握金融公司部门的概念、特点和构成；
2. 掌握金融公司部门生产核算的基本内容和生产账户的编制方法；
3. 掌握金融公司部门收入分配账户的科目核算和编制账户的方法；
4. 掌握金融公司部门金融账户的编制方法。

第一节　金融公司部门会计核算概述

一、金融公司部门的概念和特点

金融公司部门是由那些主要从事向其他机构单位提供金融服务活动（包括保险、养老基金等）的常住金融公司所组成的集合。

金融公司部门的特点主要体现在组成该部门的每一个金融公司身上。金融公司与非金融公司一样都具有公司的属性，即都是为从事市场生产而成立；都能为所有者创造利润或其他财务收益；都是法律上被认为独立于其承担有限责任的所有者的法律实体。但金融公司与非金融公司的主要区别在于，金融公司主要从事金融市场服务活动，而非金融公司主要从事市场性货物和非金融服务活动。

国家会计对金融公司部门的核算主要包括生产核算、收入分配核算、积累核算和资产负债核算等。

二、金融公司部门的构成

金融公司部门由以下九个子部门构成。

（一）中央银行

中央银行是对金融系统的关键方面实施控制的国家金融机构。

（二）中央银行以外的存款性公司

中央银行以外的存款性公司是以金融中介活动为其主要活动，通过存款或作为存款近似替代物的金融工具（如短期存款）来形成负债，以实现提供金融服务目的的金融机构。

（三）货币市场基金

货币市场基金是一种作为共同投资计划，通过向市场发行股份或权益单位来融资，所得款项主要投资于货币市场工具、货币市场基金股份或权益单位、距到期时间不超过一年的可转让债务工具、银行存款和追求回报率接近于货币市场工具利率的金融工具。

（四）非货币市场基金的投资基金

非货币市场基金的投资基金是通过发行股份或权益单位来融资的共同投资计划。所得款项主要投资于不包括短期资产的金融资产和通常是房地产的非金融资产。

（五）保险公司和养老基金以外的其他金融中介机构

保险公司和养老基金以外的其他金融中介机构是那些以自己的名义发生负债，进而试图在市场上从事金融交易来获得金融资产的金融公司。

（六）金融辅助机构

金融辅助机构是指那些主要从事与金融资产和负债交易相关联的活动，或与对这些交易进行监管相关联的活动，但在交易过程中并不获得所交易的金融资产和负债所有权的金融公司。

（七）专属金融机构和贷款人

专属金融机构和贷款人是指那些提供金融服务，其大部分资产或大部分负债不在公开市场交易的机构单位。

（八）保险公司

保险公司是指那些主要功能是向个体机构单位或团体单位提供人寿、意外事故、健康、火灾或其他险种的保险服务，或向其他保险公司提供再保险服务的金融公司。

（九）养老基金

养老基金子部门只包括有机构单位身份，且独立于其创建单位的社会保险养老基金。

三、金融公司部门会计核算的内容

如同非金融公司部门的会计核算一样，国家会计对金融公司部门的核算也主要包括生产核算、收入分配核算、积累核算和资产负债核算。

如前所述，金融公司部门从本质上与非金融公司部门一样，都是为市场提供产品的公司部门，只是金融公司或部门所提供的产品仅为金融服务。由于金融服务的特殊性，国家会计制度将金融公司部门作为一个单独部门列出。除此之外，其他方面与非金融公司部门完全一样。因此，本书为保证与联合国等编写的《2008 国民账户体系》的一致性，也将金融公司部门进行单独核算。除了将各个账户的数值进行列示外，凡与非金融公司部门核算中相同的科目不再赘述。后面其他部门的核算也如此处理。

第二节 生产账户

一、金融生产的性质和分类

（一）金融生产的性质

金融公司或部门所从事的生产活动是一种为金融资产所有权变更提供便利的增值型服

务活动。

服务作为生产活动的结果，大体可以分为变化促成服务和增值服务两大类。其中，如果一个机构单位为另外两个机构单位之间的货物、知识载体产品、某些服务或金融资产所有权变更提供了便利，那么这种服务就是增值服务。显然，金融公司或部门所从事的生产活动就属于这类服务活动。其产出则为增值型服务产品。

（二）金融生产的分类

金融公司或部门所从事的生产活动按活动内容不同，可以分为以下三类。

1. 金融中介服务活动

金融中介服务活动包括金融风险管理和流动性转换，以及机构单位主要以获取金融资产为目的而发生的金融负债活动。

2. 金融辅助服务活动

金融辅助服务活动是为金融风险管理和流动性转换活动提供便利的金融生产活动。

3. 其他金融服务活动

其他金融服务活动是除了以上两项金融活动以外的所有金融服务活动。

二、金融公司部门生产核算中的主要科目

（一）总产出

金融公司部门的总产出是增值型服务的价值。金融公司部门总产出科目理论上包括以下两个子科目：

1. 市场总产出

金融公司或部门的市场总产出就是这类公司或部门在市场上以有显著经济意义的价格收取金融服务费的总产出。

金融公司或金融公司部门主要通过提供以下四种金融服务来收取相应的服务费用。

（1）直接收费并提供相应的金融服务

金融机构通过直接收费并提供相应金融服务的类型有多种，归纳起来主要包括：①吸收存款的银行向住户部门提供抵押贷款、投资组合管理、税务咨询和不动产管理等收费服务；②专业金融机构向非金融公司提供股票发行或企业重组管理等收费服务；③信用卡发放机构向那些接受信用卡作为对其提供货物和服务的支付手段的单位所收取的费用，以及信用卡公司每年向持卡人所收取的一定数额的直接费用。

（2）与存贷款利息费用相关的金融服务

金融公司通常通过提供传统的金融服务，即通过吸收存款和发放贷款收取相应的服务费。无论是贷出资金的单位还是借款单位，双方都向银行支付服务费。这种服务费就是包含在存贷利差中的隐含费用。

国家会计制度为了准确测度这部分费用，界定了以下三个重要概念。

①“参考”利率。它是指介于银行存贷款利率之间的利率。由于存款数额与贷款数额不一定相等，所以不能用简单算术平均的方法计算参考利率。此外，参考利率不应当考虑服务因素，而要反映存贷款的风险和期限结构。鉴于上述，通常情况下，可以将银行间的拆借利率视为一个比较合适的参考利率。

②“国家会计利息”。它是指根据参考利率计算而得出的利息额。该利息额等于参考利率与相应的存款或贷款数额的乘积，即：

$$\text{存款“国家会计利息”} = \text{参考利率} \times \text{存款数额}$$

$$\text{贷款“国家会计利息”} = \text{参考利率} \times \text{贷款数额}$$

③“银行利息”。它是指由存款人或贷款人支付给金融机构，或由金融机构支付的利息总额。

由此就可以根据以下公式计算出金融机构在提供与存贷款利息费用有关的服务时所收取的隐含的服务费。

$$\begin{matrix}\text{隐含}\\\text{服务费}\end{matrix} = \left(\begin{matrix}\text{银行贷款}\\\text{利息之和}\end{matrix} - \begin{matrix}\text{相同贷款数额}\\\text{国家会计利息}\end{matrix}\right) + \left(\begin{matrix}\text{存　款}\\\text{国家会计利息}\end{matrix} - \begin{matrix}\text{相同存款数额}\\\text{银行利息}\end{matrix}\right)$$

显然，公式等号右边的前两项之差是贷款人支付给金融机构的服务费，而后两项之差则是存款人支付给金融机构的服务费。

（3）与金融市场上金融资产和负债获得与处置相关的金融服务

对于诸如票据和债券等这样一些能够产生利息支付的债务性金融资产总产出的核算，国家会计采用以下的方法进行测度：

$$\begin{aligned}\text{金融服务费} &= \text{证券购买价格} - \text{提供给卖方的价格}\\ &= (\text{市场估计值} + \text{购买服务加价}) - (\text{市场估计值} - \text{销售服务加价})\end{aligned}$$

为了避免在计算服务加价时包含由于证券价格发生快速波动而产生的持有收益或损失，国家会计制度建议用中间价计算销售和购买的加价。

所谓证券的中间价，是指在给定时点上出价（提供给卖方的价格）与要价（证券的购买价格）的平均数。因此，

$$\text{购买证券的服务加价} = \text{证券的购买价格} - \text{证券的中间价}$$

销售证券的服务加价 = 销售证券的中间价 − 证券的购买价格

（4）与保险和养老金计划相关的金融服务

属于这类金融服务范围及其市场总产出核算方法如下：

①非人寿保险。在非人寿险保单下，保险公司接受并留存客户的保费，直至做出赔付或保险到期。对于保险公司的该项服务产出，国家会计采取如下方法进行核算：

非寿险总产出 = 实际保费总值 + 追加保费 − 调整后已生索赔

其中，实际保费是指投保人为了获得在一个具体时期内某个特定事件的保险覆盖而直接向保险机构或再保险机构支付的金额。

实收保费是指实际保费中覆盖核算期的那部分保费。比如，如果一份 240 单位保费的年度保单在某个会计年度的 3 月 1 日生效，且账户按日历年度编制，则该会计核算期的实收保费为 200 单位。剩余的 40 个单位（为下一个会计年度头两个月份所准备）称为未满期保费，即已收取的、实际保费中覆盖核算时点以后的那部分金额。

通常情况下，保险公司都将保险准备金用于投资。尽管从理论上讲，用保险准备金投资所得到的收入应作为保单持有人的财产收入，但实际上这部分收入被留在了保险公司。因此，这部分收入被处理为保单持有人向保险公司缴纳的追加保费。

所谓保险准备金是指由未满期保费和未决索赔构成的保险金额。其中，未决索赔包括未报告、已报告未受理和已报告已受理但未付款的各种索赔情况。

赔付（保险金）是指在保单有效期内所覆盖事件发生的情况下，由保险人或再保险人支付给投保人的金额。当某个特定事件发生时，赔付一般会变成应付状态。变成应付状态的赔付称为已生索赔。

调整后已生索赔就是通过利用期望法或会计信息，对已生索赔进行调整而得到的金额。其中，期望法是一种事前方法，它以公司过去的应付索赔模式为基础建立一个模型，据此估计出调整后已生索赔的水平；利用会计信息就是通过会计账户内的“平均准备金”来推算调整后已生索赔的水平，即：

调整后已生索赔的水平 = 实际索赔额 + 平均准备金的变动

由此可见，利用会计信息的方法是一种事后推算法。

②人寿保险。人寿保单是一种储蓄计划。寿险服务的总产出核算一般原则与非寿险相同。具体计算公式为：

寿险总产出 = 实收保费 + 追加保费 − 到期应付保险金 − 寿险专门准备金的增加（或加准备金的减少）

③再保险。再保险也称分保，是保险人在原保险合同的基础上，通过签订分保合同，将其所承保的部分风险和责任向其他保险人进行保险的行为。

无论再投保的是寿险保单还是非寿险保单，对于再保险服务总产出的核算都采用与非寿险服务完全相同方法。

④社会保险计划。社会保险计划是满足下列两个条件的一种保险计划：其一，保险金的获取以参与计划为前提条件，并且保险金构成了国家会计中的社会保险金；其二，下列三个条件中至少满足一个：一是参与计划是法律强制性的，或体现在雇员或雇员群的就业条款和条件中；二是计划是集合性的，为了员工团体的利益而运作，不管其是否被雇用，但仅限团体内的成员参与；三是雇主代表雇员向计划缴款（实际或虚拟），不管雇员缴款与否。

社会保险通常有以下四种不同的组织形式，并且不同模式下运营的社会保险计划，应当按不同的方法核算它们的总产出。

第一种，由政府提供的社会保障计划。

社会保障计划是一般政府部门业务的一部分。如果能够识别出进行运作的独立单位，则社会保障的总产出应使用成本加总法计算；如果不能识别出独立的单位，则将社会保障总产出包括在负责运作的政府部门的总产出中。

第二种，雇主自己运作的社会保险计划。

当雇主自己运作社会保险计划时，其总产出的价值也按成本之和计算。

第三种，雇主委托保险公司管理的社会保险计划。

一些雇主可能委托保险公司为其雇员运营保险计划，并支付一定的费用。这种组织形式的保险总产出就是保险公司收取的费用。

第四种，多雇主计划。

多雇主计划就是一个保险公司同时为多个雇主运作一个保险计划。保险公司获得的财产收入和持有损益中，除了应归属计划参与人的部分外，剩余的部分作为保险公司的回报。

多雇主计划的总产出按寿险保单的方法计算，即：

$$\frac{\text{多雇主计划}}{\text{总产出}}=\frac{\text{该计划应收的}}{\text{投资收入}}-\frac{\text{为满足当前和未来养老金权益}}{\text{需要而增加的准备金}}$$

⑤标准化担保计划。标准化担保是指那些由大批量金额很小，且条款相同的已生效的担保所构成的担保。借入方（债务人）或贷出方（债权人）与担保人订立契约，要求其在借入方违约时偿还贷出方。

无论是从事单纯商业业务的担保人还是政府都可以进行标准化担保。如果以市场生产者方式运行担保，其总产出价值按照非寿险相同的方法计算；如果以非市场生产者方式运行该计划，则按成本加总法计算它们的总产出。

从以上对金融公司部门四种市场总产出核算的内容可以看出，前三种所提供的收取费用的服务属于保险和养老基金以外的金融服务，第四种则属于与保险和养老金计划相关的金融服务。

此外，金融服务费的收取方式包括直接收取和隐含收取两种。比如，金融机构在提供存贷款服务时，就是通过包含在存贷款利息差中的一部分来实现对存贷款服务收取隐含性服务费的。尤其需要注意的是，金融中介机构在向客户提供存款服务时，并不像人们通常所认为的那样是在提供免费服务，而是将其收取的存款手续服务费隐含在存贷款利差中。

2. 非市场总产出

非市场总产出是指由为住户服务的非营利机构或政府生产的、免费或以没有显著经济意义的价格提供给其他机构单位或全社会的货物和服务。

尽管从定义看，国家会计将非市场总产出只界定为由为住户服务的非营利机构或政府生产，但现实中，金融公司部门中的中央银行这一子部门所提供的货币政策服务，以及比如市场监管服务等一些临界情形的服务，本质上也属于非市场总产出。而且，国家会计制度规定，在无法将中央银行的总产出作出市场总产出和非市场总产出的区分时，将其所有总产出作为非市场总产出处理，其价值等于成本之和。

（二）中间消耗

金融公司或部门的中间消耗就是这类公司或部门在提供金融服务过程中，作为投入所消耗的除固定资产以外的所有货物和服务的价值。

（三）固定资本消耗

金融公司或部门固定资本消耗是指这类生产者拥有的和使用的固定资产存量，在会计年度由于物理退化、正常报废或一般意外损伤所导致的现期价值的减少。

（四）增加值

金融公司或部门的增加值是这些常住金融公司或部门会计年度由提供金融服务所形成的总产出扣除中间消耗后的差额。

增加值是生产账户的平衡科目，也是下一个账户——收入形成账户的起始科目。

三、生产账户

【例 4－1】根据有关会计核算资料记载，某经济总体的金融公司部门在某个会计年度各项生产情况的会计记录如下：

由提供金融服务生产活动所形成的总产出为 146，全部为市场产出。生产过程中消耗的中间产品为52，消耗的固定资本为12。

根据以上会计资料分别核算该金融公司部门在该会计年度所创造的总增加值和净增加值，并将核算结果和有关资料编制成生产账户。

由增加值与总产出和中间消耗三者之间的关系可知：

总增加值（94） = 总产出（146） - 中间消耗（52）

净增加值（82） = 总增加值（94） - 固定资本消耗（12）

将上述核算结果和有关科目分别置于生产账户的来源方和使用方，便可得到如表4-1所示的金融公司部门生产账户。

表4-1　　金融公司部门生产账户

使用		来源	
中间消耗	52	总产出	146
		市场产出	146
		非市场产出	0
总增加值	94		
固定资本消耗	12		
净增加值	82		

根据上述总产出、中间消耗和总增加值三者的数据计算可以得到，金融公司部门的投入产出系数为（中间消耗/产出）0.36，经济效果系数（总增加值/产出）为0.64。表明由该部门生产的总产出中，包含了64.0%的向社会提供可供最终使用的产品，经济效果好于非金融公司部门的0.47。

第三节　收入分配账户

一、金融公司部门的初始收入分配账户

（一）金融公司部门初始收入分配账户中的主要科目

金融公司部门初始收入分配账户中的主要科目包括：（1）雇员报酬；（2）生产税和进口税；（3）营业盈余；（4）财产收入；（5）初始收入。

上述各种科目的含义已在上一章有关非金融公司部门的收入形成账户中阐述，在此不再赘述。

（二）初始收入分配账户

金融公司部门初始收入分配账户如同非金融公司部门一样，包括收入形成账户和初始收入分配账户两个账户。

1. 金融公司部门收入形成账户

金融公司部门收入形成账户记录的是该部门的增加值是如何由各种不同生产要素和政府创造的。

【例 4 – 2】已知上述经济总体的金融公司部门在某个会计年度的收入创造过程中，所发生的各种应付项目会计记录如下：

应支付给雇员的报酬为 44。其中，应付给员工的工资和薪金 29，雇主替员工应向社会保障部门缴纳的各项实际社会缴款 15。应上缴给政府部门的生产税和进口税为 4，全部为其他生产税。该会计年度没有从政府部门得到任何补贴。

根据上述会计资料，分别核算金融公司部门在该会计年度的营业盈余总额和营业盈余净额，并将核算结果和有关资料编入收入形成账户。

由营业盈余与增加值、雇员报酬、生产税和进口税几个科目之间的关系可得：

营业盈余总额（46） = 总增加值（94） – 雇员报酬（44） – 生产税和进口税（4）

营业盈余净额（34） = 营业盈余总额（46） – 固定资本消耗（12）

将上述结果和有关会计资料编入金融公司部门收入形成账户，则形成了如表 4 – 2 所示的内容和结构。

表 4 – 2　　金融公司部门收入形成账户

使用		来源	
雇员报酬	44	总增加值	94
工资和薪金	29	净增加值	82
雇主实际社会缴款	15		
生产税和进口税	4		
产品税	4		
其他生产税	4		
补贴	0		
其他生产补贴	0		
营业盈余总额	46		
营业盈余总额中的固定资本消耗	12		
营业盈余净额	34		

由上述账户中有关数据可以看出，金融公司部门的收入（总增加值）主要是由雇员和公司资本创造的。刨除应当上缴给政府部门的4个单位生产税和进口税，剩余90个单位的收入中，由雇员（44）和公司资本（46）创造的收入几乎各占了50%。

2. 金融公司部门初始收入分配账户

金融公司部门初始收入分配账户记录的是该部门经过收入初次分配后，应获得的初始收入情况。该账户除了从收入形成账户结转过来的营业盈余科目外，主要涉及财产收入和初始收入两个科目。

【例4-3】 依据国家会计核算资料记载，上述经济总体的金融公司部门在某个会计年度发生的各项应收财产收入和应付财产收入分别如下：

（1）应收财产收入：通过对其他机构部门发放贷款应得的利息收入90，持有债务性证券所应收的利息收入16；公司股票分得的红利25；通过外商直接投资再投资应得的收益7；属于投资基金股东集体的投资收入8；出租土地应得的收入是3。

（2）应付财产收入：应付给其他机构部门的存款利息106；通过公司已分配收入应付的红利15；属于投保人的投资收入25，养老金权益的应付投资收入8，属于投资基金股东集体的投资收入14；没有发生承租土地的地租。

根据金融公司部门以上所发生的应收应付财产收入情况，核算该部门本会计年度的初始收入，并将核算结果和有关资料编制该部门的初始收入分配账户（要求：财产收入细化到三级科目）。

根据题目要求，要核算该部门本会计年度的初始收入和编制初始收入分配账户，需要分以下四步进行。

首先，分别将资料中细分的应收财产收入和应付财产收入汇总成三级和二级科目。根据所给资料，需要汇总成三级和二级科目的应收财产收入有：

应收利息（106）=贷款应收利息（90）+债务性证券应收利息（16）

公司已分配收入（25）=红利（25）

投资收入支付（8）=属于投资基金股东集体的投资收入（8）

应收投资收入（146）=应收利息（106）+公司已分配收入（25）
+外商直接投资再投资收益（7）+投资收入支付（8）

需要汇总成二级科目的应付财产收入有：

投资收入支付（47）=属于投保人的投资收入（25）
+养老金权益的应付投资收入（8）
+属于投资基金股东集体的投资收入（14）

应付投资收入（168）=应付利息（106）+公司已分配收入（15）+应付投资收入支付（47）

其次，分别核算应收财产收入和应付财产收入。

应收财产收入（149）=应收投资收入（146）+应收地租（3）

应付财产收入（168）=应付投资收入（168）+应付地租（0）

再次，分别核算初始收入总额和初始收入净额。

由初始收入与营业盈余、财产收入等科目之间的关系，通过核算可以得到初始收入总额和初始收入净额分别如下：

初始收入总额（27）=营业盈余总额（46）+应收财产收入（149）-应付财产收入（168）

初始收入净额（15）=初始收入总额（27）-固定资本消耗（12）

最后，将上述核算结果及有关科目编入初始收入分配账户。

金融公司部门的初始收入分配账户如表 4-3 所示。

表 4-3　　金融公司部门初始收入分配账户

使用		来源	
		营业盈余总额	46
		营业盈余净额	34
应付财产收入	168	应收财产收入	149
投资收入	168	投资收入	146
利息	106	利息	106
公司已分配收入	15	公司已分配收入	25
外商直接投资再投资收益	0	外商直接投资再投资收益	7
投资收入支付	47	投资收入支付	8
地租	0	地租	3
土地地租	0	土地地租	3
地下资源地租	0	地下资源地租	0
其他自然资源地租	0	其他自然资源地租	0
初始收入总额	27		
初始收入净额	15		

从上述的账户中可以看出，由于金融公司部门在收入初次分配中应付的财产收入（168）比应收的财产收入（149）多出 19 个单位，因而使该部门通过收入初次分配后应获得的初始收入少于其创造的收入，由收入形成阶段的 46 减少为初始收入的 27，降低了 41.3%。

二、金融公司部门的收入再分配账户

（一）收入再分配账户中的主要科目

金融公司部门在收入再分配账户中除了从上一个账户结转过来的初始收入科目外，还主要包括经常转移和可支配收入两个科目。

（二）收入再分配账户

金融公司部门收入再分配账户记录的是该部门的初始收入是如何通过经常转移的收支关系而转化成可支配收入的。账户来源方记录的是从初始收入分配账户结转过来的平衡科目初始收入和应收经常转移，使用方记录的是应付经常转移和该账户的平衡科目可支配收入。

【例 4－4】根据会计资料显示，上述经济总体的金融公司部门在某个会计年度发生了以下经常转移收支往来：

通过净社会缴款应得的经常转移是 213 个单位。此外，还有 62 的其他应收经常转移。

在应付经常转移方面，应上缴给政府部门的所得税和财产税等经常税是 10，通过实物社会转移以外的社会福利应付给住户部门 205，其他应付的经常转移为 62。

由上述资料分别核算金融公司部门会计年度的可支配收入总额和净额，并编制该部门收入再分配账户。

金融公司部门本会计年度的可支配收入总额和净额分别为：

$$\begin{matrix}\text{可支配收入}\\\text{总额（25）}\end{matrix}=\begin{matrix}\text{初始收入}\\\text{总额（27）}\end{matrix}+\begin{matrix}\text{应收经常}\\\text{转移（275）}\end{matrix}-\begin{matrix}\text{应付经常}\\\text{转移（277）}\end{matrix}$$

$$\begin{matrix}\text{可支配收入}\\\text{净额（13）}\end{matrix}=\begin{matrix}\text{初始收入}\\\text{净额（15）}\end{matrix}+\begin{matrix}\text{应收经常}\\\text{转移（275）}\end{matrix}-\begin{matrix}\text{应付经常}\\\text{转移（277）}\end{matrix}$$

将上述核算结果和应收经常转移与应付经常转移科目的数值登录到收入再分配账户，即可得到如表 4－4 所显示的该部门收入再分配账户内容。

表 4－4　　金融公司部门收入再分配账户

使用		来源	
		初始收入总额	27
		初始收入净额	15
应付经常转移	277	应收经常转移	275
所得税、财产税等经常税	10	净社会缴款	213
实物社会转移以外的社会福利	205	其他经常转移	62
其他经常转移	62		
可支配收入总额	25		
可支配收入净额	13		

从上述账户中有关数值可以看出，由于金融公司部门在收入再分配过程中发生的应付经常转移（277）比应收经常转移（275）多出两个单位，从而使其可支配收入总额由初始收入总额的27减少为25，扣除固定资本消耗12，最终可供该部门最终使用的收入仅为13。

第四节 积累账户

如同非金融公司或部门一样，由于金融公司或部门也不具有最终消费的功能，其可支配收入也全部用于储蓄。因此，国家会计在完成对金融公司部门的收入分配核算后，就直接进入积累核算阶段。

金融公司部门的积累核算包括资本形成核算、金融工具交易核算和其他积累核算三部分内容。其中，其他积累核算包括资产物量其他变化核算和重估价核算。由此，金融公司部门积累核算就需要编制包括资本账户、金融账户、资产物量其他变化账户和重估价账户四个账户。

一、对金融公司部门净储蓄的调整

尽管金融公司不具有最终消费功能，而且经过收入分配后直接进入资本积累阶段。但在国家会计核算制度中，该类公司或部门的净储蓄并不像非金融公司或部门那样完全等于可支配收入净额，而是经过“养老金权益变化的调整”，使它们的净储蓄小于（或大于）可支配收入净额。

养老金权益变化是住户已上缴的养老金与应收到的养老金之差额。由于养老金权益作为金融资产二级科目——保险、养老金和标准化担保计划下的一个子科目，它构成了金融公司部门的负债和住户部门的金融资产。与此同时，对于住户而言，这个差额会影响它们的可支配收入，进而影响它们的净储蓄，所以，需要在使用账户的来源方增加一个养老金权益变化调整科目。而对于金融公司而言，尽管它们不具有最终消费功能，为了进行与住户相对应的记录以保证更好地遵守四式记账规则和平衡整个账户体系，也需要设置一个可支配收入使用账户和调整后可支配收入使用账户，以记录对净储蓄的调整。

在金融部门会计核算中，由于所核算的会计年度养老金权益变化的调整金额是11个单位，因而使其净储蓄由收入再分配账户结转过来可支配收入的13减少为2个单位。

通过账户形式记录对金融公司部门净储蓄调整的两个账户分别如下（分别见表4－5

和表4-6）。

表4-5　　金融公司部门可支配收入使用账户

使用		来源	
		可支配收入总额	25
		可支配收入净额	13
养老金权益变化调整	11		
总储蓄	14		
净储蓄	2		

表4-6　　金融公司部门调整后可支配收入使用账户

使用		来源	
		调整后可支配收入总额	25
		调整后可支配收入净额	13
养老金权益变化调整	11		
总储蓄	14		
净储蓄	2		

二、资本账户

（一）资本账户中的科目

金融公司部门资本账户中的科目包括：（1）净储蓄；（2）资本转移；（3）储蓄和资本转移引起的资产净值变化；（4）资本形成总额（净额）；（5）非生产资产的获得减处置（6）；净借出（+）/净借入（-）。

（二）资本账户

金融公司部门资本账户的右方记录的是该部门积累的资金来源，包括净储蓄、应收资本转移、应付资本转移，以及资金筹集的合计——储蓄和资本转移引起的资产净值变化；账户左方列示的是该部门非金融生产资产价值净变化的三项内容、非金融非生产资产价值变化和账户的平衡科目即净借出或净借入。其中，净借出或净借入揭示的是金融公司部门经过资本交易而形成的资金余缺情况。

【例4-5】据会计资料记载，上述经济总体的金融公司部门在某个会计年度发生了如下与资本形成有关的财务活动：

经过对养老金权益（11）变化进行调整后，使其净储蓄由可支配收入净额转化成的13减少为2。

没有通过应收资本转移筹集到任何投资资金，但通过其他应付资本转移支出了7个单位的资金。

在资本形成方面，用于固定资本形成的总额为8，其他项目没发生投资活动。

根据以上会计资料核算金融公司部门会计年度的净借出（+）或净借入（-），并编制该部门的资本账户。

首先，由资本账户中各个科目之间的平衡关系，可以分别核算得到账户右方和左方各项需要汇总的有关科目。

账户右方（负债和资产净值变化方）：

储蓄和资本转移引起的资产净值变化（-5）= 净储蓄（2）+ 应收资本转移（0）- 应付资本转移（7）

账户左方（资产变化方）：

资本形成总额（8）= 固定资本形成净额（8）+ 存货变化（0）+ 贵重物品获得减处置（0）

资本形成净额（-4）= 资本形成总额（8）- 固定资本消耗（12）

净借入（-1）= 储蓄和资本转移引起的资产净值变化（-5）- 资本形成净额（-4）- 非生产资产获得减处置（0）

其次，将上述每项核算结果及有关科目登录到金融公司部门资本账户，即可得到如表4-7所示的表式和内容。

表4-7　　金融公司部门资本账户

资产变化		负债和资产净值变化	
资本形成总额	8	净储蓄	2
资本形成净额	-4	应收资本转移	0
固定资本形成总额	8	应收投资补助	0
固定资本获得减处置	8	其他应收资本转移	0
固定资本消耗	-12	应付资本转移	-7
存货变化	0	应付资本税	0
贵重物品的获得减处置	0	其他应付资本转移	-7
非生产资产获得减处置	0		
		储蓄和资本转移引起的资产净值变化	-5
净借入（-）	-1		

从上述金融公司部门的资本账户中可以看出，该部门经过储蓄和资本转移后，共形成了5个单位的资金短缺。但由于该部门在资本形成过程中用于资本形成总额只有8个单

位，而同期的固定资本消耗多达 12，从而导致资本形成净额为 –4，最终使该部门经过非金融投资活动后，仅留下 1 个单位的资金缺口。

三、金融账户

金融公司部门的金融账户是该部门积累账户的第二个账户，也是记录该部门交易系列账户中的最后一个账户。金融公司部门金融账户的表式和构成与非金融公司部门相同。

（一）金融公司部门金融账户中的科目

金融公司部门金融账户中所包含的科目有：

1. 金融资产净获得

金融公司部门金融资产净获得是指该部门会计年度各类金融资产应得的金额减去应处置的资产金额后的差额。

2. 全部八种类型的金融资产和负债

3. 净借出（+）/净借入（–）

该项科目是从资本账户转来的平衡科目，是金融公司部门资金盈余或短缺的数额。

4. 金融负债净发生

金融负债净发生是指会计年度各类金融负债应发生的金额减去已偿还金额后的差额。

（二）金融公司部门金融账户

【例 4 –6】据会计资料显示，上述经济总体的金融公司部门在某个会计年度运用各种金融工具所发生的交易状况如下：

（1）通过各种金融资产类工具发生获得和处置的有：中央银行处置了 1 个单位的特别提款权；回笼通货 15，处置可转让存款（为银行间头寸）5；新增短期债务性证券和长期债务性证券分别为 20 和 70，同期处置的短期债务性证券和长期债务性证券分别为 7 和 17；新发放短期贷款和长期贷款分别为 10 和 90，同期收回短期贷款和长期贷款分别为 6 和 41；净获得的股权为 25，分别为上市股票 23、非上市股票 1、其他股权 1，净获得的货币市场基金份额/单位和其他投资基金份额/单位分别为 2 和 1；净获得的非寿险专门准备金、养老金经理人的养老基金债权和标准化担保代偿准备金分别为 2、3 和 2；新增期权和远期分别为 5 和 10，同期处置的期权和远期分别为 2 和 5；净获得其他应收款 1。

（2）通过各种金融负债类工具新发生与偿还的有：银行间头寸减少 5，吸收其他可转让存款 31，吸收其他存款 39；净发生短期债务性证券 18，长期债务性证券 12；贷款数额没有发生变化；新发行上市股票10，同期退出市场的股票为3，新增非上市股票4，新增货币市场基金份额/单位和其他投资基金份额/单位分别为10和6，同期退出货币市场基金份额/单位为5；保险、养老金和标准化担保计划科目下的六个子科目负债净发生额分别为非寿险专门准备金7、寿险和年金权益22、养老金权益11、养老金经理人的养老金债权3、非养老保险金权益2和标准化担保代偿准备金3；金融衍生工具科目的期权和远期负债净发生额分别为2和5，雇员股票期权新发生扣除偿还后的净额为1；其他应付款没有发生变化。

根据金融公司部门所发生的上述金融交易活动，分别核算该部门本会计年度的金融资产净获得和负债净发生，并将核算结果和每类金融资产和负债的净发生额登录到金融账户中（要求：编制金融账户时，将金融资产和负债分别按其二级科目登录）。

我们可以按以下步骤完成对金融公司部门该会计年度的金融资产净获得和负债净发生的核算，以及编制金融账户的工作。

第一步，分别将各项金融资产四级科目的净获得和负债四级科目的净发生汇总成三级科目。

各项金融资产三级科目净获得的金额如表4-8所示。

表4-8　　各项金融资产三级科目净获得金额汇总表

三级科目名称	金额	汇总来源
货币黄金	0	
特别提款权	-1	
通货	15	
可转让存款	-5	银行间头寸
其他存款	0	
短期债务性证券	13	新增（20）-处置（7）
长期债务性证券	53	新增（70）-处置（17）
短期贷款	4	新增（10）-处置（6）
长期贷款	49	新增（90）-处置（41）
股权	25	上市股票（23）+非上市股票（1）+其他股权（1）
投资基金份额/单位	3	货币市场（2）+其他（1）
非寿险专门准备金	2	
养老金经理人的养老基金债权	3	
标准化担保代偿准备金	2	
金融衍生工具	8	期权（3）+远期（5）
其他应收款	1	其他应收款

各项金融负债三级科目净发生的金额如表4－9所示。

表4－9　各项金融负债三级科目净发生金额表

三级科目名称	金额	汇总来源
可转让存款	26	银行间头寸（－5）＋其他可转让存款（31）
其他存款	39	
短期债务性证券	18	
长期债务性证券	12	
股权	11	上市公司股票（7）＋非上市公司股票（4）
投资基金份额/单位	11	货币市场（5）＋其他（6）
非寿险专门准备金	7	
寿险和年金权益	22	
养老金权益	11	
养老金经理人的养老基金债权	3	
非养老保险金权益	2	
标准化担保代偿准备金	3	
金融衍生工具	7	期权（2）＋远期（5）
雇员股票期权	1	

第二步，分别汇总各项金融资产交易二级科目的净获得和金融负债交易二级科目的净发生，并将其分别列入表4－10和表4－11中。

表4－10　各项金融资产交易二级科目净获得金额汇总表

二级科目名称	金额	汇总来源
货币黄金和特别提款权	－1	货币黄金（0）＋特别提款权（－1）
通货和存款	10	可转让存款（15）＋其他存款（－5）
债务性证券	66	短期债务性证券（13）＋长期债务性证券（53）
贷款	53	短期贷款（4）＋长期贷款（49）
股权和投资基金份额	28	股权（25）＋投资基金份额/单位（3）
保险、养老金和标准化担保计划	7	非寿险专门准备金（2）＋养老金经理人的养老基金债权（3）＋标准化担保代偿准备金（2）
金融衍生工具和雇员股票期权	8	金融衍生工具（8）
其他应收款	1	其他应收款（1）

表 4－11　　　　　　　各项金融负债交易二级科目净发生金额汇总表

二级科目名称	金额	汇总来源
通货和存款	65	可转让存款（26）＋其他存款（39）
债务性证券	30	短期债务性证券（18）＋长期债务性证券（12）
股权和投资基金份额	22	股权（11）＋投资基金份额/单位（11）
保险、养老金和标准化担保计划	48	非寿险专门准备金（7）＋寿险和年金权益（22）＋养老金权益（11）＋养老金经理人的养老基金债权（3）＋非养老保险金权益（2）＋标准化担保代偿准备金（3）
金融衍生工具和雇员股票期权	8	金融衍生工具（7）＋雇员股票期权（1）

第三步，分别核算金融资产一级科目净获得、负债一级科目净发生和净借出（＋）/净借入（－）的金额。

金融公司部门金融账户中金融资产净获得、负债净发生和净借出（＋）或净借入（－）分别为：

金融资产净获得（172）＝货币黄金和特别提款权（－1）
＋通货和存款（10）
＋债务性证券（66）
＋贷款（53）
＋股权和投资基金份额（28）
＋保险、养老金和标准化担保计划（7）
＋金融衍生工具和雇员股票期权（8）
＋其他应收款（1）

金融负债净发生（173）＝通货和存款（65）
＋债务性证券（30）
＋贷款（0）
＋股权和投资基金份额（22）
＋保险、养老金和标准化担保计划（48）
＋金融衍生工具和雇员股票期权（8）
＋其他应付款（0）

净借入（－1）＝金融资产净获得（172）－负债净发生（173）

第四步，将上述核算结果和各类金融交易科目登录到金融公司部门金融账户，则形成了如表 4－12 所示的形式及内容。

表 4－12　　金融公司部门金融账户

资产变化		负债和资产净值变化	
		净借入（－）	－1
金融资产净获得	172	金融负债净发生	173
货币黄金和特别提款权	－1		
货币黄金	0		
特别提款权	－1		
通货和存款	10	通货和存款	65
通货	15		
可转让存款	－5		
其他存款	0		
债务性证券	66	债务性证券	30
贷款	53	贷款	0
股权和投资基金份额/单位	28	股权和投资基金份额/单位	22
股权	25	股权	11
投资基金份额	3	投资基金份额	11
保险、养老金和标准化担保计划	7	保险、养老金和标准化担保计划	48
金融衍生工具和雇员股票期权	8	金融衍生工具和雇员股票期权	8
金融衍生工具	8	金融衍生工具	7
雇员股票期权	0	雇员股票期权	1
其他应收款	1	其他应付款	0
商业信用和预付款	0	商业信用和预付款	0
其他应收款	1	其他应付款	0

从上述账户中相关会计科目可以看出，由于核算期金融公司部门金融资产的净获得少于负债的净发生 1 个单位，最终使该部门的净借入为 1。这与该部门在资本积累中所形成的 1 个单位资金缺口需要在资本市场上筹措是相吻合的。

金融公司部门本会计年度所净获得的应收 172 个单位金融资产，主要由债务性证券（66）和贷款（53）两项资产构成，两者占了全部金融资产净获得的近七成。

金融负债主要净发生在通货和存款（65）与保险、养老金和标准化担保计划（48）两项金融工具上，二者占全部负债净发生额的 65.3%。

四、其他积累账户

（一）资产物量其他变化账户

金融公司部门的资产物量其他变化账户记录的是该部门会计年度期初资产负债表和期

末资产负债表之间的资产、负债和资产净值由于该部门无法控制的外生变量或意外事件而引起的变化。

通常情况下，金融公司部门在资产物量其他变化方面受到的影响较少，因此这方面的数值也很小。

【例 4－7】据会计资料显示，上述经济总体的金融公司部门在某个会计年度主要有以下几笔资产物量其他变化方面的记录。

（1）在资产变化方面：

由于未另分类物量的其他变化应增加 1 个单位的金融资产；由于资产的分类变化应减少 2 个单位的非金融生产资产。

（2）在负债变化方面：

负债方面资产物量没有发生任何其他变化。

根据上述会计资料编制的金融公司部门资产物量其他变化账户如表 4－13 所示。

表 4－13　　　　金融公司部门资产物量其他变化账户

资产变化		负债和资产净值变化	
资产的经济出现	0		
非金融非生产资产	0		
非金融非生产资产的经济消失	0		
自然资源耗减	0		
非金融非生产资产其他经济损失	0		
巨灾损失	0		
非金融生产资产	0		
非金融非生产资产	0		
无偿没收	0		
非金融生产资产	0		
非金融非生产资产	0		
金融资产			
未另分类物量的其他变化	1	未另分类物量的其他变化	0
非金融生产资产	0		
非金融非生产资产	0		
金融资产	1	金融负债	0
分类变化	－2	分类变化	0
部门分类和结构变化	0	部门分类和结构变化	0
资产分类变化	－2	负债分类变化	0
物量其他变化合计	－1	物量其他变化合计	0
非金融生产资产	－2		
非金融非生产资产	0		
金融资产	1	金融负债	0
		资产物量其他变化引起的资产净值变化	－1

上述账户中各个科目之间的平衡关系为：

（1）资产变化方：

资产物量其他变化合计（-1）=资产的经济出现（0）
+非金融非生产资产的经济消失（0）
+巨灾损失（0）
+无偿没收（0）
+未另分类物量的其他变化（1）
+分类变化（-2）

资产物量其他变化合计（-1）=非金融生产资产物量其他变化（-2）
+非金融非生产资产物量其他变化（0）
+金融资产物量其他变化（1）

（2）负债和资产净值变化方：

负债物量其他变化合计（0）=未另分类物量的其他变化（0）+分类变化（0）

资产物量其他变化引起的资产净值变化（-1）= 资产物量其他变化合计（-1）- 负债物量其他变化合计（0）

（二）重估价账户

金融公司部门的重估价账户记录的是该部门会计年度由于持有非金融资产和金融资产，以及承担债务由于价格变化所产生的持有损益。

【例4-8】 据会计资料显示，上述经济总体的金融公司部门在某个会计年度有以下几笔应计的持有损益：

非金融生产资产的固定资产获得2个单位的名义持有损益，非金融非生产资产也获得2个单位的名义持有损益，分别为自然资源1和合约、租约与许可1。在持有的金融资产中，货币黄金和特别提款权、债务性证券、股权和投资基金份额/单位的名义持有损益分别为11、30和16。负债名义持有损失主要是债务性证券34与股权和投资基金份额/单位17。

在各项名义持有损益中，包含了如下的中性持有损益：非金融生产资产的固定资产为2；非金融非生产资产的自然资源为1。金融资产的中性持有损益分别有货币黄金和特别提款权14，债务性证券18，贷款24，股权和投资基金份额/单位14，保险、养老金和标准化担保计划1。负债中性持有损失分别为通货和存款26，债务性证券21，股权和投资基金份额/单位14，保险、养老金和标准化担保计划7。

根据以上会计资料，分别核算该金融公司部门本会计年度由名义持有损益引起的资产净值变化额、由中性持有损益引起的资产净值变化额和由实际持有损益引起的资产净值变化额，并将核算结果和有关资料编制成金融公司部门的重估价账户（其中，非金融资产要求细化至三级科目）。

由上述已有会计资料和要求可知，我们要完成此项工作，可以按以下步骤进行。

第一步，分别计算资产名义持有损益和负债名义持有损益，以及由名义持有损益引起的资产净值变化额。由上述资料汇总和计算分别得到：

资产的名义持有损益为：

非金融生产资产名义持有损益（2）= 固定资产名义持有损益（2）

非金融非生产资产名义持有损益（2）= 自然资源名义持有损益（1）+ 合约、租赁和许可名义持有损益（1）

非金融资产名义持有损益（4）= 非金融生产资产名义持有损益（2）+ 非金融非生产资产名义持有损益（2）

金融资产名义持有损益（57）= 货币黄金和特别提款权名义持有损益（11）+ 债务性证券名义持有损益（30）+ 股权和投资基金份额名义持有损益（16）

资产名义持有损益合计（61）= 非金融资产名义持有损益（4）+ 金融资产名义持有损益（57）

负债方名义持有损益为：

负债名义持有损益合计（51）= 债务性证券名义持有损益（34）+ 股权和投资基金份额/单位名义持有损益（17）

由名义持有损益引起的资产净值变化额为：

由名义持有损益引起的资产净值变化额（10）= 资产名义持有损益合计（61）- 负债名义持有损益合计（51）

第二步，分别计算资产的中性持有损益、负债的中性持有损益和由中性持有损益引起的资产净值变化额。由上述资料汇总和计算得到：

资产中性持有损益为：

非金融生产资产中性持有损益（2）= 固定资产中性持有损益（2）

非金融非生产资产中性持有损益（1）= 自然资源中性持有损益（1）

非金融资产中性持有损益（3）= 非金融生产资产中性持有损益（2）+ 非金融非生产资产中性持有损益（1）

金融资产中性持有损益（71）= 货币黄金和特别提款权中性持有损益（14）+ 债务性证券中性持有损益（18）+ 贷款中性持有损益（24）+ 股权和投资基金份额/单位中性持有损益（14）+ 保险、养老金和标准化担保计划中性持有损益（1）

资产中性持有损益合计（74）= 非金融资产中性持有损益（3）+ 金融资产中性持有损益（71）

负债中性持有损益合计为：

负债中性持有损益合计（68）= 通货和存款中性持有损益（26）+ 债务性证券中性持有损益（21）+ 股权和投资基金份额/单位中性持有损益（14）+ 保险、养老金和标准化担保计划中性持有损益（7）

由中性持有损益引起的资产净值变化额为：

由中性持有损益引起的资产净值变化额（6）= 资产中性持有损益合计（74）− 负债中性持有损益合计（68）

第三步，分别计算资产实际持有损益、负债实际持有损益和由实际持有损益引起的资产净值变化额。

由于实际持有损益等于名义持有损益减去中性持有损益，所以，资产、负债的实际持有损益，以及由实际持有损益引起的资产净值变化额分别为：

资产实际持有损益为：

非金融生产资产实际持有损益（0）= 非金融生产资产名义持有损益（2）− 非金融生产资产中性持有损益（2）

其中，根据计算得到非金融生产资产中的固定资产、存货和贵重物品的实际持有损益都分别为0。

非金融非生产资产实际持有损益（1）= 非金融非生产资产名义持有损益（2）− 非金融非生产资产中性持有损益（1）

其中，根据计算得到非金融非生产资产中的自然资源与合约、租约与许可的实际持有损益分别为0和1。

非金融资产实际持有损益（1）= 非金融生产资产实际持有损益（0）+ 非金融非生产资产实际持有损益（1）

或，

非金融资产实际持有损益（1）= 非金融资产名义持有损益（4）− 非金融资产中性持有损益（3）

货币黄金和特别提款权实际持有损益（-3）= 货币黄金和特别提款权名义持有损益（11）- 货币黄金和特别提款权中性持有损益（14）

债务性证券实际持有损益（12）= 债务性证券名义持有损益（30）- 债务性证券中性持有损益（18）

贷款实际持有损益（-24）= 贷款名义持有损益（0）- 贷款中性持有损益（24）

股权和投资基金份额/单位实际持有损益（2）= 股权和投资基金份额/单位名义持有损益（16）- 股权和投资基金份额/单位中性持有损益（14）

保险、养老金和标准化担保计划实际持有损益（-1）= 保险、养老金和标准化担保计划名义持有损益（0）- 保险、养老金和标准化担保计划中性持有损益（1）

金融资产实际持有损益（-14）= 货币黄金和特别提款权实际持有损益（-3）+ 债务性证券实际持有损益（12）+ 贷款实际持有损益（-24）+ 股权和投资基金份额实际持有损益（2）+ 保险、养老金和标准化担保计划实际持有损益（-1）

或，

金融资产实际持有损益（-14）= 金融资产名义持有损益（57）- 金融资产中性持有损益（71）

资产实际持有损益（-13）= 非金融资产实际持有损益（1）+ 金融资产实际持有损益（-14）

或，

资产实际持有损益（-13）= 资产名义持有损益（61）- 资产中性持有损益（74）

负债实际持有损益为：

通货和存款实际持有损益（-26）= 通货和存款名义持有损益（0）- 通货和存款中性持有损益（26）

债务性证券实际持有损益（13）= 债务性证券名义持有损益（34）- 债务性证券中性持有损益（21）

$$\frac{\text{股权和投资基金份额/单位}}{\text{实际持有损益（3）}}=\frac{\text{股权和投资基金份额/单位}}{\text{名义持有损益（17）}}-\frac{\text{股权和投资基金份额/单位}}{\text{中性持有损益（14）}}$$

$$\frac{\text{保险、养老金和标准化担保}}{\text{计划实际持有损益（-7）}}=\frac{\text{保险、养老金和标准化担保}}{\text{计划名义持有损益（0）}}-\frac{\text{保险、养老金和标准化担保}}{\text{计划中性持有损益（7）}}$$

$$\frac{\text{负债实际持有}}{\text{损益合计（-17）}}=\frac{\text{通货和存款实际}}{\text{持有损益（-26）}}+\frac{\text{债务性证券实际}}{\text{持有损益（13）}}+\frac{\text{股权和投资基金份额}}{\text{实际持有损益（3）}}+\frac{\text{保险、养老金和标准化担保}}{\text{计划实际持有损益（-7）}}$$

或，

$$\frac{\text{负债实际持有}}{\text{损益合计（-17）}}=\frac{\text{负债名义持有}}{\text{损益合计（51）}}-\frac{\text{负债中性持有}}{\text{损益合计（68）}}$$

由实际持有损益引起的资产净值变化额为：

$$\frac{\text{由实际有损益引起的}}{\text{资产净值变化额（4）}}=\frac{\text{资产实际持有}}{\text{损益合计（-13）}}-\frac{\text{负债实际持有}}{\text{损益合计（-17）}}$$

第四步，将上述金融公司部门有关持有损益的核算结果和已有会计资料按要求分别编制成该部门三个持有损益账户（分别见表 4-14、表 4-15 和表 4-16）。

表 4-14　　金融公司部门名义持有损益账户

资产变化		负债和资产净值变化	
资产名义持有损益	61		
非金融资产	4		
非金融生产资产	2		
固定资产	2		
存货	0		
贵重物品	0		
非金融非生产资产	2		
自然资源	1		
合约、租赁和许可	1		
金融资产	57	负债名义持有损益	51
货币黄金和特别提款权	11	货币黄金和特别提款权	0
通货和存款	0	通货和存款	0
债务性证券	30	债务性证券	34
贷款	0	贷款	0
股票和投资基金份额/单位	16	股票和投资基金份额/单位	17
保险、养老金和标准化担保计划	0	保险、养老金和标准化担保计划	0
金融衍生工具和雇员股票期权	0	金融衍生工具和雇员股票期权	0
其他应收款	0	其他应付款	0
		名义持有损益引起的资产净值变化	10

表 4－15　　金融公司部门中性持有损益账户

资产变化		负债和资产净值变化	
资产中性持有损益	74		
非金融资产	3		
非金融生产资产	2		
固定资产	2		
存货	0		
贵重物品	0		
非金融非生产资产	1		
自然资源	1		
合约、租赁和许可	0		
金融资产	71	负债中性持有损益	68
货币黄金和特别提款权	14	货币黄金和特别提款权	0
通货和存款	0	通货和存款	26
债务性证券	18	债务性证券	21
贷款	24	贷款	0
股票和投资基金份额/单位	14	股票和投资基金份额/单位	14
保险、养老金和标准化担保计划	1	保险、养老金和标准化担保计划	7
金融衍生工具和雇员股票期权	0	金融衍生工具和雇员股票期权	0
其他应收款	0	其他应付款	0
		中性持有损益引起的资产净值变化	6

表 4－16　　金融公司部门实际持有损益账户

资产变化		负债和资产净值变化	
资产实际持有损益	－13		
非金融资产	1		
非金融生产资产	0		
固定资产	0		
存货	0		
贵重物品	0		
非金融非生产资产	1		
自然资源	0		
合约、租赁和许可	1		
金融资产	－14	负债实际持有损益	－17
货币黄金和特别提款	－3	货币黄金和特别提款	0
通货和存款	0	通货和存款	－26
债务性证券	12	债务性证券	13
贷款	－24	贷款	0
股票和投资基金份额/单位	2	股票和投资基金份额/单位	3
保险、养老金和标准化担保计划	－1	保险、养老金和标准化担保计划	－7
金融衍生工具和雇员股票期权	0	金融衍生工具和雇员股票期权	0
其他应收款	0	其他应付款	0
		实际持有损益引起的资产净值变化	4

第五步，根据会计核算和管理需要，国家会计也可以将上述三个持有损益账户合并成一个重估价账户（见表4－17）。

表4－17　　金融公司部门重估价账户

	资产变化		负债和资产净值变化	
名义持有损益	名义持有损益合计	61		
	非金融资产	4		
	非金融生产资产	2		
	非金融非生产资产	2		
	金融资产	57	负债	51
			名义持有损益引起的净值变化	10
中性持有损益	中性持有损益合计	74		
	非金融资产	3		
	非金融生产资产	2		
	非金融非生产资产	1		
	金融资产	71	负债	68
			中性持有损益引起的净值变化	6
实际持有损益	实际持有损益合计	－13		
	非金融资产	1		
	非金融生产资产	0		
	非金融非生产资产	1		
	金融资产	－14	负债	－17
			实际持有损益引起的净值变化	4

金融公司部门上述的金融账户和有关平衡式表明了以下三点：

首先，从资产的持有损益看，尽管名义持有损益为61，但是，由于中性持有损益74远高于名义持有损益，而且这部分收益只是该部门所持有资产的价格上涨幅度与整个社会物价上涨幅度持平所带来的收益，从而使该部门所持有的资产在本会计年度不但没有获得持有损益，相反却实际损失了13个单位。进一步观察还可以发现，持有资产的实际损失主要是由该部门所持有的金融资产造成的。该部门持有金融资产所带来的实际持有损失为14，通过非金融资产实际持有损益抵销1，最终的实际损失为13。

其次，从负债的持有损益角度分析，由于该部门承担的负债实际持有损益为17，从而使负债名义持有损失（51）少于中性持有损失（68）。亦即由于该部门本会计年度所承担负债的价格上涨幅度低于全社会整个负债价格的上涨幅度，减少了17个单位的持有损失，进而促成整个负债的名义持有损失少于中性持有损失。

最后，综合考虑资产和负债持有损益变动情况，金融公司部门本会计年度由持有资产和负债名义持有损益引起的资产净值变化为10。其中，中性持有损益引起的资产净值变化为6，实际持有损益引起的资产净值变化为4。后者表明，该部门本会计年度由于持有资产和负债价格的变动，使其资产的净值实际增加了4个单位。

第五节　资产负债表

金融公司部门资产负债表的表式结构和内容如同非金融公司部门一样，而且也是由会计年度的期初资产负债表、资产负债变动表和期末资产负债表三部分组成。

【例4-9】根据上述经济总体的金融公司部门会计登录的资料显示，该部门在某个会计年度的资产和负债期初存量与期间变动量数据如下：

（1）期初资产负债存量：

期初的非金融生产资产67，包括固定资产52，贵重物品15；非金融非生产资产26，包括自然资源23，合约、租约和许可3。

期初的各类金融资产存量分别为：货币黄金和特别提款权690，债务性证券950，贷款1187，股票和投资基金份额/单位551，保险、养老金和标准化担保计划30，金融衍生工具和雇员股票期权13，没有其他应收款。

期初承担的各种负债分别为：通货和存款1281，债务性证券1053，股票和投资基金份额/单位765，保险、养老金和标准化担保计划435，金融衍生工具和雇员股票期权10，没有其他应付款。

（2）会计年度资产和负债变动情况：

会计年度净获得的非金融生产资产-4，包括固定资产-2，存货0和贵重物品-2；净获得的非金融非生产资产2，分别为自然资源与合约、租约和许可各1。

会计年度净获得的金融资产分别有：货币黄金和特别提款权10，通货和存款10，债务性证券96，贷款53，股票和投资基金份额/单位44，保险、养老金和标准化担保计划8，金融衍生工具和雇员股票期权8，其他应收款1。

会计年度净发生的负债包括：通货和存款65，债务性证券64，贷款0，股票和投资基金份额/单位39，保险、养老金和标准化担保计划48，金融衍生工具和雇员股票期权8，其他应付款0。

根据以上会计资料分别核算该部门本会计年度期初资产净值、会计年度资产净值变动额和会计年度期末资产净值，并将三个资产净值和有关会计资料编入资产负债表（要求：非金融资产细化到三级科目，金融资产细化到二级科目）。

要核算出金融公司部门三种资产净值并编制资产负债表，可以分为以下六个步骤进行。

第一步，分别核算本会计年度期初的资产合计、负债合计和资产净值。

根据上述（1）有关期初资产存量的资料计算，期初资产合计、负债合计和期初资产净值分别为：

期初非金融资产合计（93）= 期初非金融生产资产（67）+ 期初非金融非生产资产（26）

期初金融资产合计（3421）= 货币黄金和特别提款权（690）+ 债务性证券（950）+ 贷款（1187）+ 股票和投资基金份额/单位（551）+ 保险、养老金和标准化担保计划（30）+ 金融衍生工具和雇员股票期权（13）

期初资产合计（3514）= 期初非金融资产合计（93）+ 期初金融资产合计（3421）

期初负债合计（3544）= 通货和存款（1281）+ 债务性证券（1053）+ 股票和投资基金份额/单位（765）+ 保险、养老金和标准化担保计划（435）+ 金融衍生工具和雇员股票期权（10）

期初资产净值（-30）= 期初资产合计（3514）-期初负债（3544）

第二步，分别核算本会计年度资产、负债和资产净值的变化额。

根据上述（2）关于期间资产净获得、负债净发生资料，计算资产净获得合计、负债净发生合计和资产净值变化额分别为：

非金融资产净获得（-2）= 非金融生产资产净获得（-4）+ 非金融非生产资产净获得（2）

金融资产净获得（230）= 货币黄金和特别提款权（10）+ 通货和存款（10）+ 债务性证券（96）+ 贷款（53）+ 股票和投资基金份额/单位（44）+ 保险、养老金和标准化担保计划（8）+ 金融衍生工具和雇员股票期权（8）+ 其他应收款（1）

资产净获得（228）= 非金融资产净获得（-2）+ 金融资产净获得（230）

资产净值变化总额（4）=资产净获得（228）-负债净发生（224）

资产净值变化总额（4）=储蓄和资本转移引起资产净值变化额（-5）
+资产物量其他变化引起资产净值变化额（-1）
+名义持有损益引起资产净值变化额（10）

其中，

名义持有损益引起的资产净值变化额（10）=中性持有损益引起资产净值变化额（6）+实际持有损益引起资产净值变化额（4）

第三步，分别核算本会计年度各类资产、负债的期末金额。

为了满足登录期末资产负债表的需要，应当分别计算各类资产、负债三级以上科目的期末金额（计算结果见表4-18）。

表4-18　各类资产、负债期末金额

科目	计算来源（期初金额+期间变化额）	
	资产	负债
固定资产	50 =52 + (-2)	
存货	0 = + 0	
贵重物品	13 = 15 + (-2)	
自然资源	24 =23 + 1	
合约、租约和许可	4 =3 + 1	
商誉和营销资产	0 = + 0	
货币黄金和特别提款权	700 =690 + 10	
通货和存款	10 = + 10	1346 = 1281 + 65
债务性证券	1046 = 950 + 96	1117 = 1053 + 64
贷款	1240 = 1187 + 53	0 = + 0
股权和投资基金份额/单位	595 = 551 + 44	804 = 765 + 39
保险、养老金和标准化担保计划	38 = 30 + 8	483 = 435 + 48
金融衍生工具和雇员股票期权	21 = 13 + 8	18 = 10 + 8
其他应收/应付款	1 = + 1	0 = + 0

第四步，分别核算期末的资产合计、负债合计和资产净值。

期末非金融资产（91）=期初非金融资产（93）+非金融资产变化额（-2）

期末金融资产（3651）=期初金融资产（3421）+金融资产变化额（230）

期末资产合计（3742）=期末非金融资产（91）+期末金融资产（3651）

期末负债（3768）=期初负债（3544）+负债变化额（224）

期末资产净值（-26）=期末资产合计（3742）-期末负债（3768）

第五步，将上述资料与核算结果分别登录到金融公司部门本年度的期初资产负债表、期间资产负债变动表和期末资产负债表（分别见表4－19、表4－20和表4－21）。

表4－19　　金融公司部门期初资产负债表

资产		负债和资产净值	
资产合计	3514		
非金融资产	93		
非金融生产资产	67		
固定资产	52		
存货			
贵重物品	15		
非金融非生产资产	26		
金融资产	3421	负债	3544
货币黄金和特别提款权	690	货币黄金和特别提款权	0
通货和存款		通货和存款	1281
债务性证券	950	债务性证券	1053
贷款	1187	贷款	
股票和投资基金份额/单位	551	股票和投资基金份额/单位	765
保险、养老金和标准化担保计划	30	保险、养老金和标准化担保计划	435
金融衍生工具和雇员股票期权	13	金融衍生工具和雇员股票期权	10
其他应收款	0	其他应付款	0
		资产净值	－30

表4－20　　金融公司部门资产负债变动表

资产变化		负债和资产净值变化	
资产变动合计	228		
非金融资产	－2		
非金融生产资产	－4		
固定资产	－2		
存货	0		
贵重物品	－2		
非金融非生产资产	2		
金融资产	230	负债	224
货币黄金和特别提款权	10	货币黄金和特别提款权	
通货和存款	10	通货和存款	65
债务性证券	96	债务性证券	64
贷款	53	贷款	0
股票和投资基金份额/单位	44	股票和投资基金份额/单位	39
保险、养老金和标准化担保计划	8	保险、养老金和标准化担保计划	48
金融衍生工具和雇员股票期权	8	金融衍生工具和雇员股票期权	8
其他应收款	1	其他应付款	0
		资产净值变化总额	4
		储蓄和资本转移引起资产净值变化	－5
		资产物量其他变化引起资产净值变化	－1
		名义持有损益引起资产净值变化	10
		中性持有损益引起资产净值变化	6
		实际持有损益引起资产净值变化	4

表 4－21　　　　　　　　　**金融公司部门期末资产负债表**

资产		负债和资产净值	
资产合计	3742		
非金融资产	91		
非金融生产资产	63		
固定资产	50		
存货	0		
贵重物品	13		
非金融非生产资产	28		
金融资产	3651	负债	3768
货币黄金和特别提款权	700	货币黄金和特别提款权	
通货和存款	10	通货和存款	1346
债务性证券	1046	债务性证券	1117
贷款	1240	贷款	0
股票和投资基金份额/单位	595	股票和投资基金份额/单位	804
保险、养老金和标准化担保计划	38	保险、养老金和标准化担保计划	483
金融衍生工具和雇员股票期权	21	金融衍生工具和雇员股票期权	18
其他应收款	1	其他应付款	0
		资产净值	－26

第六步，根据会计核算和管理需要，将上述三个资产负债表合并成一个资产负债表（见表 4－22）。

表 4－22　　　　　　　　　**金融公司部门资产负债表**

	资产存量和变化		负债与资产净值存量和变化	
期初资产负债	资产合计	3514		
	非金融资产	93		
	非金融生产资产	67		
	非金融非生产资产	26		
	金融资产	3421	负债	3544
			资产净值	－30

续表

资产负债变动	资产变动合计	228		
	非金融资产	-2		
	非金融生产资产	-4		
	非金融非生产资产	2		
	金融资产	230	负债	224
			资产净值变化总额	4
			储蓄和资本转移引起资产净值变化	-5
			资产物量其他变化引起资产净值变化	-1
			名义持有损益引起资产净值变化	10
			中性持有损益引起资产净值变化	6
			实际持有损益引起资产净值变化	4
期末资产负债	资产合计	3742		
	非金融资产	91		
	非金融生产资产	63		
	非金融非生产资产	28		
	金融资产	3651	负债	3768
			资产净值	-26

综合分析金融公司部门资产负债期初和期末的存量，以及会计年度的变动情况，主要有如下特点：

首先，从期初资产负债各自的构成和资产净值看，该部门期初所拥有的资产主要是金融资产。在3514的资产总值中，金融资产就达到了3421，占全部资产的97.4%。这充分体现了金融公司部门的职能和特点。该部门期初3544的负债，主要由通货和存款（1281）与债务性证券（1053）两种类型的负债形成，二者占负债总值的比重分别是36.1%和29.7%。两种负债合计占负债总值的比重达到了65.8%。可见，经济总体的其他部门主要是通过通货和存款与债务性证券这两种融资渠道从金融公司部门获得资金支持的。金融公司部门-30的资产净值说明，该部门本身在期初就存在30个单位的资金短缺。

其次，从会计年度资产、负债和资产净值的变动情况看，该部门净获得了230的金融资产，但由于非金融资产净减少2个单位，最终使整个资产净获得的金额为228。在该部门净发生的224个单位负债中，依然是通货和存款（65）与债务性证券（64）占了较大比重，二者合计占了全部净发生负债的57.6%。其余是保险、养老金和标准化担保计划(48)，此项净发生的负债占了全部净发生负债的21.4%。由于资产和负债在会计年度各自发生了不同程度的变化，金融公司部门经过整个积累过程后，资产净值总共只增加了4

个单位。其中，由储蓄和资本转移变动使其资产净值减少了 5 个单位，占资产净值增加额的 –125.0%；由资产物量其他变化减少了 1 个单位的资产净值，占资产净值增加额的 –25.0%；由名义持有损益变动增加了 10 个单位的资产净值，占资产净值增加额的 250.0%。

最后，再分析一下期末资产负债和净值的情况。该部门期末所拥有的资产仍然主要是金融资产。在 3742 的资产总值中，金融资产就达到了 3651，占全部资产的 97.6%。期末金融资产占全部资产的比重比期初提高了 0.2 个百分点。金融公司部门期末所拥有的资产比期初增加了 228 个单位，增长了 6.48%。其中，非金融资产期末比期初减少了 2，降低了 0.06%；金融资产期末比期初增加了 230，增长了 6.54%。该部门期末 3768 的负债，主要由通货和存款（1346）与债务性证券（1117）两种类型的负债形成，二者占负债总值的比重分别是 35.7% 和 29.6%。两种负债合计占负债总值的比重达到了 65.4%。可见，经济总体的其他部门在该会计年度仍然主要依靠通货和存款与债务性证券这两种融资渠道从金融公司部门获得资金的支持。金融公司部门期末负债存量比期初增加了 224 个单位，增长了 6.3%。但是，由于该部门在会计年度的资产增长量（228）多于负债增长量 4 个单位，最终使期末的资产净值比期初增加了 4 个单位，由期初的 –30 增加为期末的 –26，增长了 13.3%。

【复习思考题】

1. 简述金融公司部门的概念和特点。

2. 金融公司部门是由哪些子部门构成的？

3. 简述金融生产的性质及其分类。

4. 金融公司部门主要提供哪几种金融服务？

5. 国家会计如何处理中央银行的产出？

6. 金融公司部门的初始收入分配账户都包含哪些科目？

7. 金融公司部门资本账户中的净储蓄与非金融公司部门资本账户中的净储蓄有何不同？

8. 资本账户中的净借出（+）/净借入（–）与金融账户中的净借出（+）/净借入（–）有什么关系？

第五章　政府部门会计核算

【学习目标与要求】

1. 掌握政府单位、政府部门的概念、功能，以及政府部门的划分方法；
2. 了解政府部门生产的性质、参与生产活动的方式和产出的类型；
3. 掌握政府部门各种收入分配账户包含的科目和账户的编制方法；
4. 掌握政府部门收入使用账户包含的科目和账户的编制方法；
5. 了解政府部门积累账户和资产负债表的编制方法。

第一节　政府部门会计核算概述

一、政府单位和政府部门的概念

政府单位是一种通过政治程序设立，能在一给定区域对其他机构单位行使立法、司法和行政方面权力的独一无二的法律实体。

所有政府单位的集合体便构成了政府部门。按照国际惯例，国家会计制度对于政府部门的划分通常有以下两种方法。

（一）非营利机构（NPI）和社会保障基金隐显法

非营利机构（NPI）和社会保障基金隐显法是指在划分政府子部门时，每个政府子部门都隐含了 NPI，而将社会保障基金作为一个显现的独立子部门列出。由此将政府的子部门依次划分为中央政府、省级政府、地方政府、社会保障基金等四个子部门。

（二）非营利机构（NPI）和社会保障基金双隐法

非营利机构（NPI）和社会保障基金双隐法是指在划分政府子部门时，只将政府子部门划分为中央政府、省级政府、地方政府等三个子部门。每个子部门中既隐含了 NPI，也隐含了社会保障基金。

政府子部门的社会保障基金与社会保障计划的实施方式有关。社会保障计划是指由政府单位实施和控制的、覆盖全社会大部分人群的社会保险计划。该计划包括多种多样的以现金或实物形式为年老、伤残或死亡、抚恤、疾病和生育、工伤、失业、家庭补助、卫生保健等提供福利或救济的项目。如果社会保障计划与政府单位的其他活动分开运作，单独持有资产和承担负债，并以自己的名义从事金融交易，则该计划就获得了作为机构单位的资格，被称为社会保障基金。

二、政府部门的主要功能

政府部门的主要功能包括：（1）利用通过税收和其他收入获得的资金，来负责向社会和个体住户提供货物和服务的供给；（2）通过转移的手段对收入和财产进行再分配；（3）从事一定的非市场性生产。

三、政府部门会计核算的内容

由于政府部门具有最终消费的功能，因此对政府部门的会计核算包括按国民经济经济运行过程所包含的全部核算内容。即生产核算、收入分配核算、收入使用核算、积累核算和资产负债核算。

第二节 生产账户

一、政府生产的性质和范围

理论上讲，尽管政府不仅向社会提供公共服务，而且还会以免费或没有显著经济意义的价格向住户或其他机构单位提供许多货物和个体服务。其中，政府的责任主要在于组织产品生产和为生产提供资金支持，而不是直接生产产品。但是在实践中，政府单位却从事着范围广泛的货物、公共服务和个体服务的生产。由此可见，政府单位生产范围包括：(1) 从事公共服务的生产；(2) 从事个体服务的生产；(3) 生产一部分货物。

二、政府参与生产活动的方式

如果一个政府单位或部门要参与生产活动，通常它会选择以下三种方式。

(一) 创建一个公营公司

该类公司的投资、生产何种产品，以及产品的定价等公司政策均由政府控制。

(二) 创建一个受政府控制的非营利机构

所谓非营利机构（NPI)，是那些其创建目标尽管也是生产货物和服务，但其法律地位不允许那些建立它们、控制它们或为其提供资金的单位利用该实体获得收入、利润或其他财务收益的法律或社会实体。

非营利机构通常有从事市场生产的非营利机构和从事非市场生产的非营利机构两种类型。其中，从事非市场生产的非营利机构又分为政府控制的非营利机构和为住户服务的非营利机构。由政府控制的非营利机构属于政府部门的子部门。

(三) 成立一个隶属于政府单位的基层单位

政府通过成立一个为其所有，不属于具有独立法律实体的基层单位来生产货物或服务。

三、政府单位产出的性质和类型

如前所述，产出按其与市场的关系，分为市场产出、为生产者自身最终使用的自给性产出和非市场产出三种类型。其中，非市场产出是指由政府或为住户服务的非营利机构生产的，以免费或按没有显著经济意义的价格提供给其他机构单位或全社会的货物或个人及公共服务。

由此可见，政府单位生产的产出则属于非市场产出，而且主要是为社会提供诸如公共管理、国防等公共服务。

四、政府部门生产账户

政府部门的生产账户记录的是该部门的产出是如何生产的。

【例 5－1】根据某经济总体的国家会计资料显示，该经济总体的政府部门在某个会计年度生产的总产出为 348，全部为非市场产出。生产过程中消耗的中间产品为 222，消耗的固定资本为 27。

依据上述会计资料核算该经济总体的政府部门在该会计年度的增加值，并编制生产账户。

政府部门会计年度的总增加值和净增加值分别为：

总增加值（126）＝总产出（348）－中间消耗（222）

净增加值（99）＝总增加值（126）－固定资本消耗（27）

将上述核算结果和已有会计记录编制成生产账户，则有如表 5－1 所示的政府部门生产账户。

表 5－1　　政府部门生产账户

使用		来源	
中间消耗	222	总产出	348
		非市场产出	348
总增加值	126		
固定资本消耗	27		
净增加值	99		

根据上述总产出、中间消耗和总增加值三者的数据计算可以得到，政府部门的投入产

出系数为（中间消耗/总产出）0.64，经济效果系数（总增加值/总产出）为0.36。表明由该部门生产的总产出中，有64.0%的产出是将已有的产品转移到新产品中，而供社会（包括本部门）使用的最终产品（包括新创造的价值和固定资本转移）只占总产出的36%。这个比重远低于非金融公司部门（47.4%）和金融公司部门（64.0%），说明政府部门在生产领域的经济效益不够理想。

第三节 收入分配账户

一、初始收入分配账户

政府部门初始收入分配账户如同其他机构部门一样，也是由收入形成账户和初始收入分配账户两个账户构成的。

（一）收入形成账户

政府部门的收入形成账户记录的是该部门在没有直接参与生产活动（这里特指市场性货物和服务的生产）的情况下所创造的初始收入情况，亦即该部门的总增加值是如何由劳动、资本和政府自身创造的。

政府部门收入形成账户涉及的会计科目有增加值、雇员报酬、生产税和进口税、补贴，以及营业盈余等。

【例5－2】据有关会计资料显示，上述经济总体的政府部门在某个会计年度的生产活动中发生了以下几项交易活动：应付的雇员报酬为98。其中，应付的工资和薪金为63，雇主替雇员应缴的社会缴款为35。应缴的其他生产税为1。

根据上述会计资料和生产账户中与收入形成账户有关的科目，分别核算政府部门本会计年度的营业盈余总额和营业盈余净额，并将核算结果连同有关科目登录到收入形成账户。

$$\text{营业盈余总额}(27)=\text{总增加值}(126)-\text{雇员报酬}(98)-\text{生产税和进口税}(1)-(-)\text{补贴}(0)$$

$$\text{营业盈余净额}(0)=\text{营业盈余总额}(27)-\text{固定资本消耗}(27)$$

将以上结果和相关科目登录到政府部门收入形成账户，即可得到如下的账户形式和内容（见表5-2）。

表5-2 政府部门收入形成账户

使用		来源	
雇员报酬	98	总增加值	126
工资和薪金	63	净增加值	99
雇主社会缴款	35		
生产税和进口税	1		
产品税			
其他生产税	1		
补贴			
产品补贴	0		
其他生产补贴	0		
营业盈余总额	27		
营业盈余总额中的固定资本消耗	27		
营业盈余净额	0		

从上面的账户和各科目之间的平衡关系可以看出，政府部门在收入形成环节，其总增加值主要是由雇员和资本创造的。其中，雇员应收的报酬占77.8%，固定资本所创造的收入占到21.4%。

此外，经济学理论认为，政府部门的营业盈余净额始终应当为0。从上面的数量关系看也验证了这一点。

（二）初始收入分配账户

政府部门的初始收入分配账户记录的是该部门如下三项信息：一是各个部门收入形成账户中部分应付科目的去向，如生产税和进口税就是被本部门所接受，成为初始收入来源的一部分；二是本部门应收和应付财产收入的金额及其构成；三是政府部门在收入初次分配活动结束后所形成的应收初始收入是多少。

1. 初始收入分配账户的科目

（1）收入来源方的科目

政府部门初始收入分配账户来源方的科目分别有从收入形成账户结转过来的营业盈余总额和营业盈余净额，作为政府部门在收入初次分配阶段主要收入来源的生产税和进口税，被视为“负税”的生产补贴，以及应收财产收入等五个科目。账户中，除了营业盈余总额、营业盈余净额和应收财产收入是所有部门都有的科目外，由于政府部门具有代表国家行使职权的特殊职能，生产税和进口税与补贴是政府部门独有的、区别于其他部门收入来源的主要科目。其中，补贴作为一种“负税”构成了收入来源方的减项科目。

（2）收入使用方的科目

政府部门初始收入分配账户使用方的科目分别有应付财产收入、初始收入总额和初始收入净额。其中，后两个科目反映了政府部门在结束收入初次分配后应得到的初始收入，并作为该账户的平衡科目将结转到下一个账户，即收入再分配账户，并作为收入再分配账户的起始科目。

2. 初始收入分配账户

政府部门的初始收入分配账户记录的是，该部门收入初次分配过程中所涉及的各种科目交易状况，以及在收入初次分配结束后应得的收入数额。

【例 5－3】据政府部门有关会计资料显示，该部门在某个会计年度应得的产品税为 141，其他生产税为 94。同期，政府部门应发放的产品补贴和其他生产补贴分别为 8 和 36。政府部门通过银行存款应得的利息收入为 14，通过公司已分配收入应得的红利和准法人公司收入提取分别为 5 和 2，还有 1 个单位的属于投资基金股东集体的投资收入。

政府部门的会计资料还显示，该部门在同一会计年度由于使用了其他部门的金融资产和自然资源，从而产生了 35 个单位的应付利息和 7 个单位的应付地租。

根据以上会计记录，分别核算政府部门本会计年度的初始收入总额和净额，并将其与有关科目编入初始收入分配账户（要求：账户中财产收入的投资收入的科目编制到三级科目其余科目编制到二级或一级科目）。

由上述已知会计资料和编制账户要求可知，要完成计算政府部门会计年度的初始收入和编制账户工作，需要按以下步骤进行。

首先，将会计资料中某些四级会计科目分别汇总成三级科目。

公司已分配收入（7）＝红利（5）＋准公司收入提取（2）

投资收入支付（1）＝属于投资基金股东集体的投资收入（1）

应收投资收入（22）＝应收利息（14）＋公司已分配收入（7）＋投资收入支付（1）

应付投资收入（35）＝应付利息（35）

其次，再次将财产收入汇总成二级科目会计资料和已汇总得到的二级科目分别汇总成一级科目。汇总过程和结果如表 5－3 所示。

表 5－3　会计一级科目汇总过程和结果表

一级科目	汇总过程
生产税和进口税（235）	产品税（141）＋其他生产税（94）
补贴（－44）	产品补贴（－8）＋其他生产补贴（－36）
应收财产收入（22）	应收投资收入（22）＝应收地租（0）
应付财产收入（42）	应付投资收入（35）＋应付地租（7）

第四，计算政府部门初始收入总额和净额。

$$\underset{\text{总额（198）}}{\text{初始收入}} = \underset{\text{总额（27）}}{\text{营业盈余}} + \underset{\text{进口税（235）}}{\text{生产税和}} - \underset{\text{（44）}}{\text{补贴}} + \underset{\text{收入（22）}}{\text{应收财产}} - \underset{\text{收入（42）}}{\text{应付财产}}$$

初始收入净额（171）＝初始收入总额（198）－固定资本消耗（27）

最后，将上述核算结果和相关科目的一级科目和二级科目编入政府部门收入初始分配账户，即可得到如表 5－4 所示的账户表示与内容。

表 5－4　　政府部门初始收入分配账户

使用		来源	
		营业盈余总额	27
		营业盈余净额	0
		生产税和进口税	235
		产品税	141
		其他生产税	94
		补贴	－44
		产品补贴	－8
		其他生产补贴	－36
应付财产收入	42	应收财产收入	22
投资收入	35	投资收入	22
利息	35	利息	14
		公司已分配收入	7
		外商直接投资再投资收益	0
		投资收入的支付	1
地租	7	地租	0
初始收入总额	198		
初始收入净额	171		

从上述账户和各科目数值之间的平衡关系可以发现，政府部门应收的初始收入净额主要是靠生产税净额（生产税和进口税－补贴）取得，其 191 个单位的收入占到初始收入净额 171 个单位的 111.7%。而由于应付的财产收入（42）多于应收的财产收入（22）20 个单位，不得不用生产税的收入来弥补这部分亏损（财产收入科目的亏损额 20 占初始收入净额 171 的 11.7%），最终形成 171 的初始收入净额（收入初次分配结果）。

二、收入再分配账户

（一）政府部门收入再分配账户概述

政府部门收入再分配账户记录的是该部门在收入初次分配所得的应收初始收入基础上，如何通过经常转移的各种收支科目，最终形成本部门应收的可支配收入和调整后可支配收入。

经典的经济学理论认为，在收入初次分配阶段，主要是依据各经济主体对生产贡献大小，以效率优先的原则通过市场手段对生产成果（生产过程中所形成的收入）进行直接分配。这种分配难免会拉大各经济主体之间，尤其是劳动者内部各成员之间的收入差距。为了实现全社会在收入分配方面的相对公平，政府一个很重要的职责就是在收入再分配阶段，通过各种转移收支来调整全社会的收入分配格局，使其保持在一个相对合理的状态。

为了真实准确地反映政府职能的履行情况，以及政府与住户之间的关系状况，国家会计制度在收入再分配阶段和收入使用阶段特地为政府部门、住户部门和为住户服务的非营利机构三个经济主体增设了实物收入再分配账户和调整后可支配收入使用账户。其中，实物收入再分配账户为该三类经济主体在收入再分配账户中阐述，调整后可支配收入使用账户将在该三类经济主体的收入使用账户中阐述。

（二）政府部门收入再分配账户

1. 政府部门收入再分配账户的科目

政府部门收入再分配账户包含以下三个一级科目：（1）初始收入；（2）经常转移；（3）可支配收入。每种一级科目下还分别包含了数量不等的二级、三级科目。

2. 政府部门收入分配账户

政府部门收入再分配账户记录的是该部门在收入初次分配基础上，通过转移收支最终形成本部门会计年度内应收的可支配收入。

【例 5 -4】据有关会计资料记载，上述经济总体的政府部门在某个会计年度通过转移收支，共发生了以下几笔交易往来：

（1）在应收经常转移方面，通过所得税、财产税等经常税取得的应收收入为 213，其中，有 204 个单位的所得税和 9 个单位的其他经常税；通过社会缴款获得的应收收入为 50；除此之外，还有 104 个单位的其他应收经常转移，包括非寿险索赔 1，政府部门内部经常转移 96，国际经常性合作 1 和杂项经常转移 6。

（2）在应付经常转移方面，通过实物社会转移以外的社会福利应付 112 个单位资金，包括 53 个单位的社会保障现金福利支出，7 个单位的其他社会保险福利支出和 52 个单位的社会救济现金福利。此外，还发生了 136 个单位的其他应付经常转移，主要包括非寿险保费净额支出 4，政府部门内部经常转移 96，国际经常性合作 31 和杂项经常转移 5。

根据以上会计资料，分别核算政府部门本会计年度应收的可支配收入总额和净额，并将其连同已有资料编制成该部门的收入再分配账户（要求：经常转移科目编制到三级科目）。

由于上述所给会计资料已满足编制账户有关科目的要求，此处只需分别计算出可支配收入总额和净额，并将其连同已有资料编入该部门的收入再分配账户即可。

$$\text{可支配收入总额（317）}=\text{初始收入总额（198）}+\text{应收经常转移（367）}-\text{应付经常转移（248）}$$

$$\text{可支配收入净额（290）}=\text{可支配收入总额（317）}-\text{固定资本消耗（27）}$$

表 5－5　　政府部门收入再分配账户

使用		来源	
		初始收入总额	198
		初始收入净额	171
应付经常转移	248	应收经常转移	367
所得税、财产税等经常税	0	所得税、财产税等经常税	213
所得税	0	所得税	204
其他经常税	0	其他经常税	9
实物社会转移以外的社会福利	112	社会缴款	50
社会保障现金福利	53	净社会缴款	50
其他社会保险福利	7	其他应收经常转移	104
社会救济现金福利	52		
其他应付经常转移	136		
可支配收入总额	317		
可支配收入净额	290		

从上述账户中有关数值可以看出，政府部门经过收入再分配后所形成的应收可支配收入总额（317）比收入初次分配后的应收初始收入总额（198）多了 119 个单位，增加了 60.1%。这部分收入的增加主要是靠应收经常转移（367）多于应付经常转移（248）获取的。进一步分析可以看出，政府部门的应收经常转移主要靠所得税、财产税等经常税（收入税），该项收入占了全部应收经常转移的 58.0%。亦即意味着在收入再分配阶段，政府部门主要依靠收入税来获取可支配收入。而在支出方面，用于其他应付经常转移（136）则多于实物社会转移以外的社会福利（112），分别占应付经常转移总额的 54.8% 和 45.2%。

通过上述分析我们可以看到，政府部门在收入再分配阶段只是通过应收经常转移的税收等手段增加了本部门的可支配收入，同时没有更多地通过应付经常转移的实物社会转移以外的社会福利来履行政府实现社会相对公平的职能。由此可见，要评价政府部门是否较好地履行其实现收入分配相对公平的职责，关键要看后面的实物收入再分配情况。

（三）政府部门实物收入再分配账户

1. 实物收入再分配账户简述

国家会计为了记录实物社会转移这一特殊交易状况，以满足人们全面准确认识政府部门、为住户服务的非营利机构和住户部门之间以实物转移为收入再分配主要手段所形成的关系，以及政府部门职能的履行情况，在整套账户序列中特地设置了“实物收入再分配账户”。

实物社会转移是一种由政府和为住户服务的非营利机构，以免费或没有显著经济意义的价格向住户提供的货物和服务的转移。因此，只有政府部门、为住户服务的非营利机构和住户部门才设立实物收入再分配账户。

实物社会转移包括以下两部分内容：（1）政府和为住户服务的非营利机构向住户提供的由它们自己生产的非市场性服务；（2）由政府和为住户服务的非营利机构购买，并免费或以没有显著经济意义的价格向住户转移的货物和服务。

国家会计设置实物收入再分配账户的目的包括：（1）通过该账户可以更清楚地记录政府向单个住户提供货物和服务的金额和作用；（2）可以更全面准确地测算住户的实际收入；（3）有助于对不同社会经济体制或不同时期进行跨国比较和跨时期比较；（4）可以更全面地反映各有关部门的子部门之间的收入再分配过程。

2. 政府部门实物收入再分配账户中的科目

政府部门实物收入再分配账户包含的科目有：（1）可支配收入；（2）实物社会转移；（3）调整后可支配收入。调整后可支配收入是实物收入再分配账户的平衡项，是机构单位或部门经过实物社会转移收支对可支配收入进行调整后所形成的最终可支配收入。

3. 政府部门实物收入再分配账户

【例5-5】据上述经济总体的政府部门会计资料显示，该部门在某个会计年度内以实物社会转移的方式向住户部门提供了184个单位的社会福利。其中，由政府部门自己生产的非市场产出180，从市场上购买的市场产出4。

根据上述资料分别核算政府部门本会计年度调整后可支配收入总额和净额，并编制政府部门实物收入再分配账户。

由以上资料所计算的政府部门调整后可支配收入总额和净额分别如下：

$$\text{调整后可支配收入总额}(133)=\text{可支配收入总额}(317)-\text{应付实物社会转移}(184)$$

$$\text{调整后可支配收入净额}(106)=\text{调整后可支配收入总额}(133)-\text{固定资本消耗}(27)$$

将上述计算得到的政府部门调整后可支配收入总额和净额，以及所给出的已有会计资料编入账户，即可得到如表 5－6 所示的账户。

表 5－6　　政府部门实物收入再分配账户

使用		来源	
		可支配收入总额	317
		可支配收入净额	290
应付实物社会转移	184		
非市场产出实物社会转移	180		
购买市场产出的实物社会转移	4		
调整后可支配收入总额	133		
调整后可支配收入净额	106		

上述账户中的调整后可支配收入总额和调整后可支配收入净额是该账户的平衡科目，它反映的是政府部门经过实物社会转移支出以后，本部门最终可供自身使用的收入水平。

从上面账户中的数值可以看出，政府部门经过实物社会转移支出后，其调整后的可支配收入净额（106）比可支配收入净额（290）减少了 184 个单位，占可支配收入净额的 63.4%。同时，我们还可以发现，政府部门 184 个单位的应付实物社会转移主要是通过向住户部门提供非市场产出实现的，即 184 个单位的实物社会转移中，有 180 个单位属于非市场产出，占到全部实物社会转移的 97.8%。

上述结果表明，在该经济总体中，政府部门尽管在收入再分配阶段通过收入税使本部门的可支配收入净额比初始收入净额增加了 69.6%，但是，通过实物社会转移支出后，应收可支配收入净额中的 63.4% 都是用来向住户部门提供货物和服务，以此增加部分住户的收入水平和实际消费水平。这充分体现了该经济总体中的政府部门真正是在追求社会公平和为民谋福利的正确执政理念。

第四节　收入使用账户

一、收入使用账户概述

在国民经济运行过程中，当各种经济主体完成了对收入的初次分配和再分配以后，便进入对这些收入的使用阶段。收入的用途主要有两种，一种是具有最终消费功能的各机构单位或部门首先将一部分可支配收入或调整后可支配收入用于最终消费，另一种是将未用于最终消费的那部分收入用作储蓄。

由于在经济总体中，只有住户、政府单位和为住户服务的非营利机构才具有最终消费功能，因而，也只有对这三个单位或部门设置收入使用账户才有意义。

国家会计中的收入使用账户就是用来记录住户部门、政府部门和为住户服务的非营利机构将它们各自的可支配收入如何用于最终消费和储蓄。

由于非金融公司部门和金融公司部门不具有最终消费功能，因此，它们在进行会计核算时不必设置收入使用账户，并将各自的可支配收入全部用于储蓄。

国家会计中与可支配收入和最终消费这两个科目对应的，设置了两个收入使用账户。第一个收入使用账户是可支配收入使用账户，着重记录可支配收入和此项收入在消费性货物和服务方面的支出；第二个收入使用账户是调整后可支配收入使用账户着重记录各机构部门，特别是住户部门实际所获得并使用的消费性货物和服务。

二、收入使用账户的主要科目

（一）可支配收入和调整后可支配收入

可支配收入和调整后可支配收入是两个分别从收入再分配账户和实物收入再分配账户结转过来的科目。它们既分别是上述两个账户的平衡科目，也分别作为可支配收入使用账户和调整后可支配收入的起始科目。

（二）最终消费支出

经济学认为，最终消费是一种行为，是指人们使用货物和服务来满足物质和精神需要的生活消费活动。

最终消费的客体是各种货物和服务。用于最终消费的货物和服务统称为消费性货物或服务。即住户部门、政府部门和为住户服务的非营利机构用于直接满足个人需要（或需求）或社会成员的公共需要（无须在国家会计所定义的生产过程中进一步加工）的货物或服务。

最终消费支出是指购买者为得到出售者提供给购买者或其指定的其他机构单位的货物和服务，由购买者向出售者支付或同意支付的价值量。最终消费支出是遵循最终承担支出的原则定义的，它是消费性货物和服务的支出总额。

最终消费支出的主体包括一般政府、为住户服务的非营利机构和住户。通常情况下，承担支付责任的购买者不一定就是拥有货物和服务的单位，如政府单位和为住户服务的非营利机构常常作为最终消费支出者，向出售者支付它们提供给住户的货物和服务的费用。

最终消费支出是可支配收入使用账户中的科目，包含个人消费支出和公共消费支出两个子科目。

1. 个人消费支出

个人消费支出是指住户部门、政府部门和为住户服务的非营利机构用于个人消费性货物和服务方面的支出。

个人消费性货物或服务是指住户部门获得并用于住户成员需要或需求的货物或服务。

2. 公共消费支出

公共消费支出是指政府部门用于公共消费性服务方面的支出。

公共消费是指由政府提供，全社会共享的最终消费。公共消费的只是公共消费性服务而没有货物。公共消费性服务是指同时提供给社会全体成员或社会中某一部分的所有成员（例如生活在某一地区的所有住户）的服务。公共服务不能在市场上出售给个人，所需资金来源于政府单位的税收或其他收入。

（三）实际最终消费

实际最终消费是指具有最终消费功能的经济主体（一般政府、为住户服务的非营利机构和住户）所获得的消费性货物和服务的总量。

实际最终消费是调整后可支配收入使用账户的科目，包含了实际个人消费和实际公共消费两个子科目。

1. 个人实际消费

个人实际消费是住户部门获得的所有个人消费性货物和服务的价值。它是住户部门调整后可支配收入使用账户的科目。

2. 公共实际消费

公共实际消费是政府部门和为住户服务的非营利机构用于社会或社会大部分成员的公共消费性服务的价值。它是政府部门和为住户服务的非营利机构调整后可支配收入使用账户的科目。

为满足进行各种分析和制定政策的需要，国家会计必须对政府单位在个人实际最终消费上承担的最终消费支出和公共实际最终消费上承担的支出作出明确的区分。

对于个人实际消费而言，个人货物服务实质上是“私人的”，而不同于“公共”服务。判断一项支出是否属于个人实际最终消费，可以从个人货物和服务的特点上进行鉴别。这些货物和服务的特征包括以下几项：(1) 必须有可能观察和记录到某个住户或其成员对这一货物或服务的获得及其发生这种获得的时间；(2) 住户必须同意接受这一货物或服务的供给，并采取必要行动使这种供给成为可能，如去上学或去看病；(3) 一个住户或个人或是有限的一个小群体对某项货物或服务的获得，就排除了其他住户或个人对该货物或服务的获得。

个人对货物或服务的获得所以包括有限的小群体，是因为某些服务是同时提供给一小群人的，比如几个人可以同乘汽车、火车或飞机等交通工具，或是在同一个班级听同一堂课等。如果能最终消费这些服务的人有限，那么它们本质上仍属个人服务。

另外，从福利观点看，个人货物或服务的重要特点是，某一住户、个人或一个群体得到这种货物或服务，对社会其他成员没有任何好处或没有多少好处。因此，政府单位在支付个人消费品或消费服务有关费用时，不仅要决定花费的总额，还要决定如何在社会的各成员之间分配这些货物或服务。从社会经济政策角度看，分配方式和支出总额同等重要。

对于公共实际消费而言，由于货物消费都属于个人消费，因此，政府以集体性方式提供给整个社会消费的只是公共服务。

在核算由政府承担的公共服务支出的公共服务时，可以根据公共服务的特点来确定一项服务是否属于公共服务。公共服务的特点可以概括为以下几个方面。(1) 政府的公共服务可以同时提供给社会每个成员或社会的某些特定部分；(2) 消费者对公共服务的使用通常是被动的，而且不需要所有相关个人的明确同意或积极参与；(3) 政府向某个人提供一种公共服务不减少社会其他成员或社会某一特定部分所得的服务量。因此，在公共服务获得方面不存在排他性或竞争。

政府提供的公共服务主要包括安全和防务、法律和秩序的维护、立法和制定规章条例、公共卫生的维护、环境保护等。社会所有成员都能从这些公共服务中受益。由于无法记录个人对公共服务的使用，所以不能按其使用情况对个人收费。

(四) 储蓄

储蓄是可支配收入（住户部门包含已调整养老金权益变化）中扣除用于货物和服务最终消费的部分后剩余的那部分收入。储蓄既可能为正数也可能为负数或零。

储蓄是可支配收入使用账户和调整后可支配收入使用账户两个账户的平衡科目。

三、政府部门可支配收入使用账户

政府部门可支配收入使用账户主要反映该部门如何将应收可支配收入在最终消费和储

蓄之间进行分配使用的。

由于可支配收入使用账户只记录在最终消费支出方面的会计业务，因此，政府部门可支配收入使用账户只包括从收入再分配账户结转过来的可支配收入、最终消费支出和储蓄三类科目。

【例 5－6】据国家会计资料显示，上述经济总体的政府部门在某个会计年度用于个人最终消费支出 184；用于公共最终消费支出 168。

根据上述会计资料，分别核算政府部门本会计年度的总储蓄和净储蓄，并编制可支配收入使用账户。

由上述会计分录可知，政府部门在该会计年度的最终消费总额为 352。由此可得：

总储蓄（－35）＝可支配收入总额（317）－最终消费支出（352）

净储蓄（－62）＝可支配收入净额（290）－最终消费支出（352）

将上述会计分录和计算结果登录到可支配收入使用账户中，即可得到如表 5－7 所示的政府部门会计年度可支配收入使用账户。

表 5－7　　**政府部门可支配收入使用账户**

使用		来源	
		可支配收入总额	317
		可支配收入净额	290
最终消费支出	352		
个人消费支出	184		
公共消费支出	168		
总储蓄	－35		
净储蓄	－62		

从上述账户和各科目之间的平衡关系可以看出，政府部门由于用于最终消费的支出大于应收可支配收入，从而使其储蓄总额和净额分别为赤字 35 个单位和 62 个单位。进一步看，政府部门的最终消费支出中，用于个人消费支出为 184 个单位，占到全部消费支出（352）的 52.3%，而用于公共消费支出的为 168 个单位，占全部消费支出（352）的 47.7%。

四、政府部门调整后可支配收入使用账户

政府部门调整后可支配收入使用账户用于记录该部门是如何将调整后可支配收入用于

实际最终消费和储蓄的。

该账户主要包括从实物收入再分配账户结转过来的调整后可支配收入、实际最终消费和储蓄三类科目。

【例 5－7】 上述经济总体的政府部门在某个会计年度，将经过调整后应收可支配收入中的 168 用于实际最终消费，并且全部用于实际公共消费。

依据上述资料，可以编制如表 5－8 所示的政府部门调整后可支配收入使用账户。

表 5－8　　政府部门调整后可支配收入使用账户

使用		来源	
		调整后可支配收入总额	133
		调整后可支配收入净额	106
实际最终消费	168		
实际公共消费	168		
总储蓄	－35		
净储蓄	－62		

政府部门调整后可支配收入使用账户中各科目之间的平衡关系为：

总储蓄（－35）＝调整后可支配收入总额（133）－实际最终消费（168）

净储蓄（－62）＝调整后可支配收入净额（106）－实际最终消费（168）

从上述账户和各科目之间的平衡关系可以看出，由于政府部门实际最终消费只能用于向全社会或社会一部分成员提供公共消费，所以，在政府部门调整后可支配收入使用账户的使用方没有实际个人消费科目。同时，由于该账户只是记录政府部门的实际最终消费价值，其数值是从可支配收入使用账户中最终消费支出的子科目——公共消费支出结转而来，不影响消费总额的价值，从而使该账户的平衡科目——储蓄总额和净额的价值与上一个账户相同，仍然分别为赤字 35 个单位和 62 个单位。

第五节　积累账户

如同其他机构部门一样，政府部门的积累账户也是由资本账户、金融账户、资产物量其他变化账户和重估价账户四个账户构成的一个账户体系。

一、资本账户

（一）资本账户的科目

与其他机构部门的资本账户相同，政府部门的资本账户来源方和使用方也分别包含了如下的科目。

1. 来源方科目

来源方科目包括：（1）净储蓄；（2）应收资本转移；（3）应付资本转移；（4）储蓄和资本转移引起的资产净值变化。其中，应收资本转移中的应收资本税和其他应收资本转移构成了政府部门在积累阶段的主要资金来源；而应付投资补助则是政府部门应付资本转移科目中最大的支出子科目。

2. 使用方科目

使用方科目包括：（1）资本形成总额和净额；（2）非生产资产获得减处置；（3）净借出（+）或净借入（-）。其中，净借出（+）或净借入（-）是资本账户的平衡科目，显示政府部门在资本形成过程中的资金余缺情况。

（二）资本账户

政府部门资本账户主要记录的是该部门如何将通过储蓄和应收资本转移净额所筹集到的资金用于资本形成，从而使非金融资产发生的变动和资金余缺情况。

【例5-8】根据国家会计相关资料显示，上述经济总体的政府部门在某个会计年度的资本交易情况如下：

在资金筹集方面，从调整后可支配收入使用账户结转过来的净储蓄为-62。应收资本税为2；其他应收资本转移为4。在所发生的应付资本转移中，用于投资补助为27；其他应付资本转移为7。

在资金使用方面，用于固定资本形成的总额为35，全部为固定资本获得减处置；没有发生存货变动；贵重物品获得减处置为3。此外，还有2个单位的非生产资产获得减处置。

根据上述资本交易资料，核算该政府部门本会计年度的净借出（+）或净借入，并编制资本账户。

要核算政府部门的净借出（+）或净借入（-），并编制资本账户，应当按以下步骤进行：

第一步，分别将会计分录中资金筹集和资金使用的二级科目汇总成一级科目（见表5-9）。

表 5－9　　会计一级科目汇总过程和结果表

一级科目	汇总过程
应收资本转移（6）	应收资本税为（2）＋其他应收资本转移为（4）
应付资本转移（34）	投资补助（27）＋其他应付资本转移（7）
资本形成总额（38）	固定资本形成总额（35）＋贵重物品获得减处置（3）

第二步，核算出该部门的资金筹集总额，即由储蓄和资本转移引起的资产净值变化额。

由储蓄和资本转移引起的资产净值变化额（－90）＝净储蓄（－62）＋应收资本转移（6）－应付资本转移（34）

第三步，核算出该部门的资金运用总额。该部门的资金运用总额即为资本形成净额与非金融非生产获得减处置之和。

资金运用总额（13）＝资本形成净额（11）＋非生产获得减处置（2）

其中，

资本形成净额（11）＝固定资本形成总额（35）－固定资本消耗（27）
＋存货变化（0）
＋贵重物品的获得减处置（3）

第四步，核算出该部门的净借出（＋）或净借入（－）。

净借入（－103）＝资金筹集总额（－90）－资金运用总额（13）

第五步，将政府部门的净借入和相关科目登录到资本账户，便可形成如表 5－10 所示的账户构成与内容。

表 5－10　　政府部门资本账户

资产变化		负债和资产净值变化	
		净储蓄	－62
资本形成总额	38	应收资本转移	6
资本形成净额	11	应收资本税	2
固定资本形成总额	35	其他应收资本转移	4
固定资本获得减处置	35	应付资本转移	－34
固定资本消耗	－27	应付资本税	0
存货变化	0	应付投资补助	－27
贵重物品的获得减处置	3	其他应付资本转移	－7
非生产资产获得减处置	2		
		储蓄和资本转移引起的资产净值变化	－90
净借入（－）	－103		

从上面账户中的各个科目和各科目之间的平衡关系可以看出，由于政府部门在收入使用阶段就已经产生了入不敷出，又由于在资金筹集阶段应付的资本转移（34）多于应收的资本转移（6）。通过资本转移不但没有增加非金融投资的资金来源，反而比原来的资金短缺（净储蓄 -62）还增加了28个单位（应收资本转移6 - 应付资本转移34 = 资本转移净额 -28），最终使得由储蓄和资本转移引起的资产净值变化（资金筹集总额）为 -90 个单位。

政府部门在非金融投资中，用于资本形成的净额为11个单位，用于非生产资产获得减处置方面的投资为2个单位，二者合计（资金运用总额）为13个单位。再加上账户来源方的90个单位的资金短缺，最终使政府部门净借入的资金达到了103个单位，亦即政府部门在资本形成过程中有103个单位的资金缺口。

政府部门之所以应付资本转移多于应收资本转移，主要是由于政府部门将大量的资本转移用于投资补助（27），该项转移占了全部应付资本转移（34）的79.4%。

投资补助是政府部门向常住单位或非常住机构单位提供的，全部或部分用作获得固定资产的资金。接受者必须将投资补助用于与投资项目联系在一起的固定资本形成。对于经济总体而言，政府部门通过投资补助来帮助非金融公司部门扩大投资资金来源可以起到对宏观经济的调控作用；对于国外，政府部门通过对受援国的企业（非常住单位）进行投资补助，可以增强国与国之间的友谊以及援助国的国际地位。

二、金融账户

政府部门的金融账户包括了金融资产（负债）的所有科目。其中，需要说明的是，货币黄金作为一种金融资产，按国际惯例既可以是一个国家中央银行（金融公司部门）的金融资产，也可以是中央政府（政府部门）的金融资产。具体由哪个部门单独持有或是两个部门共同持有依不同国家的经济体制而定。

政府部门的金融账户记录的是该部门如何通过各项金融交易活动来获得金融资产和发生金融负债，以及最终形成的净借出（+）或净借入（-）情况。

【例5-9】据国家会计账目记载，上述经济总体的政府部门在某个会计年度共发生了以下各种金融交易活动：

在金融资产净获得方面，通过处置通货和存款使该项金融资产净减少了26个单位；债务性证券净获得了4个单位；通过贷款净获得了3个单位的金融资产；股权和投资基金份额/单位净获得金融资产也为3；保险、养老金和标准化担保计划净获得了1个单位金融资产；没有发生金融衍生工具和雇员股票期权方面的交易；新增加了5个单位的净应收款项。

在金融负债净发生方面，通过通货和存款净产生了 37 个单位的负债，其中，通货 8，可转让存款 27，其他存款 2；债务性证券净发生的负债是 38；通过贷款净发生了 9 个单位的金融负债；保险、养老金和标准化担保计划没有发生净负债；金融衍生工具和雇员股票期权也没有发生净负债；有 3 个单位的净应付款项。

通过汇总，分别核算政府部门本会计年度的资产净获得和负债净发生，并将其与上述各种金融交易记录编入金融账户。

金融资产净获得（－10）＝通货和存款（－26）
＋债务性证券（4）
＋贷款（3）
＋股权和投资基金份额（3）
＋保险、养老金和标准化担保计划（1）
＋其他应收款（5）

金融负债净发生（93）＝通货和存款（37）
＋债务性证券（38）
＋贷款（9）
＋其他应付款（9）

净借入（－103）＝金融资产净获得（－10）－金融负债净发生（93）

将上述三个核算结果和有关金融交易活动记录编入政府部门金融账户，其结构和内容如表 5－11 所示。

从政府部门金融账户和各项科目之间的平衡关系可以看出，该部门本会计年度在资本形成过程中所形成的资金短缺（－103），主要是通过金融交易中由处置的金融资产多于获得的金融资产（金融资产净获得－10）和新发生的负债多于偿还的负债（金融负债净发生 93）来弥补的。

首先，在金融资产净获得方面，由于本会计年度处置的通货和存款比获得的通货和存款多了 26 个单位，尽管其他金融资产的获得都比处置的多，但由于其数额都过于偏少（债务性证券等五种金融资产的净获得数额合计数仅为 16），从而使得全部金融资产的处置金额多于获得金额 10 个单位，即金融资产净减少了 10 个单位。

其次，在金融负债净发生方面，政府部门新增加的负债主要是通过通货和存款与债务性证券两种负债形成的，二者净发生的合计金额（75）占了全部负债净发生数额（93）的 80.6%。

表 5-11　　　　政府部门金融账户

资产变化		负债和资产净值变化	
		净借入（-）	-103
金融资产净获得	-10	金融负债净发生	93
货币黄金和特别提款权	0	货币黄金和特别提款权	0
货币黄金	0	货币黄金	
特别提款权	0	特别提款权	0
通货和存款	-26	通货和存款	37
通货	2	通货	8
可转让存款	-27	可转让存款	27
其他存款	-1	其他存款	2
债务性证券	4	债务性证券	38
贷款	3	贷款	9
股权和投资基金份额/单位	3	股权和投资基金份额	0
股权	3	股权	0
投资基金份额/单位	0	投资基金份额	0
保险、养老金和标准化担保计划	1	保险、养老金和标准化担保计划	0
金融衍生工具和雇员股票期权	0	金融衍生工具和雇员股票期权	0
金融衍生工具	0	金融衍生工具	0
雇员股票期权		雇员股票期权	0
其他应收款	5	其他应付款	9
商业信用和预付款	1	商业信用和预付款	6
其他应收款	4	其他应付款	3

三、其他积累账户

政府部门的其他积累账户与别的机构部门其他积累账户一样，也包括资产物量其他变化账户和重估价账户两个账户。

（一）资产物量其他变化账户

政府部门资产物量其他变化账户记录的是该部门在会计年度通过各种非交易活动的其他事件给资产、负债和资产净值的价值和构成带来的变化。

政府部门资产物量其他变化账户包含的会计科目有：（1）经济出现；（2）经济消失；（3）巨灾损失；（4）无偿没收；（5）未另分类物量的其他变化；（6）分类变化；（7）资产物量其他变化引起的资产净值变化。

【例 5 – 10】 据国家会计资料显示，上述经济总体的政府部门在某个会计年度由于其他事件使资产、负债和资产净值发生了如下变化：

在资产变化方面，由于经济出现使资产增加了 7 个单位价值。其中，非金融生产资产为 3；非金融非生产资产为 4。非金融非生产资产的经济消失使资产减少了 2 个单位，并且全部为自然资源的耗减。由于巨灾损失减少了 6 个单位的资产。其中，非金融生产资产为 4，非金融非生产资产为 2。政府通过无偿没收增加的资产为 5，分别是非金融生产资产 1 和非金融非生产资产 4。未另分类物量的其他变化科目没有发生变化。由于分类变化减少了 4 个单位资产，全部是由部门分类和结构变化引起。

在负债变化方面，由于分类变化增加的负债为 2，全部为部门分类和结构变化引起。除此之外，没有发生其他负债。

根据以上资料核算该政府部门在本会计年度由资产物量其他变化引起的资产净值变化额，并编制资产物量其他变化账户。

我们可以通过以下步骤核算政府部门在会计年度由资产物量其他变化引起的资产净值变化额。

首先，核算资产变化方的资产物量其他变化合计。

资产物量其他变化合计（0）＝经济出现的资产（7）
+非金融非生产资产经济消失（–2）
+巨灾损失（–6）
+无偿没收（5）
+分类变化（–4）

其中，

非金融生产资产的物量其他变化为小计为：

非金融生产资产物量其他变化小计（–3）＝资产的经济出现（3）
+巨灾损失（–4）
+无偿没收（1）
+分类变化（–3）

非金融非生产资产的物量其他变化小计为：

非金融非生产资产物量其他变化小计（3）＝资产的经济出现（4）
+资产的经济消失（–2）
+巨灾损失（–2）
+无偿没收（4）
+分类变化（–1）

资产物量其他变化合计（0）=非金融生产资产的物量变化（-3）

+非金融非生产资产的物量变化（3）

其次，核算负债变化方的负债物量其他变化合计。

负债物量其他变化合计（2）= 分类变化（2）

再次，核算由资产物量其他变化引起的资产净值变化额。

$$\text{资产物量其他变化引起的资产净值变化额}(-2)=\text{资产物量其他变化合计}(0)-\text{负债物量其他变化合计}(2)$$

最后，将上述核算结果和有关科目登录到资产物量其他变化账户，即可得到如表5-12所示账户内容。

表5-12　　政府部门资产物量其他变化账户

资产变化		负债和资产净值变化	
资产的经济出现	7		
非金融生产资产	3		
非金融非生产资产	4		
非金融非生产资产的经济消失	-2		
自然资源耗减	-2		
非金融非生产资产其他经济损失	0		
巨灾损失	-6		
非金融生产资产	-4		
非金融非生产资产	-2		
无偿没收	5		
非金融生产资产	1		
非金融非生产资产	4		
金融资产			
未另分类物量的其他变化	0	未另分类物量的其他变化	0
非金融生产资产			
非金融非生产资产			
金融资产		金融负债	0
分类变化	-4	分类变化	2
部门分类和结构变化	-4	部门分类和结构变化	2
资产分类变化	0	负债分类变化	0
物量其他变化合计	0	物量其他变化合计	2
非金融生产资产	-3		
非金融非生产资产	3		
金融资产	0	金融资产	2
		资产物量其他变化引起的资产净值变化	-2

从以上账户和平衡式可以发现，政府部门由于资产的经济出现和无偿没收共增加了12个单位的资产，但由于巨灾损失、经济消失和分类变化又使资产又减少了12个单位，最终使增加的资产和减少的资产相互抵销，资产物量其他变化的合计数为0。另外，由于部门分类和结构变化，使政府部门新发生了2个单位的负债。最后，经过资产变化减去负债变化，使政府部门由于资产物量其他变动引起的资产净值变化为-2。亦即政府部门经过非交易的其他事件不但没有增加资产净值，相反还减少了2个单位的资产净值。

（二）重估价账户

政府部门重估价账户记录的是该部门所持有的资产和承担的负债，在会计年度由于价格变动使其产生的应收名义持有损益，以及由于资产和负债双方名义持有损益的差额所形成的资产净值变化额。

政府部门重估价账户包括的科目有：（1）资产名义持有损益及其子科目；（2）负债名义持有损益及其子科目；（3）由名义持有损益引起的资产净值变化额；（4）资产中性持有损益及其子科目；（5）负债中性持有损益及其子科目；（6）由中性持有损益引起的资产净值变化额；（7）资产实际持有损益及其子科目；（8）负债实际持有损益及其子科目；（9）由实际持有损益引起的资产净值变化额。

【例5-11】据国家会计资料显示，上述经济总体的政府部门在某个会计年度的各项持有损益情况如下：

（1）由于持有非金融生产资产带来的应收名义持有损益为21。其中，固定资产为18，存货为1，贵重物品为2。非金融非生产资产带来的应收名义持有损益为23，全部为自然资源带来的收益。金融资产的名义持有损益为1，是由货币黄金和特别提款权科目带来的。

在非金融资产应收的名义持有损益中，非金融生产资产中性持有损益为20，分别由固定资产18、存货1和贵重物品1构成。非金融非生产资产中性持有损益为12，全部由自然资源带来。金融资产的中性持有损益为8。其中，货币黄金和特别提款权、通货和存款以及贷款分别为2、3和3。

（2）由于持有负债产生的名义持有损益为7，全部由债务性证券引起。

负债的中性持有损失为13，分别由通货和存款2、债务性证券4和贷款7引起。

依据上述有关政府部门持有损益的会计资料分别核算该部门本会计年度由名义持有损益引起的资产净值变化额、由中性持有损益引起的资产净值变化额和由实际持有损益引起的资产净值变化额，并编制重估价账户。

通过对以上资料进行分门别类汇总核算，可以得到以下结果：

$$\text{非金融资产名义持有损益（44）} = \text{非金融生产资产名义持有损益（21）} + \text{非金融非生产资产名义持有损益（23）}$$

资产名义持有损益（45）= 非金融资产名义持有损益（44）+ 金融资产名义持有损益（1）

名义持有损益引起的资产净值变化（38）= 资产名义持有损益合计（45）- 负债名义持有损益合计（7）

非金融资产中性持有损益（32）= 非金融生产资产中性持有损益（20）+ 非金融非生产资产中性持有损益（12）

资产中性持有损益（40）= 非金融资产中性持有损益（32）+ 金融资产中性持有损益（8）

中性持有损益引起的资产净值变化（27）= 资产中性持有损益合计（40）- 负债中性持有损益合计（13）

非金融生产资产实际持有损益（1）= 非金融生产资产名义持有损益（21）- 非金融生产资产中性持有损益（20）

非金融非生产资产实际持有损益（11）= 非金融非生产资产名义持有损益（23）- 非金融非生产资产中性持有损益（12）

非金融资产实际持有损益（12）= 非金融生产资产实际持有损益（1）+ 非金融非生产资产实际持有损益（11）

金融资产实际持有损益（-7）= 金融资产名义持有损益（1）- 金融资产中性持有损益（8）

资产实际持有损益（5）= 非金融资产实际持有损益（12）+ 金融资产实际持有损益（-7）

负债实际持有损益（-6）= 负债名义持有损益（7）- 负债中性持有损益（13）

实际持有损益引起的资产净值变化（11）= 资产实际持有损益合计（5）- 负债实际持有损益合计（-6）

此外，根据名义持有损益、中性持有损益和实际持有损益三者之间的关系，分别核算出非金融生产资产中固定资产、存货和贵重物品的实际持有损益分别为0、0和1；非金融非生产资产中自然资源，合约、租赁和许可的实际持有损益分别为11和0；金融资产中货币黄金和特别提款权、通货和存款、贷款的实际持有损益分别为-1、-3和-3，其余金融资产科目的实际持有损益均为0；负债中通货和存款、债务性证券，以及贷款的实际持有损益分别为-2、3和-7，其余负债科目的实际持有损益均为0。

将以上核算结果和已有资料分别登录到政府部门的重估价账户，即可得到该部门本会计年度的名义持有损益账户、中性持有损益账户和实际持有损益账户（分别见表5－13、表5－14和表5－15）。

表5－13　　政府部门名义持有损益账户

资产变化		负债和资产净值变化	
名义持有损益合计	45		
非金融资产	44		
非金融生产资产	21		
固定资产	18		
存货	1		
贵重物品	2		
非金融非生产资产	23		
自然资源	23		
合约、租约和许可	0		
金融资产	1	负债	7
货币黄金和特别提款权	1	货币黄金和特别提款权	0
通货和存款	0	通货和存款	0
债务性证券	0	债务性证券	7
贷款	0	贷款	0
股票和投资基金份额/单位	0	股票和投资基金份额/单位	0
保险、养老金和标准化担保计划	0	保险、养老金和标准化担保计划	0
金融衍生工具和雇员股票期权	0	金融衍生工具和雇员股票期权	0
其他应收款	0	其他应付款	0
		名义持有损益引起的资产净值变化	38

表5－14　　政府部门中性持有损益账户

资产变化		负债和资产净值变化	
中性持有损益合计	40		
非金融资产	32		
非金融生产资产	20		
固定资产	18		
存货	1		
贵重物品	1		
非金融非生产资产	12		
自然资源	12		
合约、租约和许可	0		
金融资产	8	负债	13
货币黄金和特别提款权	2	货币黄金和特别提款权	0
通货和存款	3	通货和存款	2
债务性证券	0	债务性证券	4
贷款	3	贷款	7
股票和投资基金份额/单位	0	股票和投资基金份额/单位	0
保险、养老金和标准化担保计划	0	保险、养老金和标准化担保计划	0
金融衍生工具和雇员股票期权	0	金融衍生工具和雇员股票期权	0
其他应收款	0	其他应付款	0
		中性持有损益引起的资产净值变化	27

表 5－15　　政府部门实际持有损益账户

资产变化		负债和资产净值变化	
实际持有损益合计	5		
非金融资产	12		
非金融生产资产	1		
固定资产	0		
存货	0		
贵重物品	1		
非金融非生产资产	11		
自然资源	11		
合约、租约和许可	0		
金融资产	－7	负债	－6
货币黄金和特别提款权	－1	货币黄金和特别提款权	0
通货和存款	－3	通货和存款	－2
债务性证券	0	债务性证券	3
贷款	－3	贷款	－7
股票和投资基金份额/单位	0	股票和投资基金份额/单位	0
保险、养老金和标准化担保计划	0	保险、养老金和标准化担保计划	0
金融衍生工具和雇员股票期权	0	金融衍生工具和雇员股票期权	0
其他应收款	0	其他应付款	0
		实际持有损益引起的资产净值变化	11

将上述三个账户加以合并，即可得到如表 5－16 所示的政府部门重估价账户。

表 5－16　　政府部门重估价账户

	资产变化		负债和资产净值变化	
名义持有损益	名义持有损益合计	45		
	非金融资产	44		
	非金融生产资产	21		
	非金融非生产资产	23		
	金融资产	1	负债	7
			名义持有损益引起的资产净值变化	38
中性持有损益	中性持有损益合计	40		
	非金融资产	32		
	非金融生产资产	20		
	非金融非生产资产	12		
	金融资产	8	负债	13
			中性持有损益引起的资产净值变化	27

续表

实际持有损益	实际持有损益合计	5		
	非金融资产	12		
	非金融生产资产	1		
	非金融非生产资产	11		
	金融资产	-7	负债	-6
			实际持有损益引起的资产净值变化	11

对政府部门持有损益进行财务分析，可以发现有如下特征：

首先，从上述平衡式及账户相关内容可以看出，政府部门在本会计年度内的名义持有损益主要由中性持有损益形成。在45个单位的名义持有损益中，40个单位的中性持有损益占到全部名义持有损益的88.9%。这一数值表明，政府部门并没有因为持有资产的价格变动而获得多少格外的收益（实际收益）。即绝大部分的持有损益与整个社会资产价格上涨的幅度持平，实际价值没有发生多大变化。从名义持有损益的资产构成看，非金融资产的名义持有损益（44）占到全部持有损益的97.8%，金融资产的名义持有损益只有1，仅占全部持有损益的2.2%。值得关注的是，金融资产的名义持有损益的1是由于中性持有损益8多于实际持有损益（-7）形成的。-7的金融资产实际持有损益表明，政府部门不仅没有因为持有金融资产获得多于整个社会资产价格上涨平均水平的格外收益，相反还损失了7个单位的资产金额。

其次，从负债持有损益方面分析，尽管由于政府部门持有负债的价格变动水平与这个社会价格变动水平持平给该部门带来了13个单位的损失，但同时由于所持部分负债的价格上涨幅度低于全社会平均水平带来了6个单位的收益。最终使负债实际持有损失只有7。

最后，从资产净值变化角度看，整个会计年度由名义持有损益引起的资产净值变化为38，分别由中性持有损益引起的资产净值变化27（占名义持有损益71.1%）和实际持有损益引起净值变化11（占名义持有损益28.9%）构成。这一构成表明，政府部门由所持资产（负债）价格变动所带来的实际收益仅仅相当于全社会平均收益的40%左右。

第六节　资产负债表

政府部门资产负债表是记录该部门在某一时点编制的，其所拥有的资产、承担的负债和资产净值的报表。政府部门资产负债表的表式结构和内容如同其他机构部门一样，而且也是由期初资产负债表、资产负债变动表和期末资产负债表三部分组成的。

【例 5-12】据国家会计资料显示，上述经济总体的政府部门在某个会计年度期初和期间资产负债情况如下：

（1）会计年度期初：拥有的非金融资产总值为 789。其中，非金融生产资产为 497；非金融非生产资产为 292。在 497 的非金融生产资产中，固定资产、存货和贵重物品分别为 467、22 和 8；在 292 的非金融非生产资产中，有 286 的自然资源和 8 的合约、租约和许可。政府部门期初拥有的金融资产为 396，分别为货币黄金和特别提款权 80、通货和存款 150、贷款 115、股票和投资基金份额/单位 12、保险、养老金和标准化担保计划 20、其他应收款 19。

政府部门期初所承担的负债总值为 687。其中，通货和存款 102、债务性证券 212、贷款 328、股票和投资基金份额/单位 4、保险、养老金和标准化担保计划 19、其他应付款 22。

（2）会计年度期间：政府部门在本会计年度各类资产发生的变动如下：非金融资产的净获得 57。其中，非金融生产资产为 29，包括 23 个单位的固定资产、1 个单位的存货和 5 个单位的贵重物品；非金融非生产资产为 28，包括 26 个单位的自然资源和 2 个单位的合约、租约与许可。净减少了 9 个单位的金融资产。具体每项金融资产的变动分别为，货币黄金和特别提款权增加了 1、通货和存款减少了 26、债务性证券增加了 4、贷款增加了 3、股票和投资基金份额/单位增加了 3、保险、养老金和标准化担保计划增加了 1、金融衍生工具和雇员股票期权没有发生变化、其他应收款增加了 5。

政府部门本会计年度所承担负债的净增加金额为 102，分别为通货和存款 37、债务性证券 45、贷款 9、股票和投资基金份额/单位 2、保险、养老金和标准化担保计划与金融衍生工具和雇员股票期权二者没有发生变化、其他应付款 9。

根据以上资料，结合前面的积累账户，分别核算政府部门本会计年度期初资产净值、期间资产净值变化额和期末资产净值，并编制资产负债表。

依据以上会计资料和要求，可以按以下四步完成相应的核算和编表工作。

第一步，分别核算政府部门本会计年度期初、期间和期末的资产净值存量和流量。

（1）期初资产净值：

期初资产合计（1185）＝期初非金融资产（789）＋期初金融资产（396）

期初资产净值（498）＝期初资产合计（1185）－期初负债（687）

（2）资产负债变动额：

资产净获得（48）＝非金融资产净获得（57）＋金融资产净获得（－9）

资产净值变化额（-54）=资产净获得（48）-负债净发生（102）

资产净值变化额（-54）=储蓄和资本转移引起资产净值变化额（-90）
+资产物量其他变化引起资产净值变化额（-2）
+名义持有损益引起资产净值变化额（38）

其中，

名义持有损益引起资产净值变化额（38）=中性持有损益引起资产净值变化额（27）
+实际持有损益引起资产净值变化额（11）

（3）期末资产净值：

期末资产合计（1233）=期初资产合计（1185）+资产变化额（48）

期末资产合计（1233）=期末非金融资产（846）+期末金融资产（387）

其中，

期末非金融资产（846）=期初非金融资产（789）+非金融资产变化额（57）

期末金融资产（387）=期初金融资产（396）+金融资产变化额（-9）

期末负债（789）=期初负债（687）+负债变化额（102）

期末资产净值（444）=期末资产合计（1233）-期末负债（789）

第二步，依据期末资产（负债）等于期初资产（负债）加上期间资产（负债）变动额的换算关系，分别核算出资产、负债各类三级科目期末的具体数值。核算的结果分别为：

固定资产490、存货23、贵重物品23；自然资源312、合约、租约和许可8、商誉和营销资产0。

金融资产中的货币黄金和特别提款权81、通货和存款124、债务性证券4、贷款118、股票和投资基金份额/单位15、保险、养老金和标准化担保计划21、金融衍生工具和雇员股票期权0、其他应收款24。

金融负债中的通货和存款139、债务性证券257、贷款337、股票和投资基金份额/单位6、保险、养老金和标准化担保计划19、金融衍生工具和雇员股票期权0、其他应付款31。

第三步，分别编制政府部门本会计年度的三张资产负债表。

按照资产负债表的登录规则，将以上有关政府部门资产净值存量和变化额的核算结果，以及相关资料登录到资产负债表中，得到的三个资产负债表如表5-17、表5-18和表5-19所示。

表 5－17　　政府部门期初资产负债表

资产		负债和资产净值	
资产合计	1185		
非金融资产	789		
非金融生产资产	497		
固定资产	467		
存货	22		
贵重物品	8		
非金融非生产资产	292		
自然资源	282		
合约、租约和许可	6		
商誉和营销资产	0		
金融资产	396	负债	687
货币黄金和特别提款权	80	货币黄金和特别提款权	
通货和存款	150	通货和存款	102
债务性证券		债务性证券	212
贷款	115	贷款	328
股票和投资基金份额/单位	12	股票和投资基金份额/单位	4
保险、养老金和标准化担保计划	20	保险、养老金和标准化担保计划	19
金融衍生工具和雇员股票期权	0	金融衍生工具和雇员股票期权	0
其他应收款	19	其他应付款	22
		资产净值	498

表 5－18　　政府部门资产负债变动表

资产变化		负债和资产净值变化	
资产变动合计	48		
非金融资产	57		
非金融生产资产	29		
固定资产	23		
存货	1		
贵重物品	5		
非金融非生产资产	28		
自然资源	26		
合约、租约和许可	2		
商誉和营销资产	0		
金融资产	－9	负债	102
货币黄金和特别提款权	1	货币黄金和特别提款权	0
通货和存款	－26	通货和存款	37
债务性证券	4	债务性证券	45
贷款	3	贷款	9
股票和投资基金份额/单位	3	股票和投资基金份额/单位	2
保险、养老金和标准化担保计划	1	保险、养老金和标准化担保计划	0
金融衍生工具和雇员股票期权	0	金融衍生工具和雇员股票期权	0
其他应收款	5	其他应付款	9
		资产净值变化总额	－54
		储蓄和资本转移引起资产净值变化	－90
		资产物量其他变化引起资产净值变化	－2
		名义持有损益引起资产净值变化	38
		中性持有损益引起资产净值变化	27
		实际持有损益引起资产净值变化	11

表 5－19　　　　政府部门期末资产负债表

资产		负债和资产净值	
资产合计	1233		
非金融资产	846		
非金融生产资产	526		
固定资产	490		
存货	23		
贵重物品	13		
非金融非生产资产	320		
自然资源	312		
合约、租约和许可	8		
商誉和营销资产	0		
金融资产	387	负债	789
货币黄金和特别提款权	81	货币黄金和特别提款权	0
通货和存款	124	通货和存款	139
债务性证券	4	债务性证券	257
贷款	118	贷款	337
股票和投资基金份额/单位	15	股票和投资基金份额/单位	6
保险、养老金和标准化担保计划	21	保险、养老金和标准化担保计	19
金融衍生工具和雇员股票期权	0	金融衍生工具和雇员股票期权	0
其他应收款	24	其他应付款	31
		资产净值	444

第四步，将上述三张资产负债表编制成一张合并表（见表 5－20）。

表 5－20　　　　政府部门资产负债表

	资产存量和变化		负债和资产净值存量和变化	
期初资产负债	资产合计	1185		
	非金融资产	789		
	非金融生产资产	497		
	非金融非生产资产	292		
	金融资产	396	负债	687
			资产净值	498

续表

资产负债变动	资产变动合计	48		
	非金融资产	57		
	非金融生产资产	29		
	非金融非生产资产	28		
	金融资产	-9	负债	102
			资产净值变化总额	-54
			储蓄和资本转移引起资产净值变化	-90
			资产物量其他变化引起资产净值变化	-2
			名义持有损益引起资产净值变化	38
			中性持有损益引起资产净值变化	27
			实际持有损益引起资产净值变化	11
期末资产负债表	资产合计	1233		
	非金融资产	846		
	非金融生产资产	526		
	非金融非生产资产	320		
	金融资产	387	负债	789
			资产净值	444

从本会计年度期初到期末，政府部门的资产负债情况表现为如下特征：

（1）政府部门所拥有的资产由期初的1185增加到期末的1233，增加了48个单位，增长率为4.1%。其中，非金融资产由期初的789增加到期末的846，增加了57，自身增长率为7.2%，在全部资产中的增长率为4.8%；金融资产由期初的396减少到期末的387，减少金额为9，自身降低率为2.3%，在全部资产中的降低率为0.7%。

（2）政府部门所承担的负债由期初的687增加到期末的789，增加了102个单位，增长率为14.8%。其中，增加最多的两种负债分别为通货和存款（37）与债务性证券（45），二者合计就使得期末的负债比期初增长了11.9%。

（3）由于各种交易活动和非交易引起资产净值减少了54个单位，最终使该部门的资产净值由期初的498个单位减少到期末的444个单位，降低了10.8%。

具体分析政府部门的积累过程可以发现，政府部门经过积累过程后，由于储蓄和资本转移变动使该部门的资产净值减少了90个单位，资产物量其他变化减少了2个单位的资产净值，名义持有损益变动增加了38个单位的资产净值，最终使资产净值在核算期初减少了54个单位。由此可见，政府部门会计年度资产净值的减少主要是由积累阶段的交易流量引起的。由于在资本形成过程中造成了90个单位的资金短缺，这个数额占到资产净值变化变化总额（-54）的-166.7%。好在由于名义持有损益使资产净值增加了38（该项资产净值变化额占全部资产净值变化额270.4%），用该项增加的2个单位资产净值抵销资产物量其他变化减少的2个单位资产净值（占全部资产净值变化额的-3.7%）和36个单位增加资产净值（占全部资产净值变化额的266.7%）抵销储蓄和资本转移变动减少的部分资产净值后，最终使政府部门会计年度的资产净值减少了54个单位。

（4）从政府部门的资产负债率来看，尽管由本会计年度期初的58.0%（687/1185）增加到期末的64.0%（789/1233），但仍维持在一个较低的水平。然而，如果从资产负债各自的增长量看，资产存量从期初到期末只增加了48，而负债却增加了102，负债的增量是资产增量的2.13倍。

【复习思考题】

1. 什么是政府单位和政府部门？国家会计在划分政府部门时通常有哪两种方法？
2. 简述政府部门的功能。
3. 简述政府部门的生产范围和参与生产的方式。
4. 政府部门的生产账户与公司部门的生产账户有何不同？
5. 政府部门的实物社会转移包括哪两种内容？
6. 简述国家会计设置政府部门实物收入再分配账户的目的。
7. 政府部门收入使用账户都包含哪些主要科目？简述这些科目各自的含义。
8. 政府部门资本账户中的净借出（+）或净借入（-）是怎样形成的？
9. 简述政府部门重估价账户中各种主要科目之间的关系。

第六章 住户部门会计核算

【学习目标与要求】

1. 掌握住户和住户部门的概念、住户的功能与特点，以及住户部门的划分方法；

2. 掌握住户部门生产范围的界定和生产账户的编制方法；

3. 掌握雇员报酬的概念及其包含的内容，学会如何编制住户部门的各种收入分配账户；

4. 掌握住户部门最终消费支出和实际最终消费的核算方法，以及收入使用账户的编制方法；

5. 了解住户部门积累账户的基本内容。

第一节 住户部门会计核算的一般问题

一、住户的概念

在第二章我们简单介绍了住户及住户部门的定义。为使国家会计在进行住户部门核算时更加方便与准确，在本节我们将对住户和住户部门的有关问题作出更为详细的阐释。

国家会计中的住户，是由这样的一群人所组成：他（她）们共用生活设施，把住户成员的部分或全部收入或财产聚集起来使用，集体消费某些货物和服务——主要是住房和食物。

通常情况下，住户中的每一个成员对集体资源都拥有一定的权利。而且，对于一些影响消费或其他经济活动的决定，都必须由住户成员全体作出。

住户可以区分为家庭住户和机构住户。后者是指长期住在医院、养老院、宗教场所、监狱等地方的人员所组成的住户。

二、住户的特点与功能

住户与前面所介绍的公司和政府之间既有共同点又有区别。

（一）住户与公司的共同点与区别

首先，住户与公司的共同之处在于，住户也可能从事生产活动，而且这种生产活动属于市场性生产。

其次，住户与公司的区别在于，住户具有最终消费功能，而公司不具有最终消费的功能。

（二）住户与政府的联系和区别

首先，住户和政府都具有生产的功能。但是，住户从事的是市场性生产，而政府从事的是非市场性生产。

其次，住户和政府都具有最终消费的功能。但是，住户的最终消费属于个人消费，而政府的最终消费既有个人消费也有公共消费。

最后，住户和政府的最终消费都可以划分为最终消费支出和实际最终消费。住户通过政府以实物社会转移的形式获取一部分实际最终消费，因此，住户的实际最终消费要大于最终消费支出，而政府的实际最终消费要小于最终消费支出。

三、住户部门及其分类

住户部门是由所有常住住户构成的机构部门。

为了满足不同客户、分析者、政策制定者对划分住户部门的不同需求，国家会计制度建议可以采用下列对住户部门的分类中一种以上的划分方法。

（一）按收入划分

住户可以按其最大收入来源的性质进行分组，形成子部门。按此分组，可以把住户收入分为以下四种类型。

（1）来自住户非法人企业（有付酬雇员）所有者的收入（雇主的混合收入）

（2）来自住户非法人企业（无付酬雇员）所有者的收入（自雇工作者的混合收入）

（3）雇员报酬

（4）财产收入和转移收入

对应于上述四种收入类型，住户部门的四类子部门分别为雇主、自雇工作者、雇员和财产收入和转移收入接受者。

（二）按参照人的特征划分

参照人是根据经济地位重要性而非年龄或地位排行来决定的，因此，参照人通常是收入最多的那个人，或者是对住户消费有主要决策权的那个人，而不必是“户主”的那个人。照此可以将住户部门划分为如下四个子部门。

（1）参照人的职业

（2）如果有工作，参照人工作所在的行业

（3）参照人受教育的程度

（4）参照人所拥有资格或技能

（三）按住户规模或所在地划分

按照此方法，可以用适用于全部住户的标准来划分子部门，例如，可以按下列指标界定子部门：

（1）住户总收入

（2）住户成员数

（3）住户居住地区的类型

其中，最后一项标准可以用来划分农村住户、城镇住户和大都市住户

四、住户部门会计核算的内容

住户除了具有生产和最终消费两种基本功能外，由于生产和生活的需要就必须进行投

资积累，因此住户还有投资等功能，即住户具有经济实体所有的功能。由此，住户部门会计核算的内容包含了国家会计核算所有的内容，即包括生产核算、收入分配核算、收入使用核算、积累核算（资本形成核算、金融交易核算、资产物量其他变化核算和重估价核算）、资产负债核算等。

第二节　生产账户

一、住户部门生产核算范围的界定

（一）住户部门生产核算的范围

住户部门生产核算的范围包括了国家会计制度中规定的所有生产范围，具体为：

（1）住户部门中非法人企业提供或准备提供给其他单位的所有货物和服务的生产，包括在生产这些货物或服务过程中所消耗的货物或服务的生产。

（2）住户（作为生产者）为了自身的最终消费或资本形成所保留的所有货物的自给性生产。

（3）住户自有住房者的自给性住户服务（将个人自有住房所虚拟的房租作为虚拟的提供住房服务的产出）。

（4）住户雇佣付酬家政人员提供的家庭和个人服务的生产。

（二）不包括在住户部门生产核算范围的大部分自给性服务

国家会计制度规定，不将下列这些大部分自给性服务包括在住户部门生产核算范围内：

（1）对住户自身所住房屋的清洁、装饰和维护，包括通常由房屋承租人或房主对房屋进行的小修（所购买的原材料作为最终消费支出处理）。

（2）对家庭耐用品或其他货物，包括住户家用的车辆的清洁、保养和维修。

（3）膳食的制备与提供。

（4）对儿童的看护、培养和管教。

（5）对病人、体弱者或老人的照顾。

（6）运送住户成员或其货物等。

国家会计制度将上述服务活动不包括在住户生产核算范围的主要理由有：首先，住户内部这种自给性服务完全是一种自成一体的活动，对经济的其余部分影响极小；其次，由于大部分家庭和个人服务不是为了市场而生产的，因此也没有确定的市场价格可用来对这些服务进行适当的估价；最后，如果将这些服务活动包括在生产范围内，就要估算它们产出的虚拟价值。虚拟价值与货币价值具有不同的经济意义。实际上，由虚拟生产产生的虚拟收入很难征税，不得不把它们表示成全部花费在相同的服务消费上。因此，虚拟自给性服务的价值没有任何经济意义，相反会增加会计核算的难度，影响国家会计核算体系的效用。

二、生产账户

住户部门生产账户是记录该部门生产活动的消耗和成果的账户，也是该部门整个账户序列的第一个账户。

住户部门生产账户包含的科目和表式与其他机构部门都一致。即账户的来源方记录总产出及其分类；使用方记录中间消耗和平衡科目——增加值。

【例 6－1】根据某经济总体的国家会计资料显示，该总体的住户部门在某个会计年度的生产情况如下：

生产的总产出为 270。其中，有 123 为市场产出，其余是自给性最终使用产出。在生产过程中消耗了 115 个单位的原材料和能源。固定资本消耗为 23。

根据以上会计记录，核算该住户部门会计年度的增加值，并编制生产账户。

总增加值（155）＝总产出（270）－中间消耗（115）

净增加值（132）＝总增加值（155）－固定资本消耗（23）

将以上核算结果和相关科目登录到生产账户，即可得到如表 6－1 所示的该经济总体住户部门本会计年度生产账户。

表 6－1　　住户部门生产账户

使用		来源	
中间消耗	115	总产出	270
		市场产出	123
		自给性产出	147
总增加值	155		
固定资本消耗	23		
净增加值	132		

从上面的数值可以看出，住户部门通过生产提供给全社会使用的最终产品为155，占总产出270的57.4%。这一比例正好比非金融公司部门的47.4%高出10个百分点，说明住户部门的生产效益要好于非金融公司部门。而生产中消耗的中间产品为115，占总产出的42.6%。

第三节 收入分配账户

一、初始收入分配账户

住户部门初始收入分配账户记录的是该部门所有住户单位因参与生产过程或拥有生产活动所需资产的所有权而获得的收入。

如同其他机构部门一样，住户部门也分别用收入形成账户和初始收入分配账户两个账户来记录住户单位是怎样通过收入初次分配行为来形成收入和获得初始收入的。

（一）收入形成账户

住户部门收入形成账户是该部门生产账户的进一步细化，记录的是所有常住住户由于直接参与生产活动所创造的初始收入。

住户部门收入形成账户包括如下科目。

1. 增加值

增加值是收入形成账户来源方所列示的唯一一个科目，它是将生产账户的平衡科目结转过来作为该账户的起始科目。增加值分别列示总增加值和净增加值。

2. 雇员报酬

在住户部门收入形成账户中，雇员报酬是指住户部门中的非法人企业在会计年度内按雇员在生产活动中的贡献应支付给雇员的全部现金和实物报酬。

由于雇员报酬这个科目不仅是所有机构部门收入形成账户使用方的一个重要科目，更是住户部门初始收入分配账户来源方的一个重要科目，在全部收入初次分配会计核算中占有十分重要的地位，因此，此处在第三章已作简要阐述基础上将该科目再进一步详细介绍。

雇员报酬的一般定义是，在会计年度内企业按雇员在生产活动中的贡献支付给雇员的全部现金和实物报酬。

雇员报酬的记账时间遵循权责发生制原则，亦即雇员报酬是按雇员因在记账时期内所完成工作量而有权从雇主处获得的现金或实物报酬的价值来计算，而不论报酬的获得是在工作前、工作期间还是工作之后。

雇员报酬主要由以下两个科目构成。

（1）应付工资或薪金。应付工资或薪金可以是现金形式，也可以是实物形式。

①现金形式的工资或薪金。以现金形式支付的工资或薪金包括如下科目：

（a）企业按周、按月或按其他间隔定期应付的工资和薪金，包括按工作成果支付；因加班、夜班、在周末或其他私人时间工作而获得的超长工资或专门津贴；因到外地（包括国外）或在危险环境下工作而获得的津贴等。

（b）定期应付的辅助津贴，如住房补贴、交通补贴等。

（c）在雇员因度假或生产暂时停止等原因而短期离开工作岗位期间应付给雇员的工资和薪金。

（d）根据激励制度，与企业整体业绩挂钩而付给雇员的专项奖金或其他特殊支付。

（e）雇员所获得的佣金、赏金或小费等。

现金工资或薪金不包括的科目有以下几项。

（a）雇员为能够接手新的工作岗位或完成工作所进行的暂行支出，可以由雇主报销，由报销所得的现金。主要包括对雇员为接手新的工作岗位或应雇主要求，把家搬到本国其他地区或国外所支付的，由雇主报销的一切费用；对雇员在工具、设备、专门服装或其他项目上购买支出的报销。

（b）由雇主支付的部分社会福利。主要包括儿童、配偶、家庭、教育方面的补助，以及与被赡养老人有关的补助；向因病、意外伤害、生育等原因未在岗的员工所支付的工资或薪金；向因裁员、丧失工作能力、意外死亡等原因失去工作岗位的员工或其遗属所支付的离职金。

②实物工资或薪金。雇主愿意选择以实物形式向员工支付报酬的主要原因在于：一是或对于雇主，或对于雇员，或对于雇主和雇员双方在税收方面有好处；二是当产出出现周期性过剩时，雇主希望减少库存。

实物工资或薪金主要包括以下科目。

（a）货物或服务。几乎所有的货物或服务都可以作为实物报酬。常见的类型主要有：雇主日常向雇员提供的食品和饮料，包括对单位食堂的所有补贴；可由雇员所属住户全体成员使用的住房服务或某种类型的膳宿服务；提供给雇员个人使用的机动车或其他耐用品服务；雇主自身生产过程所生产的货物与服务（如铁路或航空公司提供给员工的免费旅程等）；提供给雇员及其家属的运动、娱乐或度假设施；免费的上下班交通工具和停车场；为雇员子女开办的幼儿园；雇主以较低或零利率向雇员提供贷款以供其购买住房、家具或其他货物或服务时所放弃的利息收入。

（b）雇员股票期权（ESO）。雇主给予雇员的在未来某些时候买入的期权，是另一种形式的实物收入。

关于雇员股票期权的估价，国际会计准则委员会（IASB）的核算建议是，授权日企业期权的公允价值等于当时的行权价乘以含权日可行权的期望期权数，除以含权日之前的期望服务年数。将这一公允价值与每年的提供服务年数结合起来，便得到公司在各该年度上的成本。

关于雇员股票期权的记录时间，国家会计制度建议应当在授权日对ESO的价值作出估计，并作为雇员报酬的一部分和雇主相应的负债分别在收入形成账户和金融账户予以四笔交易记录。

（2）雇主应付社会缴款。雇主社会缴款是指，雇主为使雇员能够获得社会福利而应缴付给社会保障基金或其他就业相关社会保险计划的款项。

雇主社会缴款应与现金、实物工资和薪金一起作为雇员报酬的一部分，记录在各部门收入形成账户的使用方和住户部门初始收入分配账户的来源方。随后，在住户部门的收入再分配账户记录为雇员的社会缴款。

3. 生产税和进口税

生产税和进口税作为住户部门收入形成账户的支出科目，记录在账户的使用方。由于生产税和进口税科目与政府部门关系密切，这部分的详细内容已在政府部门会计核算中进行了介绍，在此不再赘述。

4. 补贴

补贴是政府部门（包括非常住政府部门）根据企业生产活动水平或企业生产、销售、进口货物服务的数量或价值量给予企业的经常性无偿支付。

住户部门只有作为生产者接受的补贴才被视为负的生产税记录在收入形成账户的使用方。

由于补贴与生产税和进口税的性质相同，且与政府部门关系密切。因此本书也已将其放在政府部门的收入分配账户中重点介绍。

5. 营业盈余和混合收入

营业盈余或混合收入是从增加值中扣除雇员报酬和生产税净额（生产税减生产补贴）后的余额。

住户部门收入形成账户有两类平衡科目，一类是与其他机构部门相同的营业盈余，另一类是该部门特有的科目——混合收入。

（1）营业盈余。住户部门中，只有两类住户收入形成账户的平衡科目是营业盈余。它们分别是提供居住服务以满足自身最终消费需求的自有住宅者和出租房屋的住户。这两类住户的增加值就是它们的营业盈余。

（2）混合收入。混合收入是住户所拥有的非法人企业的一个特有平衡科目。在此类企业的收入中包含了企业所有者，或者同一家庭成员所投入的劳动而不从企业领取的报酬。故国家会计制度将这类企业的收入称为混合收入。

【例6－2】据国家会计记录显示，上述经济总体的住户部门在某个会计年度所发生的收入形成状况为，应支付给雇员的报酬为11，全部为应付现金工资和薪金；从政府部门获得的其他生产补贴为1；营业盈余总额中的固定资本消耗和混合收入总额中的固定资本消耗分别为15和8。

根据上述会计记录资料，分别核算该经济总体的住户部门在本会计年度的营业盈余和混合收入，并编制住户部门收入形成账户。

要核算住户部门的营业盈余和混合收入，首先需要将该部门生产账户中的平衡科目——增加值（总增加值155，净增加值132）结转过来。

其次，由于在住户部门中存在一部分住户所创造的收入表现为营业盈余，另一部分住户所创造的收入表现为混合收入两类住户，而且前者的增加值就是它们的营业盈余。但是，在住户部门的生产核算中并没有将所有住户按上述两类分别核算它们的增加值。因此，要核算两类住户的营业盈余和混合收入，就需要将增加值按上述两类住户加以分解。经过进一步查阅住户资料得知，生产中所创造收入表现为营业盈余一类住户的总增加值为84。由此便可以得出另一类住户的总增加值为71。

于是，两类住户的营业盈余和混合收入分别可以按以下方法核算得出。

营业盈余总额（84）＝总增加值（84）

营业盈余净额（69）＝营业盈余总额（84）－固定资本消耗（15）

混合收入总额（61）＝总增加值（71）－雇员报酬（11）－生产税净额（－1）

混合收入净额（53）＝混合收入总额（61）－固定资本消耗（8）

将以上核算结果连同有关科目一起编入住户部门的收入形成账户，即可得到如表6－2所示的账户内容与表式。

从住户部门收入形成账户和各科目之间的平衡关系可以看出，住户部门在收入形成环节，其增加值主要转化成营业盈余和混合收入了。其中，营业盈余总额和混合收入总额二者合计占到总增加值的93.5%。

表6-2　住户部门收入形成账户

使用		来源	
雇员报酬	11	总增加值	155
工资和薪金	11	净增加值	132
雇主社会缴款	0		
生产税和进口税	0		
产品税			
其他生产税	0		
补贴（-）	-1		
产品补贴	0		
其他生产补贴	-1		
营业盈余总额	84		
混合收入总额	61		
营业盈余总额中的固定资本消耗	15		
混合收入总额中的固定资本消耗	8		
营业盈余净额	69		
混合收入净额	53		

（二）初始收入分配账户

住户部门的初始收入分配账户记录的是除了本部门从收入形成账户结转过来的营业盈余和混合收入外，该部门作为接受者从各机构部门的收入形成账户应付项目中应获得的收入（主要是雇员报酬）是多少，该部门的应收和应付的财产收入情况，以及通过收入初次分配后应获得的初始收入数额。

住户部门初始收入分配账户包括以下科目。

1. 营业盈余和混合收入

这两个科目是从收入形成账户结转过来，作为本账户的起始科目。

2. 雇员报酬

这个科目的含义与收入形成账户中的雇员报酬相同，但其作用性质和方向却相反。在收入形成账户中，雇员报酬记录的是住户部门应付给雇员的报酬是多少，而在初始收入分配账户中，雇员报酬记录的是住户部门从各机构部门（包括本部门）应收的雇员报酬是多少。

雇员报酬是住户部门初始收入的主要来源科目。

3. 财产收入

住户部门应收的财产收入除了与其他机构部门具有共同的子科目外，属于该部门特有的子科目是养老金权益的应付投资收入。

养老金权益的应付投资收入是财产收入科目中投资收入支付科目下的子科目。它是住户部门从社会保险机构利用养老金投资所获得的收益中应得的那部分收入，属于住户部门的收入来源科目，金融部门的收入使用科目。

住户部门应付的财产收入所包含的子科目与其他机构部门相同。

4. 初始收入

住户部门初始收入是该部门经过收入初次分配后应获得的收入数额，分为初始收入总额和初始收入净额。

【例 6－3】 上述经济总体的住户部门在某个会计年度各个初始收入分配科目的资料如下：

（1）从收入形成账户结转过来的营业盈余总额和混合收入总额分别为 84 和 61；

（2）应收的雇员报酬为 1154；其中，工资和薪金为 954，雇主社会缴款为 200；

（3）应收的财产收入有：利息 49、公司已分配收入 20（其中红利 13，准公司收入提取 7）、外商直接投资再投资收益 3、投资收入支付 30（属于投保人的投资收入 20，养老金权益的应付投资收入 8，属于投资基金股东集体的投资收入 2）、地租 21。

（4）应付的财产收入分别为应付利息 14 和应付地租 27。

根据以上会计资料核算住户部门本会计年度的初始收入，并编制该部门初始收入分配账户。

首先，分别汇总核算该部门的应收财产收入和应付财产收入。

$$\text{应收财产收入}(123) = \text{利息}(49) + \text{公司已分配收入}(20) + \text{外商直接投资再投资收益}(3) + \text{投资收入支付}(30) + \text{地租}(21)$$

$$\text{应付财产收入}(41) = \text{利息}(14) + \text{地租}(27)$$

其次，分别核算该部门的初始收入总额和初始收入净额。

$$\text{初始收入总额}(1381) = \text{营业盈余总额}(84) + \text{混合收入总额}(61) + \text{雇员报酬}(1154) + \text{应收财产收入}(123) - \text{应付财产收入}(41)$$

$$\text{初始收入净额}(1358) = \text{营业盈余净额}(69) + \text{混合收入净额}(53) + \text{雇员报酬}(1154) + \text{应收财产收入}(123) - \text{应付财产收入}(41)$$

最后，将以上核算结果及相关科目编入住户部门初始收入分配账户，得到如表 6－3 所示的表式及内容。

表 6 -3　　住户部门初始收入分配账户

使用		来源	
		营业盈余总额	84
		混合收入总额	61
		营业盈余净额	69
		混合收入净额	53
		雇员报酬	1154
		工资和薪金	954
		雇主社会缴款	200
应付财产收入	41	应收财产收入	123
利息	14	利息	49
		公司已分配收入	20
		红利	13
		准公司收入提取	7
		外商直接投资再投资收益	3
		投资收入的支付	30
		属于投保人的投资收入	20
		养老金权益的应付投资收入	8
		属于投资基金股东集体的投资收入	2
地租	27	地租	21
初始收入总额	1381		
初始收入净额	1358		

从上述账户可以看出，住户部门在该会计年度内的初始收入主要来源于雇员报酬，该项收入（1154）占到初始收入总额的 83.6%。其余三项收入来源，即营业盈余总额（84）、混合收入总额（61）和财产收入净额（82 = 应收财产收入 123 - 应付财产收入 41）分别占初始收入总额的 6.1%、4.4% 和 5.9%。

二、收入再分配账户

住户部门收入再分配账户记录的是该部门在收入初次分配的基础上，如何通过经常转移收支获得最终应收可支配收入的多少。

住户部门收入再分配账户包含了两个账户，一个是收入再分配账户，另一个是实物收入再分配账户。

（一）收入再分配账户

住户部门收入再分配账户记录的是该部门如何通过除了实物社会转移以外的经常转移收支活动，将初始收入转变成应收可支配收入。

1. 收入再分配账户包含的科目

在住户部门的收入再分配账户中，除了从初始收入分配账户结转过来的平衡科目——初始收入，作为本账户的起始科目外，还包括如下两个科目：

（1）经常转移。经常转移是一个机构单位向另一个机构单位提供货物、服务或资产，但又不向后者索取任何货物、服务或资产作为与之直接对应的回报，并且交易的一方或双方无须获得或处置资产。

收入再分配账户中主要包括的三种经常转移的子科目分别是所得税、财产税等经常税、社会缴款和社会福利，以及其他经常转移。

需要注意的是，由于国家会计制度将收入再分配阶段的账户设计为收入再分配账户和实物收入再分配账户两个账户，其中，收入再分配账户中社会福利只涉及除实物社会转移以外的社会福利，而实物社会转移则在实物收入再分配账户中记录。因此，住户部门的收入再分配账户中的社会福利特指实物社会转移以外的社会福利。

在住户部门的收入再分配账户中，所得税、财产税等经常税和社会缴款作为该部门的应付科目分别记录在账户的使用方；实物社会转移以外的社会福利作为该部门特有的应收科目记录在账户的来源方；而其他经常经常转移作为既有应收也有应付的科目分列在账户的来源方和使用方。

（2）可支配收入。住户部门的可支配收入是指，该部门在初始收入基础上，在收入再分配阶段通过除实物社会转移以外的全部经常转移收支活动后所形成的，可供本部门最终支配使用的应得收入，是收入再分配账户的平衡科目。

2. 收入再分配账户的表式和构成

【例 6-4】从国家会计所记录的账目获知，上述经济总体的住户部门在某个会计年度的收入再分配交易活动，有以下几项会计记录：

（1）从初始收入分配账户结转过来的初始收入总额为 1381；初始收入净额为 1358。

（2）在应收的经常转移中，实物社会转移以外的社会福利 384，包括现金形式的社会保障福利 53、其他社会保险的保险金 279 和现金形式的社会救济福利 52；其他经常转移中有非寿险索赔 35 和杂项经常转移 1。

（3）在应付的经常转移中，所得税、财产税等经常税 178，其中，包括所得税 176 和其他经常税 2；净社会缴款 333，包括雇主实际社会缴款 181、雇主虚拟社会缴款 19、住户实际社会缴款 129、住户追加社会缴款 10、社会保险计划服务费 6；其他经常转移中有非寿险净保费 31 和杂项经常转移 40。

根据以上会计记录，分别核算该住户部门本会计年度的应收可支配收入总额和应收可支配收入净额，并编制收入再分配账户。

首先，分别核算汇总住户部门的应收经常转移和应付经常转移。

应收经常转移（420）＝实物社会转移以外的社会福利（384）＋其他经常转移（36）

应付经常转移（582）= 所得税、财产税等经常税（178）+ 净社会缴款（333）+ 其他经常转移（71）

其次，分别核算应收可支配收入总额和应收可支配收入净额。

可支配收入总额（1219）= 初始收入总额（1381）+ 应收经常转移（420）− 应付经常转移（582）

可支配收入净额（1196）= 初始收入净额（1358）+ 应收经常转移（420）− 应付经常转移（582）

最后，将以上核算结果和有关会计记录一并编入收入再分配账户，即可得到如表 6－4 所示的内容及表式。

表 6－4　住户部门收入再分配账户

使用		来源	
		初始收入总额	1381
		初始收入净额	1358
应付经常转移	582	应收经常转移	420
所得税、财产税等经常税	178	实物社会转移以外的社会福利	384
所得税	176	现金形式的社会保障福利	53
其他经常税	2	其他社会保险的保险金	279
净社会缴款	333	现金形式的社会救济福利	52
雇主实际社会缴款	181	其他经常转移	36
雇主虚拟社会缴款	19	非寿险索赔	35
住户实际社会缴款	129	杂项经常转移	1
住户追加社会缴款	10		
社会保险计划服务费（－）	6		
其他经常转移	71		
非寿险净保费	31		
杂项经常转移	40		
可支配收入总额	1219		
可支配收入净额	1196		

从上面的收入再分配账户和平衡关系式可以看出，住户部门由于在收入再分配阶段的应收经常转移（420）少于应付经常转移（582）162个单位，从而使应收可支配收入比应收初始收入减少162，占初始收入的11.7%。

从收入再分配的主要手段——经常转移收支构成看，住户部门经常转移收入主要来源于实物社会转移以外的社会福利，该项转移收入（384）占到全部应收经常转移（420）的91.4%。住户部门的应付经常转移主要科目为净社会缴款，该项支出（333）占到全部转移支出（582）的57.2%。其余两项转移支出，即所得税、财产税等经常税（178）和其他经常转移（71）分别占全部转移支出的30.6%和12.2%。

（二）实物收入再分配账户

住户部门实物收入再分配账户是一个记录该部门收入再分配过程延续阶段收入变动情况的账户。该账户揭示的是住户部门的应收可支配收入如何通过从政府部门和为住户服务的非营利机构获得应收实物社会转移而转变成调整后应收可支配收入的。

1. 实物收入再分配账户包含的科目

住户部门实物收入再分配账户除了从收入再分配账户结转过来的平衡科目——可支配收入作为该账户的起始科目外，还包括以下两个科目：

（1）实物社会转移。记录在住户部门实物收入再分配账户右方的实物社会转移，是住户部门以免费或没有显著经济意义的价格从政府部门和为住户服务的非营利机构应获得的货物和服务。

住户部门应获得的实物社会转移包括以下两种类型：一种是由政府部门（包括社会保障基金）和为住户服务的非营利机构提供给住户个人的非市场货物服务；另一种是由政府部门和为住户服务的非营利机构从市场生产者手中购买，然后再以免费或没有显著经济意义的价格提供给住户个人的货物和服务。

国家会计将住户部门这部分收入纳入其收入口径中，不仅可以真实反映住户部门的收入水平，也可以在后续的收入使用账户中真实反映居民的最终消费水平。

由于住户部门是实物社会转移的接受方，通过实物社会转移会增加住户部门的收入水平，因此，该科目记录在住户部门实物收入再分配账户的来源方。

（2）调整后可支配收入。住户部门调整后可支配收入是该部门实物收入再分配账户的平衡科目，它是基于可支配收入基础上，再加上应收实物社会转移价值后所得到的收入。

住户部门调整后可支配收入是该部门在不采用减少现金、处置其他资产或增加负债等方式筹措资金的前提下，当期能够用于最终消费货物服务的最大价值。这个价值额不仅取决于住户部门能够支付得起的货物服务的最大价值（可支配收入），还取决于它们能够从政府部门和为住户服务的非营利机构以实物社会转移形式获得的货物服务的价值。

2. 实物收入再分配账户的表式和构成

【**例 6－5**】上述经济总体的住户部门在某个会计年度有关实物社会转移，有以下几笔交易活动会计记录：

住户部门应获得的实物社会转移为 215。其中，从政府部门应获得的非市场产出实物社会转移和从市场购买的产品实物社会转移分别为 211 和 4；从为住户服务的非营利机构应获得的实物社会转移为 31，全部为非市场产出。

根据以上会计记录和上一个账户的平衡科目，核算住户部门在本会计年度的调整后可支配收入总额和净额，并编制实物收入再分配账户。

调整后可支配收入总额（1434）＝可支配收入总额（1219）＋实物社会转移（215）

调整后可支配收入净额（1411）＝可支配收入净额（1196）＋实物社会转移（215）

住户部门实物收入再分配账户如表 6－5 所示。

表 6－5　　住户部门实物收入再分配账户

使用		来源	
		可支配收入总额	1219
		可支配收入净额	1196
		实物社会转移	215
		非市场产出实物社会转移	211
		购买市场产出的实物社会转移	4
调整后可支配收入总额	1434		
调整后可支配收入净额	1411		

从上面账户中的数值可以看出，住户部门经过实物社会转移后，其调整后的应收可支配收入总额（1434）比可支配收入总额（1219）增加了 215 个单位，增长了 17.6%。新增数额占到调整后可支配收入总额的 15.0%。同时我们还可以发现，住户部门所应获得的 215 个单位实物社会转移，主要是政府部门和为住户服务的非营利机构通过非市场产出方式向其提供的，即非市场产出的实物社会转为 211，占到全部实物社会转移（215）的 98.1%。

从两个不同机构部门对扩大住户部门收入的贡献角度看，在 215 的全部应收实物社会转移中，由政府提供的实物社会转移为 184，占 85.6%；其余的 14.4%（31）则由为住户服务的非营利机构提供。

第四节　收入使用账户

住户部门收入使用账户是记录该部门如何将可支配收入在最终消费和储蓄之间进行分配的序列账户。

由于国家会计制度为住户部门在收入再分配阶段设置了收入再分配账户和实物收入再分配账户两个账户，所以对应收入再分配账户两个账户的平衡科目，国家会计制度也为住户部门的收入使用账户也分别设置了可支配收入使用账户和调整后可支配收入使用账户两个账户。

一、收入使用账户包含的科目

住户部门的两个收入使用账户除了包括分别从前面账户结转过来的平衡科目——可支配收入和调整后可支配收入外，还包括养老金权益变化调整、最终消费支出、实际最终消费和储蓄等四个科目。现将这四个科目分别阐释如下。

（一）养老金权益变化调整

养老金权益变化调整是指根据收入再分配账户中养老金缴款和福利的差额对储蓄所进行的调整。

$$\text{养老金权益变化调整}=\text{实际和虚拟的社会缴款总额}+\text{属于养老基金受益人的财产收入中的补充缴款总额}-\text{社会保险福利中支付的养老金总额}$$

上式中的实际和虚拟社会缴款总额与社会保险福利中支付的养老金总额都是根据养老金计划确定的。

由于住户部门对养老金的缴款和领取会影响到住户部门的可支配收入和调整后可支配收入，进而影响到储蓄，而金融账户已经明确地将养老金权益变动记录为住户部门资产净值的增加，所以，必须在可支配收入使用账户和调整后可支配收入使用账户中增设养老金权益变化调整科目，用来对储蓄额进行调整。

养老金权益变化调整只涉及住户部门和金融公司部门两个部门。它分别构成住户部门收入使用账户的来源方科目和金融账户资产变化方科目、金融公司部门收入使用账户的使用方科目和金融账户的负债变化方科目。

（二）最终消费支出——个人消费支出

住户部门最终消费支出是指常住住户承担的消费性货物服务的支出，是可支配收入使用账户中的一个科目。由于最终消费支出分为个人消费支出和公共消费支出，而公共消费支出是由政府部门所承担的那部分支出。因此，记录在住户部门可支配收入使用账户中的只是最终消费支出的子科目——个人消费支出。

1. 住户部门最终消费支出包含的内容

（1）购买消费性货物服务的支出。住户为得到出售者提供的货物和服务，向出售者实际支付或同意支付的价值额。

（2）易货交易的虚拟支出。所谓“虚拟支出”是指货物服务交易双方不发生实际货币收支，而是用市场上以现金购买类似货物服务的适当价格对购买者这一支出进行虚拟计算的支出。

易货交易的虚拟支出是指交易的一方用一篮子货物服务与交易的对方另一篮子不同货物服务进行交易所发生的虚拟支出。

（3）以实物形式收到的货物服务的虚拟支出。当雇员得到雇主作为雇员报酬提供给自己的货物服务时，除了需要在住户部门初始收入分配账户来源方的雇员报酬科目下记录为应收实物报酬外，还需要同时在住户部门可支配收入使用账户的使用方记录一笔相同数额的最终消费支出。

这笔最终消费支出是雇员被认为做出了与其所收到的货物服务市场价值相等的虚拟支出。

（4）同一住户自产自用的货物服务虚拟支出。同一住户自产自用的货物服务虚拟支出是指由住户所拥有的非法人企业生产的、被留作住户成员最终消费的货物服务虚拟计算价值的支出。具体包括：①农户生产并用于自己最终消费的粮食或其他农产品；②住户拥有的非法人企业所生产的、并用作其成员最终消费的其他种类的货物；③自有住房所有者为自己最终消费而提供的住房服务。

2. 住户部门最终消费支出的记录时间和估价

（1）记录时间。根据国家会计记账的一般准则，当应付支出发生时，即当购买者对出售者形成付款义务时就应记录这笔支出。

具体做法是，如果住户购买的是货物，则在货物的所有权从出售者转移到购买者时记录支出；如果住户购买的是服务，则在生产者提供的令消费者满意的服务完成时记录支出。非货币交易的虚拟支出在货物服务可供住户使用时记录。

（2）估价。购买消费性货物服务的支出按购买者价格实际发生的支出数额记录。

易货交易的虚拟支出、以实物收入形式收到的货物的虚拟支出，均按最初发生支出的单位所支付的价格记录。

自产自用货物的虚拟支出应当按基本价格估价，并要与其作为产出的估价保持一致。

3. 住户部门某些特定类型货物服务支出的登录

国家会计在登录住户部门最终消费支出时，有时会遇到一些特定类型货物服务的支出该如何处理的问题。为保证国家会计核算的准确性，有必要对这些特定类型货物服务支出如何登录作出明确规定。

（1）金融服务支出。对住户承担的、由金融机构提供但未直接收取费用的服务支出，应虚拟计算它们的价值。这类支出主要包括：

①保险和养老金以外金融服务的支出[①]。金融机构（保险公司和养老基金除外）和贷款人通常会收取比按参考利率计算要高的利息，而支付比按参考利率计算低的利息。按照国家会计的记账规则，应当将国家会计的利息与银行利息之差作为住户部门最终消费支出记录。

②保险和养老金服务支出。住户支付的保险和养老金服务金额应作为住户部门最终消费支出记录。

（2）住宅服务、维修的支出。

①自有住房服务的虚拟支出。对住户自己所拥有的住房，视同该住户拥有一家非法人企业。该企业提供了住房服务并被其所属住户的居民所消费。提供的住房服务价值应当按市场上租用同样面积、质量和类型房屋所要支付的房租虚拟计算，并记录为房主的最终消费支出。

②房屋装饰、小修及维护的支出。国家会计制度规定，只有房客为了“自己动手”对房屋进行常规装饰和小修所购买的材料费才作为最终消费支出，而所有者在房屋装饰、小修和维护方面的支出不作为最终消费支出，作为中间消耗记录在生产账户。

（3）耐用消费品维修和保养的支出。住户对耐用消费品维修和保养的支出分为两种情况记录在最终消费支出科目。即如果是聘请专业人员进行维修和保养，则发生的一切费用均记录为住户的最终消费支出；如果是住户成员自己进行维修和保养，则只将购买的材料价值记录为最终消费支出。

---

① 关于这部分支出的核算参阅本书第四章第三节有关金融公司部门市场产出核算相关内容。

（三）实际最终消费

住户部门实际最终消费是指各个住户实际应获得的消费性货物和服务。它是以下三部分之和：（1）住户部门在消费性货物服务上的最终消费支出；（2）政府部门以实物社会转移形式向住户提供个人消费性货物服务时所承担的相应支出；（3）为住户服务的非营利机构以实物社会转移形式向住户提供个人消费性货物服务时所承担的相应支出。

（四）储蓄

住户部门的储蓄是指该部门可支配收入（包含已调整养老金权益变化）中没有用于货物服务最终消费的那部分收入。

住户部门的储蓄是该部门两个收入使用账户的平衡科目。该科目为经常账户和后面的积累账户提供了一个连接纽带。它可能是正数也可能是负数或零，这要取决于最终消费支出是少于或多于或等于可支配收入。

二、可支配收入使用账户

住户部门可支配收入使用账户是记录该部门如何将其可支配收入用于最终消费支出和储蓄的账户。

【例 6－6】据某国家会计资料显示，该经济总体的住户部门在某个会计年度所发生的各项最终消费支出分别如下：

用于在市场上购买货物和服务的支出为 850；间接测算的非货币交易最终消费支出价值为 165，包括易货交易虚拟支出 40、作为实物报酬收入形式获得的货物服务虚拟支出 25、自产自用货物服务虚拟支出 100。

根据以上会计资料，核算住户部门本会计年度最终消费支出和储蓄，并编制可支配收入使用账户（要求：个人最终消费支出科目编制到三级科目）。

将上述住户部门市场上购买货物和服务的支出 850 和非货币交易最终消费支出 165 相加总，便得到该部门的最终消费支出为 1015。

由于养老金权益变化调整构成住户部门的收入来源，所以，该部门的总储蓄和净储蓄分别为：

$$\underset{(215)}{\text{总储蓄}} = \underset{\text{总额}(1219)}{\text{可支配收入}} + \underset{\text{变化调整}(11)}{\text{养老金权益}} - \underset{\text{支出}(1015)}{\text{最终消费}}$$

$$\text{净储蓄}(192) = \text{可支配收入净额}(1196) + \text{养老金权益变化调整}(11) - \text{最终消费支出}(1015)$$

将以上核算的最终消费支出、总储蓄和净储蓄登录到住户部门可支配收入使用账户，便得到如表 6－6 所示的账户内容和表式。

表 6－6　住户部门可支配收入使用账户

使用		来源	
		可支配收入总额	1219
		可支配收入净额	1196
最终消费支出	1015	养老金权益变化调整	11
个人消费支出	1015		
市场购买支出	850		
非货币交易支出	165		
总储蓄	215		
净储蓄	192		

从上述账户和各科目之间的平衡关系可以看出，住户部门由于用于最终消费的支出（1015）少于可支配收入与养老金权益变化调整的合计额（1230），从而使其总储蓄和净储蓄分别为 215 和 192 个单位。

住户部门该会计年度的可支配收入和养老金权益变化调整二者之和，经过最终消费支出后，成为一个资金盈余部门。该部门可以将这部分资金盈余净额（净储蓄 192）用于资本形成（非金融投资）和金融交易（金融投资）。

三、调整后可支配收入使用账户

住户部门调整后可支配收入使用账户是记录该部门是如何将调整后可支配收入用于实际最终消费和储蓄的账户。

【例 6－7】 上述经济总体的住户部门在某个会计年度，从实物收入再分配账户结转过来的调整后应得可支配收入总额和净额分别为 1434 和 1411。同期，该部门除了将自身 1015 的最终消费支出全部用于实际最终消费外，还分别实际最终消费了由政府部门提供的 184 和为住户服务的非营利机构提供的 31 实物社会转移。

依据上述所给资料，分别核算住户部门本会计年度实际最终消费和储蓄，并编制该部门调整后可支配收入使用账户。

该部门本会计年度的实际最终消费为：

$$\underset{(1230)}{\text{实际最终消费}} = \underset{\text{最终消费（1015）}}{\text{部门自身实际}} + \underset{\text{实物社会转移（184）}}{\text{实际消费政府部门提供}} + \underset{\text{提供的实物社会转移（31）}}{\text{实际消费为住户服务的非营利机构}}$$

$$\underset{(215)}{\text{总储蓄}} = \underset{\text{总额（1434）}}{\text{调整后可支配收入}} + \underset{\text{调整（11）}}{\text{养老金权益变化}} - \underset{\text{消费（1230）}}{\text{实际最终}}$$

$$\underset{(192)}{\text{净储蓄}} = \underset{\text{净额（1411）}}{\text{调整后可支配收入}} + \underset{\text{调整（11）}}{\text{养老金权益变化}} - \underset{\text{消费（1230）}}{\text{实际最终}}$$

将以上结果登记到住户部门调整后可支配使用账户，其内容与表式如表 6-7 所示。

表 6-7　　住户部门调整后可支配收入使用账户

使用		来源	
		调整后可支配收入总额	1434
		调整后可支配收入净额	1411
实际最终消费	1230	养老金权益变化调整	11
实际个人消费	1230		
总储蓄	215		
净储蓄	192		

从上述两个收入使用账户和各科目之间的平衡关系可以看出，由于住户部门调整后可支配收入净额比可支配收入净额增加了 215，而且这部分增加的收入全部用于实际最终消费，从而使住户部门的实际最终消费比最终消费支出多出 215，即由最终消费支出的 1015 增加到实际最终消费的 1230，增长了 21.2%。1230 的数值才是反映住户部门真实消费水平的指标数值。

此外，由于住户部门从政府部门和为住户服务的非营利机构所得到的应收实物社会转移全部用于实际最终消费，因此，该部门调整后可支配收入使用账户的平衡科目——总储蓄和净储蓄与可支配收入使用账户的平衡科目——总储蓄和净储蓄完全相同，分别为 215 和 192。这个数值说明，住户部门经过对调整后收入的使用——实际最终消费后，成为一个资金盈余部门。

第五节　积累账户

住户部门的积累账户同其机构他机构部门一样，也是由资本账户、金融账户、资产物量其他变化账户和重估价账户四个账户构成的一个账户体系。

一、资本账户

住户部门的资本账户记录的是该部门通过交易应获得的或应处置的非金融资产价值，以及由储蓄和资本转移引起的资产净值变化的价值。

（一）资本账户的科目

住户部门的资本账户同其他机构部门一样，账户的右方和左方分别包含了以下科目。

1. 账户右方（负债和资产净值变化方）包含的科目

（1）净储蓄。净储蓄是从可支配收入使用账户（或调整后可支配收入使用账户）结转过来的平衡科目。如果住户部门的净储蓄为正数，表示该部门没有将本会计年度的可支配收入（或调整后可支配收入）全部用于货物服务的最终消费。住户部门可以用这部分收入获取某种或多种非金融资产或金融资产。如果净储蓄是负数，则表示该部门会计年度的最终消费支出超出可支配收入（调整后可支配收入）。超过部分必须通过处置资产或发生新债务的方式来弥补。通常情况下，多数国家住户部门的净储蓄都为正数。

（2）资本转移。资本转移是给予转移的一方要通过处置资产（现金或存货除外）、放弃债权（应收账款除外）来筹集资金，或者接受转移的一方必须获得资产（现金除外），或者两种条件同时满足的一种无回报的转移。资本转移包括资本税、投资补助和其他资本转移。

住户部门的应收资本转移表示该部门资产净值的增加，记录在账户的右方。相反，应付资本转移意味资产净值的减少，作为负项也记录在账户的右方。

（3）储蓄和资本转移引起的资产净值变化。住户部门因储蓄和资本转移引起的资产净值变化表示该部门在不发生新的负债情况下，能够获取多大金额的非金融资产和金融资产，它是账户右边的合计数，亦即投资的资金来源。这一数额既可能为正数，也可能为负数或零。

2. 账户左方（资产变化方）包含的科目

（1）资本形成总额。该科目包含以下三个子科目：

①固定资本形成总额。

②存货变化。

③贵重物品获得减处置。

（2）资本形成净额。该科目包含以下三个子科目：

①固定资本形成净额。

②存货变化。

③贵重物品获得减处置。

（3）固定资本消耗。该科目作为资产变化的负项记录在账户中。

（4）非生产资产的获得减处置。该科目包括自然资源，合约、租约和许可，商誉和营销资产。

（5）净借出（+）/净借入（-）。住户部门资本账户中的净贷出（+）/净借入（-）是该部门储蓄和资本转移引起的资产净值变化和非金融资产净获得（非金融资产获得减处置，减去固定资本消耗）之间的差额。如果该差额为正数，则代表净借出（+），表示住户部门剩下来可供借出的资金总量；如果该差额为负数，则代表净借入（-），表示住户部门借入的资金总量。该科目是资本账户的平衡科目，记录在账户的左方。

（二）资本账户构成和内容

【例6-8】据某国的国家会计资料显示，该国住户部门在某个会计年度的各项资本交易记录如下：

（1）从可支配收入使用账户结转过来的净储蓄为192。

（2）应收资本转移为23，全部为其他应收资本转移；应付资本转移为5，其中，应付资本税为2，其他应付资本转移为3。

（3）获得新固定资产45，获得现有固定资产3，没有处置固定资产。

（4）存货变动价值为2。

（5）贵重物品的获得减处置为5。

（6）非生产资产的获得减处置为4。其中，有3个单位用于自然资源的获得减处置，1个单位用于合约、租约和许可的获得减处置。

根据以上资料，核算该住户部门本会计年度的净借出（+）或净借入（-），并编制资本账户（要求：固定资本形成总额编制到三级科目，其余资产科目编制到二级科目）。

我们可以采取如下步骤完成上面的工作。

第一步，核算资金筹集总额——由储蓄和资本转移引起的资产净值变化。

储蓄和资本转移引起的资产净值变化（210）= 净储蓄（192）+ 应收资本转移（23）- 应付资本转移（5）

第二步，核算非金融投资总额。

资本形成净额（32）= 固定资本形成净额（25）+ 存货变化（2）+ 贵重物品的获得减处置（5）

非金融投资总额（36）= 资本形成净额（32）+ 非生产资产获得减处置（4）

第三步，核算净借出（+）或净借入（-）

净借出（174）= 储蓄和资本转移引起的资产净值变化（210）- 非金融投资总额（36）

第四步，将以上核算结果和有关资料登录到资本账户（见表6-8）。

表6-8　　住户部门资本账户

资产变化		负债和资产净值变化	
资本形成总额	55	净储蓄	192
资本形成净额	32	应收资本转移	23
固定资本形成总额	48	应收投资补助	0
固定资本消耗	-23	其他应收资本转移	23
固定资本形成净额	25	应付资本转移	-5
存货变化	2	应付资本税	-2
贵重物品的获得减处置	5	其他应付资本转移	-3
非生产资产获得减处置	4		
自然资产获得减处置	3		
合约、租约和许可获得减处置	1		
净借出（+）	174	储蓄和资本转移引起的资产净值变化	210

从上面账户中的各个科目和各科目之间的平衡关系可以看出，住户部门通过从可支配收入使用账户结转过来净储蓄192，以及通过资本转移净额（应收资本转移23-应付资本转移5）18，共筹集到可以用于非金融投资的资金来源为210。

住户部门在购买非金融资产方面共支出36（不包括固定资本消耗）。其中主要用于购买生产资产32（包括固定资产获得减处置25，存货变化2和贵重物品获得减处置5），占全部支出的88.9%。其余4个单位用于非生产资产的获得减处置，占全部支出的11.1%。

由于住户部门没有将筹集到的资金全部用于非金融投资，从而形成了174个单位的资金盈余（净借出）。

住户部门接下来将会在金融市场把这部分资金用于金融投资。

二、金融账户

住户部门的金融账户是记录该部门的净借出（或净借入）资金如何受到所持有的金融资产和负债变化影响的账户。

（一）住户部门金融账户的科目

住户部门金融账户所包含的科目，除了没有金融资产分类中的货币黄金和特别提款权外，其他金融资产全部都包含在账户中。但由于不同金融资产的性质和作用不同，在住户部门的金融账户中也就分列在不同方。

1. 资产变化方的科目

在住户部门金融账户的资产变化方（左方）记录如下科目。

（1）金融资产净获得。住户部门的金融资产净获得是指该部门通过金融交易后所获得的金融资产，减去处置的金融资产后的差额。它表明住户部门在会计年度可以用来偿还债务和净借出（+）或净借入（-）的资金来源。

（2）通货和存款。住户部门所持有的通货和存款（包括通货、可转让存款和其他存款），是该部门的资产和金融部门的负债。

（3）债务性证券。住户部门所持有的债务性证券是该部门的资产，发行部门（包括非金融公司、金融公司和政府）的负债。

（4）贷款。住户部门作为金融资产的贷款是指该部门直接将资金借给债务人和以不可转让单据作为凭证所产生的金融资产。

（5）股权和投资基金份额/单位。住户部门持有的股权和投资基金份额/单位是该部门对发行单位的资产具有剩余索取权的资产。

（6）保险、养老金和标准化担保计划。住户部门持有的保险、养老金和标准化担保，是该部门向社会保险计划的缴款，并在同期或后期领取保险金（或得到赔付）。这类资产是金融机构进行财富调节或收入再分配的一种形式。住户部门持有资金，保险公司代表它们进行投资，并将一部分投资收入作为财产收入分配给住户部门，一部分作为额外缴款而返回。

（7）金融衍生工具和雇员股票期权。住户部门持有的金融衍生工具，是该部门持有的与某种特定金融工具或特定指标或特定商品挂钩的金融工具。住户部门通过金融衍生工具，就可以将特定的金融风险本身单独地在金融市场上交易。金融衍生工具的价值主要来自标的项目的参考价格。

雇员股票期权是雇主与雇员在授权日签订的一种协议。根据协议，在含权日或行权期内，雇员能够以约定价格购买约定数量的雇主股票。

（8）其他应收款。

2. 负债和资产净值变化方（右方）的科目

（1）负债净发生。住户部门的负债净发生是指该部门通过金融交易后所发生的金融负债，减去偿还的金融负债后的差额。它表明住户部门在会计年度需要偿还的债务数额。

（2）贷款。住户部门贷款是该部门直接向债权人借款和以不可转让单据作为凭证所产生的负债。

同其他机构部门一样，住户部门的贷款包括透支、分期付款贷款、分期付款购物信用和商业信用融资贷款等。

（3）其他应付款。

在住户部门金融账户的负债和资产净值变化方，除了上述三个主要科目外，有时也会在债务性证券、金融衍生工具和雇员股票期权等两个科目中发生一定的负债。不过，这些科目的交易额通常情况下都会比较小。

（二）住户部门金融账户的构成

【例 6-9】 据国家会计资料显示，上述经济总体的住户部门在某个会计年度所发生的各项金融交易活动如下：

1. 记录在金融资产变化方的金融交易活动包括：

（1）手持通货 10；存入金融机构的可转让存款 35，同期从金融机构取出可转让存款 8；其他存款 27。

（2）持有长期债务性证券 7；购买短期债务性证券 5，兑换到期短期证券 2，并一直作为资产持有。

（3）直接借给其他机构部门债务人的短期贷款 3。

（4）持有的股权为 53；期初投资基金份额/单位为 20；期间到期赎回 15，新购投资基金份额/单位 8。

（5）保险、养老金和标准化担保计划的金融资产中，各类资产分别为非寿险专门准备金 4；寿险和年金权益 22；养老金权益 11；非养老保险金权益 2；标准化担保代偿准备金 0。

（6）金融衍生工具为1；期初雇员股票期权为5，本会计年度内（行权期）雇员按执行价格购买雇主的股票为3。

（7）其他应收款为4。其中，商业信用和预付款为1；收回其他应收款2，新发生的其他应收款为5。

2. 记录在负债变化方的金融交易活动包括：

（1）新发生的贷款为20。其中，短期贷款为4，长期贷款为16。本会计年度偿还的贷款9。分别为短期2，长期7。

（2）其他应付款为4，全部为商业信用和预付款。

根据住户部门以上金融交易活动记录，分别核算该部门本会计年度金融资产净获得和金融负债净发生，列出净借出（+）或净借入（-）与金融资产净获得和金融负债净发生三者之间的平衡关系，并编制金融账户（要求：各类金融资产和负债要编制到二级子科目）。

金融资产净获得（189）=通货和存款（64）
+债务性证券（10）
+贷款（3）
+股权和投资基金份额（66）
+保险、养老金和标准化担保计划（39）
+金融衍生工具和雇员股票期权（3）
+其他应收款（4）

金融负债净发生（15）=贷款（11）+其他应付款（4）

净借出（174）金融资产净获得（189）-金融负债净发生（15）

将上述核算结果和经过整理后的会计记录填写到金融账户，即可形成如表6-9所示的住户部门金融账户。

从住户部门金融账户和各项科目之间的平衡关系可以看出，该部门本会计年度在资本形成过程中所形成的资金盈余（174），主要通过在金融市场净获得189个单位金融资产和净发生的负债15完成了金融投资活动。

首先，在金融资产净获得方面，住户部门尽管拥有的金融资产种类较为齐全（除了不可拥有的货币黄金和特别提款权外，其余七类金融资产全部拥有），但交易金额排在前三位的金融资产净获得金额、各自金融资产净获得金额占金融资产净获得总额的比重分别为股权和投资基金份额（66，34.9%）；通货和存款（64，33.9%）；保险、养老金和标准化担保计划（39，20.6%）。住户部门本会计年度净获得这三种金融资产的数额占到全部金融资产净获得数额的89.4%。这也充分体现出住户部门所拥有的金融资产的特征。

表 6－9　　住户部门金融账户

资产变化		负债和资产净值变化	
		净借出（+）	174
金融资产净获得	189	负债净发生	15
通货和存款	64		
通货	10		
可转让存款	27		
其他存款	27		
债务性证券	10	债务性证券	0
短期	3	短期	0
长期	7	长期	0
贷款	3	贷款	11
短期	3	短期	2
长期	0	长期	9
股权和投资基金份额/单位	66		
股权	53		
投资基金份额/单位	13		
保险、养老金和标准化担保计划	39		
非寿险专门准备金	4		
寿险和年金权益	22		
养老金权益	11		
非养老保险金权益	2		
标准化担保代偿准备金	0		
金融衍生工具和雇员股票期权	3	金融衍生工具和雇员股票期权	0
金融衍生工具	1	金融衍生工具	0
雇员股票期权	2	雇员股票期权	0
其他应收款	4	其他应付款	4
商业信用和预付款	3	商业信用和预付款	4
其他应收款	1	其他应付款	0

其次，在金融负债净发生方面，住户部门净发生的负债只有贷款和其他应付款两项，而且主要是贷款。在 15 个单位净发生的负债中，贷款为 11，占全部负债净发生金额的 73.3%。

三、其他积累账户

住户部门的其他积累账户同其他机构部门一样，也包括资产物量其他变化账户和重估价账户两个账户。

（一）资产物量其他变化账户

住户部门资产物量其他变化账户记录的是该部门在会计年度通过各种非交易活动的其他事件给资产负债价值和构成带来的变化。

【例 6－10】 据国家会计资料显示，上述经济总体的住户部门某个会计年度在其他事件方面有如下记录：

在资产变化方面，没有发生任何其他非交易事件而引起资产价值变化的记录。

在负债变化方面，未另分类物量其他变化增加的负债为 1，而且为金融负债。除此之外，没有发生其他负债。

将以上会计资料编入住户部门资产物量其他变化账户，即可得到如表 6－10 所示账户内容。

表 6－10　　住户部门资产物量其他变化账户

资产变化		负债和资产净值变化	
资产的经济出现	0		
非金融非生产资产的经济消失	0		
巨灾损失	0		
无偿没收	0		
未另分类物量的其他变化	0	未另分类物量的其他变化	1
		金融负债	1
分类变化	0	分类变化	0
物量其他变化合计	0	物量其他变化合计	1
		资产物量其他变化引起的资产净值变化	－1

（二）重估价账户

住户部门重估价账户是记录该部门名义持有损益，以及名义持有损益构成（包括中性持有损益和实际持有损益）具体情况的积累账户。

【例 6－11】 据国家会计资料显示，上述经济总体的住户部门在某个会计年度由于所持资产价格的变动，给其带来的各项持有损益分别为：

（1）由于持有非金融资产所获得的名义持有损益为 80。其中，非金融生产资产 35，包括固定资产 28、存货 2 和贵重物品 5；非金融非生产资产为 45，全部为自然资源。金融资产的名义持有损益为 16，包括债务性证券 6、股票和投资基金份额/单位 10。

由于持有负债产生的名义持有损益为 0。

（2）由于持有非金融资产所获得的中性持有损益为56。其中，非金融生产资产为34，包括固定资产28、存货2和贵重物品4；非金融非生产资产为22，全部为自然资源。金融资产的中性持有损益为36，分别包括通货和存款17、债务性证券4、股票和投资基金份额/单位9、保险、养老金和标准化担保计划5、其他应收款1。

由于持有负债所产生的中性持有损益为5，分别为贷款3和其他应付款2。

根据以上资料，分别核算该住户部门本会计年度由名义持有损益引起的资产净值变化额、由中性持有损益引起的资产净值变化额和实际持有损益引起的资产净值变化额，并将这三种持有损益引起的资产净值变化额连同相关资料一起编入重估价账户。

第一步，计算由名义持有损益引起的资产净值变化额和编制名义持有损益账户（见表6－11）。

$$\begin{matrix}\text{资产名义持有}\\ \text{损益（96）}\end{matrix} = \begin{matrix}\text{非金融资产名义}\\ \text{持有损益（80）}\end{matrix} + \begin{matrix}\text{金融资产名义}\\ \text{持有损益（16）}\end{matrix}$$

$$\begin{matrix}\text{名义持有损益引起的}\\ \text{资产净值变化（96）}\end{matrix} = \begin{matrix}\text{资产名义持有}\\ \text{损益（96）}\end{matrix} - \begin{matrix}\text{负债名义持有}\\ \text{损益（0）}\end{matrix}$$

表6－11　住户部门名义持有损益账户

资产变化		负债和资产净值变化	
名义持有损益合计	96		
非金融资产	80		
非金融生产资产	35		
固定资产	28		
存货	2		
贵重物品	5		
非金融非生产资产	45		
自然资源	45		
合约、租约和许可	0		
金融资产	16	负债	0
通货和存款	0	通货和存款	0
债务性证券	6	债务性证券	0
贷款	0	贷款	0
股票和投资基金份额/单位	10	股票和投资基金份额/单位	0
保险、养老金和标准化担保计划	0	保险、养老金和标准化担保计划	0
金融衍生工具和雇员股票期权	0	金融衍生工具和雇员股票期权	0
其他应收款	0	其他应付款	0
		名义持有损益引起的资产净值变化	96

第二步，计算由中性持有损益引起的资产净值变化额和编制中性持有损益账户（见表6－12）。

$$\text{资产中性持有损益}(92)=\text{非金融资产中性持有损益}(56)+\text{金融资产中性持有损益}(36)$$

$$\text{中性持有损益引起的资产净值变化}(87)=\text{资产中性持有损益}(92)-\text{负债中性持有损益}(5)$$

表6－12　住户部门中性持有损益账户

资产变化		负债和资产净值变化	
中性持有损益合计	92		
非金融资产	56		
非金融生产资产	34		
固定资产	28		
存货	2		
贵重物品	4		
非金融非生产资产	22		
自然资源	22		
合约、租约和许可	0		
金融资产	36	负债	5
通货和存款	17	通货和存款	0
债务性证券	4	债务性证券	0
贷款	0	贷款	3
股票和投资基金份额/单位	9	股票和投资基金份额/单位	0
保险、养老金和标准化担保计划	5	保险、养老金和标准化担保计划	0
金融衍生工具和雇员股票期权	0	金融衍生工具和雇员股票期权	0
其他应收款	1	其他应收款	2
		中性持有损益引起的资产净值变化	87

第三步，计算由实际持有损益引起的资产净值变化额和编制实际持有损益账户（见表6－13）。

由于本题没有给出住户部门由于所持有资产价格变化带来的实际持有损益，所以需要根据名义持有损益、中性持有损益和实际持有损益三者之间的换算关系，即用名义持有损益扣减中性持有损益后得到实际持有损益，分别计算出每种科目的实际持有损益，再将它们登录到实际持有损益账户中。

通过计算，各类科目的实际持有损益分别为：

非金融资产的实际持有损益为24，包括非金融生产资产1和非金融非生产资产23。其中，非金融生产资产的1为贵重物品；非金融非生产资产的23为自然资源。

金融资产的实际持有损益为－20，包括通货和存款－17、债务性证券2、股票和投资基金份额/单位1、保险、养老金和标准化担保计划－5、其他应收款－1。

负债的实际持有损益为－5，分别为贷款－3和其他应付款－2。

$$\begin{matrix}\text{资产实际持有}\\\text{损益（4）}\end{matrix}=\begin{matrix}\text{资产名义持有}\\\text{损益（96）}\end{matrix}-\begin{matrix}\text{资产中性持有}\\\text{损益（92）}\end{matrix}$$

$$\begin{matrix}\text{负债实际持有}\\\text{损益（－5）}\end{matrix}=\begin{matrix}\text{负债名义持有}\\\text{损益（0）}\end{matrix}-\begin{matrix}\text{负债中性持有}\\\text{损益（5）}\end{matrix}$$

$$\begin{matrix}\text{实际持有损益引起的}\\\text{资产净值变化（9）}\end{matrix}=\begin{matrix}\text{资产实际持有}\\\text{损益（4）}\end{matrix}-\begin{matrix}\text{负债实际持有}\\\text{损益（－5）}\end{matrix}$$

或，

$$\begin{matrix}\text{实际持有损益引起的}\\\text{资产净值变化（9）}\end{matrix}=\begin{matrix}\text{名义持有损益引起的}\\\text{资产净值变化（96）}\end{matrix}-\begin{matrix}\text{中性持有损益引起的}\\\text{资产净值变化（87）}\end{matrix}$$

表6－13　住户部门实际持有损益账户

资产变化		负债和资产净值变化	
实际持有损益合计	4		
非金融资产	24		
非金融生产资产	1		
固定资产	0		
存货	0		
贵重物品	1		
非金融非生产资产	23		
自然资源	23		
合约、租约和许可	0		
金融资产	－20	负债	－5
通货和存款	－17	通货和存款	0
债务性证券	2	债务性证券	0
贷款	0	贷款	－3
股票和投资基金份额/单位	1	股票和投资基金份额/单位	0
保险、养老金和标准化担保计划	－5	保险、养老金和标准化担保计划	0
金融衍生工具和雇员股票期权	0	金融衍生工具和雇员股票期权	0
其他应收款	－1	其他应收款	－2
		实际持有损益引起的资产净值变化	9

第四步，根据会计核算和管理需要，将以上三个持有损益账户编制成重估价合并账户（见表 6 - 14）。

表 6 - 14　　住户部门重估价账户

	资产变化		负债和资产净值变化	
名义持有损益	名义持有损益合计	96		
	非金融资产	80		
	非金融生产资产	35		
	非金融非生产资产	45		
	金融资产	16	负债	0
			名义持有损益引起的资产净值变化	96
中性持有损益	中性持有损益合计	92		
	非金融资产	56		
	非金融生产资产	34		
	非金融非生产资产	22		
	金融资产	36	负债	5
			中性持有损益引起的资产净值变化	87
实际持有损益	实际持有损益合计	4		
	非金融资产	24		
	非金融生产资产	1		
	非金融非生产资产	23		
	金融资产	-20	负债	-5
			实际持有损益引起的资产净值变化	9

对住户部门持有损益进行分析，可以发现有如下三个特征。

首先，从上述账户及平衡式的相关内容可以看出，住户部门在本会计年度内的名义持有损益主要由中性持有损益形成的。在 96 个单位的名义持有损益中，92 个单位的中性持有损益占到全部名义持有损益的 95.8%，高于经济总体中所有其他机构部门。这一数值表明，住户部门并没有因为持有资产的价格变动而获得多少额外的经济收益，相反，却有 95.8% 的持有损益与整个社会资产价格上涨的幅度持平，实际价值没有发生多大变化。从名义持有损益的资产构成看，非金融资产的名义持有损益（80）占到全部持有损益的 83.3%，低于政府部门的 97.8%；金融资产的名义持有损益（16）占全部名义持有损益的 16.7%。值得关注的是，金融资产名义持有损益的 16 是由于中性持有损益 36 多于实际持有损益（-20）形成的。同其他机构部门一样，住户部门 -20 的金融资产实际持有损益表明，该部门不仅没有因为持有金融资产获得多于整个社会资产价格上涨平均水平的格外收益，相反金融资产还贬值了 20 个单位的价值额。

其次，从负债持有损益方面分析，住户部门持有负债的名义持有损益，既没有因为价格水平变动而造成损失，也没有因为价格水平变动而带来收益。但分别从中性持有损益和实际持有损益方面看，住户部门在本会计年度所持有的部分负债，由于其价格变动水平与全社会价格变动水平持平而带来的损失（中性持有损失）为 5。同期，住户部门在本会计年度所持有的另一部分负债，由于其价格变动水平低于全社会价格变动水平使住户的负债减少了（实际持有损失）5。最终使住户部门的负债持有损失为 0。

最后，从资产净值变化角度看，整个会计年度由名义持有损益引起资产净值变化为 96，分别由中性持有损益引起资产净值变化 87（占名义持有损益 90.6%）和实际持有损益引起资产净值变化 9（占名义持有损益 9.4%）构成。这一构成表明，住户部门由所持资产（负债）价格变动所带来实际收益所引起的资产净值变化额不到全部资产名义持有损益引起的资产净值变化额的 10%。

第六节　资产负债表

住户部门资产负债表是记录该部门在会计年度某一时点编制的，其所拥有的资产、承担负债价值和资产净值的报表。住户部门资产负债表的表式结构和内容如同其他机构部门一样，而且也是由会计年度的期初资产负债表、资产负债变动表和期末资产负债表三张报表组成的报表体系。其中，期初资产负债表和期末资产负债表分别记录住户部门会计年度期初和期末资产、负债和资产净值（资产减负债）的存量价值。资产负债变动表则记录住户部门会计年度从期初到期末资产、负债和资产净值（资产减负债）的流量价值变动额。

【例 6－12】 据国家会计资料显示，上述经济总体的住户部门在某个会计年度期初资产负债存量和期间资产负债变动情况如下：

（1）住户部门本会计年度期初资产和负债存量。

住户部门本会计年度期初所拥有的非金融生产资产为 856，其中所包括的固定资产、存货和贵重物品价值分别为 713、48 和 95；非金融非生产资产为 573，全部为自然资源。

住户部门期初所拥有的金融资产分别为通货和存款 840，债务性证券 198，贷款 24，股票和投资基金份额/单位 1749，保险、养老金和标准化担保计划 391，金融衍生工具和雇员股票期权 3，其他应收款 55。

住户部门期初所承担的负债分别为通货和存款 10、债务性证券 2、贷款 169 和其他应付款 8。

（2）住户部门本会计年度期间资产和负债价值变动情况。

住户部门在本会计年度各类资产发生的变动金额为，非金融资产的净获得 116。其中，非金融生产资产为 67，包括 53 个单位的固定资产、4 个单位的存货和 10 个单位的贵重物品；非金融非生产资产为 49，包括 48 个单位的自然资源和 1 个单位的合约、租约与许可。

住户部门本会计年度净获得的金融资产分别为，通货和存款 64，债务性证券 16，贷款 3，股票和投资基金份额/单位 76，保险、养老金和标准化担保计划 39，金融衍生工具和雇员股票期权 3 以及其他应收款 4。

住户部门会计年度所承担负债的净增加额为 16，分别为贷款 11，保险、养老金和标准化担保计划 1 以及其他应付款 4。

根据以上资料分别核算住户部门本会计年度期初资产净值、期间资产净值变化额和期末资产净值，并结合住户部门会计年度的积累情况，按照资产负债表的登录规则，将上述会计资料和积累结果编制成资产负债表。

我们可以按以下四个步骤完成这项工作。

第一步，核算本会计年度期初的资产净值，编制期初资产负债表。

非金融资产（1429）＝非金融生产资产（856）＋非金融非生产资产（573）

金融资产（3260）＝通货和存款（840）
＋债务性证券（198）
＋贷款（24）
＋股票和投资基金份额/单位（1749）
＋保险、养老金和标准化担保计划（391）
＋金融衍生工具和雇员股票期权（3）
＋其他应收款（55）

资产合计（4689）＝非金融资产（1429）＋金融资产（3260）

负债合计（189）＝通货和存款（10）
＋债务性证券（2）
＋贷款（169）
＋其他应付款（8）

资产净值（4500）＝资产合计（4689）－负债合计（189）

将上述核算结果和有关期初具体资产负债资料登录到资产负债表，即可得到住户部门本会计年度期初资产负债表（见表6－15）。

表6－15　　住户部门期初资产负债表

资产存量		负债和资产净值存量	
资产合计	4689		
非金融资产	1429		
非金融生产资产	856		
固定资产	713		
存货	48		
贵重物品	95		
非金融非生产资产	573		
自然资源	573		
合约、租约和许可	0		
商誉和营销资产	0		
金融资产	3260	负债	189
通货和存款	840	通货和存款	10
债务性证券	198	债务性证券	2
贷款	24	贷款	169
股票和投资基金份额/单位	1749	股票和投资基金份额/单位	0
保险、养老金和标准化担保计划	391	保险、养老金和标准化担保计划	0
金融衍生工具和雇员股票期权	3	金融衍生工具和雇员股票期权	0
其他应收款	55	其他应付款	8
		资产净值	4500

第二步，核算本会计期间的资产净值变化额，编制资产负债变动表。

资产净值变化额可以通过以下两种方法中的任意一种核算得出。

一种方法是，根据上述会计资料已给出的具体科目变化情况，分别核算出资产价值变化额和负债价值变化额，然后再通过用资产变化合计减去负债变化合计得出。按照这种方法，资产净值变化额为：

非金融资产净获得（116）＝非金融生产资产净获得（67）
＋非金融非生产资产净获得（49）

金融资产净获得（205）＝通货和存款（64）
＋债务性证券（16）
＋贷款（3）
＋股票和投资基金份额/单位（76）
＋保险、养老金和标准化担保计划（39）
＋金融衍生工具和雇员股票期权（3）
＋其他应收款（4）

资产净获得（321）=非金融资产净获得（116）+金融资产净获得（205）

资产净值变化额（305）=资产净获得（321）-负债净发生（16）

另一种方法是，根据前面的积累账户，分别将由交易流量引起的资产净值变化额和由非交易流量引起的资产净值变化额相加求得。采用这种方法核算得到的资产净值变化额为：

资产净值变化总额（305）=由储蓄和资本转移引起的资产净值变化额（210）

+由资产物量其他变化引起的资产净值变化额（-1）

+由名义持有损益引起的资产净值变化额（96）

将上述核算结果和有关会计期间具体资产负债变动资料登录到资产负债变动表，即可得到住户部门本会计年度资产负债变动表（见表6-16）。

表6-16　　住户部门资产负债变动表

资产变化		负债和资产净值变化	
资产变动合计	321		
非金融资产	116		
非金融生产资产	67		
固定资产	53		
存货	4		
贵重物品	10		
非金融非生产资产	49		
自然资源	48		
合约、租约和许可	1		
商誉和营销资产	0		
金融资产	205	负债	16
通货和存款	64	通货和存款	0
债务性证券	16	债务性证券	0
贷款	3	贷款	11
股票和投资基金份额/单位	76	股票和投资基金份额/单位	0
保险、养老金和标准化担保计划	39	保险、养老金和标准化担保计划	1
金融衍生工具和雇员股票期权	3	金融衍生工具和雇员股票期权	0
其他应收款	4	其他应付款	4
		资产净值变化总额	305
		储蓄和资本转移引起资产净值变化	210
		资产物量其他变化引起资产净值变化	-1
		名义持有损益引起资产净值变化	96
		中性持有损益引起资产净值变化	87
		实际持有损益引起资产净值变化	9

第三步，核算本会计年度末有关各种资产负债的具体金额和资产净值，编制期末资产负债表。

依据期末资产（负债）等于期初资产（负债）加上期间资产（负债）变动额的换算关系，经过计算得到的有关期末各类资产和负债的具体金额如下：

非金融资产1545，包括非金融生产资产923（其中，固定资产766、存货52和贵重物品105）和非金融非生产资产622（其中，自然资源621，合约、租约与许可1）。

金融资产3465，包括通货和存款904、债务性证券214、贷款27、股票和投资基金份额/单位1825、保险、养老金和标准化担保计划430、金融衍生工具和雇员股票期权6、其他应收款59。

金融负债205，包括通货和存款10、债务性证券2、贷款180、保险、养老金和标准化担保计划1、其他应付款12。

期末资产总值（5010）＝期初资产总值（4689）＋资产净获得（321）

期末负债总值（205）＝期初负债总值（189）＋负债净发生（16）

期末资产净值（4805）＝期末资产总值（5010）－期末负债总值（205）

将上述核算结果和有关期末具体资产负债存量登录到资产负债表，即可得到住户部门本会计年度期末资产负债表（见表6－17）。

表6－17　　住户部门期末资产负债表

资产		负债和资产净值	
资产合计	5010		
非金融资产	1545		
非金融生产资产	923		
固定资产	766		
存货	52		
贵重物品	105		
非金融非生产资产	622		
自然资源	621	负债	205
合约、租约和许可	1	通货和存款	10
商誉和营销资产	0	债务性证券	2
金融资产	3465	贷款	180
通货和存款	904	股票和投资基金份额/单位	0
债务性证券	214	保险、养老金和标准化担保计	1
贷款	27	金融衍生工具和雇员股票期权	0
股票和投资基金份额/单位	1825	其他应付款	12
保险、养老金和标准化担保计划	430	资产净值	4805
金融衍生工具和雇员股票期权	6		
其他应收款	59		

第四步，编制住户部门本会计年度资产负债合并表。

将以上三个资产负债表加以合并，即可得到如表 6－18 所示的住户部门本会计年度资产负债合并表。

表 6－18　　　　住户部门资产负债表

	资产存量和变化		负债与资产净值存量和变化	
期初资产负债	资产合计	4689		
	非金融资产	1429		
	非金融生产资产	856		
	非金融非生产资产	573		
	金融资产	3260	负债	189
			资产净值	4500
资产负债变动	资产变动合计	321		
	非金融资产	116		
	非金融生产资产	67		
	非金融非生产资产	49		
	金融资产	205	负债	16
			资产净值变化总额	305
			储蓄和资本转移引起资产净值变化	210
			资产物量其他变化引起资产净值变化	－1
			名义持有损益引起资产净值变化	96
			中性持有损益引起资产净值变化	87
			实际持有损益引起资产净值变化	9
期末资产负债	资产合计	5010		
	非金融资产	1545		
	非金融生产资产	923		
	非金融非生产资产	622		
	金融资产	3465	负债	205
			资产净值	4805

从本会计年度期初到期末，住户部门经过一个完整的会计年度，它们的资产负债情况表现为如下特征：

（1）住户部门所拥有的资产由期初的 4689 增加到期末的 5010，增加了 321 个单位，增长率为 6.8%，高于政府部门 4.1% 和金融公司部门 6.48% 的增长率，但低于非金融公司部门 12.5% 的增长率。其中，非金融资产由期初的 1429 增加到期末的 1545，增加了

116，增长率为8.1%，高于政府部门的7.2%，但低于非金融公司部门13.9%的增长率。金融资产由期初的3260增加到期末的3465，增加的金额为205，增长率为6.3%。这一增长率高于政府部门2.3%的降低率，但低于非金融公司部门9.5%的增长率。

（2）住户部门所承担的负债由期初的189增加到期末的205，增加了16个单位，增长率为8.5%。其中，增加最多的负债是贷款（11），此一项负债的增加额就占到全部增加额的68.8%。

（3）住户部门在本会计年度由于各种交易活动和非交易引起资产净值增加了305个单位，最终使该部门的资产净值由期初的4500个单位增加到期末的4805个单位，增长率为6.8%。

（4）从住户部门的资产负债率来看，尽管由本会计年度期初的4.03%（189/4689）增加到期末的4.09%（205/5010），但只增加了0.6个百分点，仍维持在一个较低的水平。然而，如果从资产负债各自的增长量看，资产存量从期初到期末增加了321，而负债只增加了16，资产的增量是负债增量的20.1倍。资产存量增加的幅度大于负债增加的幅度，表明该经济总体中的住户部门财富积累的速度比较快。

【复习思考题】

1. 什么是住户？住户包括哪两种类型？
2. 简述住户的特点与功能。
3. 阐述住户部门的分类。
4. 简述住户部门生产的会计核算范围。
5. 简述雇员报酬的含义及其构成。
6. 什么是混合收入？它是对住户部门中哪类企业收入的测度？
7. 怎样编制住户部门的收入形成账户和初始收入分配账户？
8. 怎样编制住户部门的收入再分配账户和实物收入再分配账户？
9. 什么是住户部门最终消费支出？它包括哪些内容？
10. 什么是住户部门实际最终消费？它由哪几部分构成？
11. 怎样编制住户部门可支配收入使用账户和调整后可支配收入使用账户？
12. 住户部门的积累账户都包括哪些账户？如何编制这些账户？

第七章　为住户服务的非营利机构会计核算

【学习目标与要求】

1. 了解非营利机构的概念、特征及其不同非营利机构的归类；

2. 掌握为住户服务的非营利机构的概念和特征；

3. 了解为住户服务的非营利机构各类账户和资产负债表包含的科目及其编制方法。

第一节　为住户服务的非营利机构概述

一、非营利机构的含义及特征

国家会计中所定义的非营利机构不同于工商会计（微观会计）所定义的非营利机构，它是指这样一类法律或社会实体：创建非营利机构的目标虽然也是为了生产货物和服务，但其法律地位不允许那些建立它们、控制它们或为其提供资金的单位利用该实体获得收入、利润或其他财务收益。

非营利机构具有以下五个主要特征。

（1）非营利机构是按照法律程序成立的，被承认独立于成立它、向它提供资金、控制或管理它的个人、公司或政府单位的法律实体。

（2）许多非营利机构的控制者是团体，团体的成员有平等的权利和承担有限责任。

（3）不存在对非营利机构的利润或权利具有索取权的股东。

（4）非营利机构的政策决定权通常归属于一组由全体成员以简单多数原则投票选出来的管理人员、理事会或类似团体。

（5）非营利机构的定义主要源自控制非营利机构的团体的任何成员都不可以从其运营中获得财务利益，也不能将其所得的任何盈余划归己有。

二、非营利机构的类型及其归类

国家会计制度根据是否从事市场生产的标准，将非营利机构区分为从事市场生产的非营利机构和从事非市场生产的非营利机构两大类型。

（一）从事市场生产的非营利机构

从事市场生产的非营利机构是指那些以有显著经济意义的价格销售其大部分或全部产出的非营利机构。换句话说，如果某些非营利机构的销售价格会对它们愿意提供的数量和消费者愿意购买的数量有显著的影响，那么这些非营利机构就是从事市场生产的非营利机构。在社会经济活动中，常见的从事市场生产的非营利机构有学校、大学、诊所和医院等。

国家会计制度将从事市场生产的非营利机构作为非金融公司部门的一种子部门划归到非金融公司部门。

（二）从事非市场生产的非营利机构

从事非市场生产的非营利机构是指那些免费或以无显著经济意义的价格将产出提供给其他单位的非营利机构。

从事非市场生产的非营利机构又可以进一步分为两类：一类是由政府控制的非营利机构，这类归属于一般政府部门的子部门；另一类是没有被政府控制的非营利机构，该类称为“为住户服务的非营利机构”，在国家会计制度中将这类非营利机构的集合自成一个独立机构部门。

三、为住户服务的非营利机构（NPISH）

为住户服务的非营利机构（NPISH）是指那些不受政府控制的，专门从事非市场生产的非营利机构。

为住户服务的非营利机构具有以下三个特征。

（1）NPISH 是不受政府控制的 NPI，即其自身具有总体政策或规划的能力。

（2）NPISH 主要资金来源是控制它们的协会成员的定期缴款，或来自包括政府在内的第三方转移或捐款，或来自自身的财产收入。

（3）NPISH 所提供的货物或服务大部分属于个人消费。

第二节　生产账户

一、总产出的性质及其估价

国家会计理论认为，通常情况下，为住户服务的非营利机构所从事的大部分生产活动属于非市场生产活动，其总产出自然也属于非市场产出。尽管有时为住户服务的非营利机构在从事非市场生产活动的同时也从事少部分市场生产活动，并且在可能的情况下将二者加以区分，但实际中存在一定困难。因此，可以将该机构部门的所有总产出视为非市场产出。

对于为住户服务的非营利机构向住户部门免费提供的非市场产出价值的估价，可以按以下生产成本之和进行核算：

$$\begin{matrix}\text{非市场}\\\text{总产出价值}\end{matrix}=\begin{matrix}\text{中间}\\\text{消耗}\end{matrix}+\begin{matrix}\text{雇员}\\\text{报酬}\end{matrix}+\begin{matrix}\text{固定资本}\\\text{消耗}\end{matrix}+\begin{matrix}\text{其他生产税}\\\text{（减生产补贴）}\end{matrix}$$

二、生产账户的科目

为住户服务的非营利机构生产账户所包含的科目同其他机构部门相同，在账户的来源方只包括总产出一个科目。而且，根据 NPISH 的特点，总产出中只包含非市场产出一个子科目。在账户的使用方，分别包括中间消耗、固定资本消耗和增加值三个科目。

三、生产账户的内容及构成

【例 7-1】 据国家会计资料显示，某经济总体的为住户服务的非营利机构在某个会计年度的各项生产记录如下：

全年生产的总产出为32，而且全部为非市场产出。该部门在生产中投入的中间消耗为17，固定资本消耗为3。

根据以上资料，分别核算该部门本会计年度的总增加值和净增加值，并将核算结果和相关资料编入生产账户。

总增加值（15）＝总产出（32）－中间消耗（17）

净增加值（12）＝总增加值（15）－固定资本消耗（3）

将上述核算结果和会计资料编制成生产账户，就形成如表7－1所示的表式。

表7－1　　为住户服务的非营利机构生产账户

使用		来源	
中间消耗	17	总产出	32
		非市场产出	32
总增加值	15		
固定资本消耗	3		
净增加值	12		

从上面的数值可以看出，为住户服务的非营利机构在本会计年度通过生产提供给全社会使用的最终产品为15，占总产出32的46.9%。这一比例低于非金融公司部门的47.4%、金融公司部门的64.4%和住户部门的57.4%，而高于政府部门的36.2%。该部门生产中消耗的中间产品为17，占总产出的53.1%。

总而言之，为住户服务的非营利机构其最终产出占总产出的比重低于中间消耗占总产出的比重，表明该部门的经济效益不够理想。

第三节　收入分配账户

一、初始收入分配账户

由于为住户服务的非营利机构也参与了全社会的生产过程，或因其拥有生产活动所需资产的所有权而获得收入，所以该部门也参与了经济总体对生产成果所进行的直接分配，即收入初次分配。

记录为住户服务的非营利机构收入初次分配的账户同其他机构部门一样，也分为收入形成账户和初始收入分配账户。

（一）收入形成账户

为住户服务的非营利机构的收入形成账户记录的是该部门直接参与生产活动所创造的初始收入。

收入形成账户的来源方（右方）记录从生产账户结转过来的平衡科目——增加值；使用方（左方）记录增加值的各种使用科目，主要包括应支付给雇员的报酬和应缴纳的生产税减应收的生产补贴。

【例7-2】 据国家会计资料显示，上述经济总体的为住户服务的非营利机构在某个会计年度，对收入形成有以下记录：

从生产账户结转过来的总增加值为15，其中有3个单位的固定资本消耗。在生产过程中，应支付给雇员的报酬为11。其中，支付给雇员的工资和薪金为6，雇主替雇员缴纳的社会缴款为5。向政府部门应缴纳的其他生产税为1，没有从政府部门获得其他生产补贴。

依据上述会计记录核算该机构部门本会计年度的营业盈余，并编制收入形成账户（使用方的雇员报酬、生产税和进口税，以及补贴编制到二级科目）。

营业盈余总额（3）=总增加值（15）-雇员报酬（11）-其他生产税（1）

营业盈余净额（0）=营业盈余总额（3）-固定资本消耗（3）

为住户服务的非营利机构本会计年度的收入形成账户如表7-2所示。

表7-2　为住户服务的非营利机构收入形成账户

使用		来源	
雇员报酬	11	总增加值	15
工资和薪金	6	净增加值	12
雇主社会缴款	5		
生产税和进口税	1		
其他生产税	1		
补贴（-）	0		
其他生产补贴	0		
营业盈余总额	3		
营业盈余总额中的固定资本消耗	3		
营业盈余净额	0		

从上面的账户和各科目之间的平衡关系可以看出，为住户服务的非营利机构在本会计年度的收入形成环节，其增加值（收入）主要是由雇员创造的。雇员报酬一项收入（11）就占到总增加值（总收入）的73.3%。由于该部门主要从事的是非市场生产活动，其总产出都是免费或以没有显著经济意义价格出售的，因而最终的营业盈余净额为0。

（二）初始收入分配账户

为住户服务的非营利机构的初始收入分配账户记录的是除了本部门从收入形成账户结转过来的营业盈余外，还包括应收和应付的财产收入情况，以及通过收入初次分配后所获得的初始收入数额。

【例7-3】 上述经济总体的为住户服务的非营利机构在某个会计年度，有以下几笔有关初始收入分配科目的记录：

（1）从收入形成账户结转过来的营业盈余总额和净额分别为3和0；

（2）应收的财产收入为7，全部是应收利息。

（3）应付的财产收入为6，全部为应付利息。

根据以上会计资料核算该部门本会计年度的初始收入，并编制初始收入分配账户。

初始收入总额（4）=营业盈余总额（3）+应收财产收入（7）-应付财产收入（6）

初始收入净额（1）=营业盈余净额（0）+应收财产收入（7）-应付财产收入（6）

为住户服务的非营利机构本会计年度的初始收入分配账户如表7-3所示。

表7-3　　为住户服务的非营利机构初始收入分配账户

使用		来源	
		营业盈余总额	3
		营业盈余净额	0
应付财产收入	6	应收财产收入	7
利息	6	利息	7
地租	0	地租	0
初始收入总额	4		
初始收入净额	1		

从上述账户和平衡关系式可以看出，为住户服务的非营利机构在本该会计年度经过收入初次分配阶段，由于其应收的财产收入比应付的财产收入多了1个单位，从而使其初始收入净额为1。

二、收入再分配账户

为住户服务的非营利机构收入再分配账户记录的是该部门在收入初次分配的基础上，如何通过转移收支使得其初始收入转变成最终可供本部门使用的可支配的收入。

为住户服务的非营利机构如同政府部门和住户部门一样，其收入再分配账户也包含了收入再分配账户和实物收入再分配账户两个账户。

（一）收入再分配账户

为住户服务的非营利机构收入再分配账户记录的是该部门如何通过除了实物社会转移以外的经常转移收支活动，将初始收入转变成可供本部门最终支配使用的收入。

1. 收入再分配账户中的科目

在为住户服务的非营利机构的收入再分配账户中，除了从初始收入分配账户结转过来的平衡科目——初始收入，作为本账户的起始科目外，还包括经常转移和可支配收入两个科目。

（1）经常转移。经常转移是一个机构单位向另一个机构单位提供货物、服务或资产，但又不向后者索取任何货物、服务或资产作为与之直接对应的回报，并且交易的一方或双方无须获得或处置资产。

收入再分配账户中主要包括的三种经常转移分别是所得税、财产税等经常税；社会缴款和社会福利；其他经常转移。

由于多数国家的为住户服务的非营利机构都享受政府对所得税、财产税等经常税的减免优惠政策，所以，在该部门的收入再分配账户中，尽管所得税、财产税等经常税作为应付科目记录在账户的使用方，但实际中这一数值往往都为0；有一部分社会缴款作为为住户服务的非营利机构的收入来源，被记录在收入再分配账户的来源方。而实物社会转移以外的社会福利作为该部门的应付科目记录在账户的使用方；其他经常转移作为既有应收也有应付的科目分列在账户的来源方和使用方。

（2）可支配收入。为住户服务的非营利机构的可支配收入是指，该部门在初始收入基础上，通过收入再分配阶段中除实物社会转移以外的全部经常转移收支活动后所形成的，可供本部门最终支配使用的收入，是收入再分配账户的平衡科目。

2. 收入再分配账户的表式和构成

【例7-4】据国家会计资料记载，上述经济总体的为住户服务的非营利机构在某个会计年度的收入再分配阶段，有以下几项交易活动：

（1）从初始收入分配账户结转过来的初始收入总额和净额分别为 4 和 1。

（2）在应收的经常转移为科目中，净社会缴款为 4，包括雇主实际社会缴款 2、雇主虚拟社会缴款 1、住户实际社会缴款 1；其他经常转移 36，全部为杂项经常转移。

（3）在应付的经常转移科目中，实物社会转移以外的社会福利为 5；其他经常转移为 2，全部为杂项经常转移。

根据以上资料，核算该机构部门本会计年度的可支配收入，并编制收入再分配账户（要求：经常转移编制到三级科目）。

首先，根据上述会计资料汇总得知，为住户服务的非营利机构本会计年度的应收经常转移和应付经常转移分别为 40 和 7。

其次，该部门本会计年度的可支配收入总额和净额分别为：

$$\underset{\text{总额（37）}}{\text{可支配收入}} = \underset{\text{总额（4）}}{\text{初始收入}} + \underset{\text{转移（40）}}{\text{应收经常}} - \underset{\text{转移（7）}}{\text{应付经常}}$$

$$\underset{\text{净额（34）}}{\text{可支配收入}} = \underset{\text{净额（1）}}{\text{初始收入}} + \underset{\text{转移（40）}}{\text{应收经常}} - \underset{\text{转移（7）}}{\text{应付经常}}$$

最后，将上述资料和核算结果编入账户，便可得到为住户服务的非营利机构本会计年度的收入再分配账户（见表 7 -4）。

表 7 -4　　为住户服务的非营利机构收入再分配账户

使用		来源	
		初始收入总额	4
		初始收入净额	1
应付经常转移	7	应收经常转移	40
实物社会转移以外的社会福利	5	净社会缴款	4
其他经常转移	2	雇主实际社会缴款	2
杂项经常转移	2	雇主虚拟社会缴款	1
		住户实际社会缴款	1
		其他经常转移	36
		杂项经常转移	36
可支配收入总额	37		
可支配收入净额	34		

从上面的收入再分配账户和平衡关系式可以看出，为住户服务的非营利机构由于在收入再分配阶段的应收经常转移（40）多于应付经常转移（7）33 个单位，从而使其可支配收入比初始收入增加了 33。该部门本会计年度的可支配收入净额是初始收入净额的 34 倍。

从收入再分配的主要手段——经常转移收支构成看，为住户服务的非营利机构应收经常转移主要来源于其他经常转移，该项转移收入（36）占到全部应收经常转移（40）的90.0%。应付经常转移主要科目为实物社会转移以外的社会福利，该项支出（5）占到全部转移支出（7）的71.4%。

（二）实物收入再分配账户

为住户服务的非营利机构实物收入再分配账户是该部门收入再分配过程的一个延续账户。该账户记录的是为住户服务的非营利机构作为转出方，如何将本部门的一部分可支配收入通过实物社会转移的方式转移给住户部门，从而使本部门的可支配收入转变成调整后可支配收入。

为住户服务的非营利机构实物收入再分配账户除了从收入再分配账户结转过来的平衡科目——可支配收入作为该账户的起始科目外，还包括实物社会转移和调整后可支配收入两个科目。

【例7-5】据国家会计资料显示，上述经济总体的为住户服务的非营利机构在某个会计年度的实物收入再分配阶段，向住户部门应转出的实物社会转移为31，全部为非市场产出。

根据上述这笔会计记录，核算该为住户服务的非营利机构本会计年度的调整后可支配收入，并编制实物收入再分配账户。

调整后可支配收入总额（6）=可支配收入总额（37）-实物社会转移（31）

调整后可支配收入净额（3）=可支配收入净额（34）-实物社会转移（31）

表7-5所示的即是为住户服务的非营利机构实物收入再分配账户。

表7-5　为住户服务的非营利机构实物收入再分配账户

使用		来源	
		可支配收入总额	37
		可支配收入净额	34
实物社会转移	31		
非市场产出实物社会转移	31		
调整后可支配收入总额	6		
调整后可支配收入净额	3		

从上面账户中的数值可以看出，为住户服务的非营利机构经过实物社会转移后，其调整后的可支配收入总额（6）比可支配收入总额（37）减少了31个单位，降低了83.8%。结合该部门收入再分配账户，它们通过经常转移净额所获得的33个单位收入，除了2个

单位留作自身使用，31 个单位的转移收入又转给了住户部门，占到转移收入净额的 93.9%。由此可见，为住户服务的非营利机构的性质正如其部门的名字一样，主要是为住户进行最终消费提供了服务。

第四节　收入使用账户

为住户服务的非营利机构收入使用账户是用来记录该部门如何将可支配收入在最终消费和储蓄之间进行分配的序列账户。

由于为住户服务的非营利机构在收入再分配阶段存在收入再分配账户和实物收入再分配账户两个账户，所以对应收入再分配两个账户的平衡科目，为住户服务的非营利机构的收入使用账户分别有可支配收入使用账户和调整后可支配收入使用账户两个账户。

一、可支配收入使用账户

为住户服务的非营利机构可支配收入使用账户除了包含从前面收入再分配账户结转过来的平衡科目——可支配收入外，还包含最终消费支出和储蓄两个科目。

可支配收入作为可支配收入使用账户的起始科目记录在账户的来源方；最终消费支出和储蓄记录在账户的使用方。

（一）最终消费支出

1. 为住户服务的非营利机构最终消费支出的特点

为住户服务的非营利机构所承担的最终消费支出与政府部门相比，具有以下两个特点。

（1）支出的资金来源不同。政府部门支出的资金来源主要是税收，而为住户服务的非营利机构支出的资金来源主要是募捐、缴款、捐赠或财产收入。

（2）提供服务的对象不同。为住户服务的非营利机构的最终消费支出，除了大部分提供给个人消费支出外，只有少量资金用于公共消费支出。其中，用于个人消费支出部分仅限于附属于它们的成员。

2. 最终消费支出的分类

为住户服务的非营利机构的最终消费支出可以按以下几种不同方法进行分类。

（1）根据消费品或服务是由市场生产者生产还是非市场生产者生产进行分类。

（2）根据支出是用于个人消费品或服务还是公共服务进行分类。

（3）根据“为住户服务的非营利机构支出目的分类（COPNI）”的职能或目的进行分类。

（4）根据“主产品分类（CPC）”的货物或服务种类进行分类。

（二）储蓄

储蓄作为该账户的平衡科目，是指该部门没有用于最终消费支出的那部分可支配收入，分为总储蓄和净储蓄。

（三）可支配收入使用账户的构成和内容

【例7-6】据国家会计资料显示，上述经济总体的为住户服务的非营利机构在某个会计年度所发生的最终消费支出为32。其中，有31个单位为发生在个人的消费支出；另1个单位为公共消费支出。

根据以上会计资料，核算为住户服务的非营利机构本会计年度的总储蓄和净储蓄，并编制该部门的可支配收入使用账户。

总储蓄（5）=可支配收入总额（37）-最终消费支出（32）

净储蓄（2）=可支配收入净额（34）-最终消费支出（32）

将以上核算结果和相关资料编入可支配收入使用账户，即可得到如表7-6所示的为住户服务的非营利机构可支配收入使用账户内容和表式。

表7-6　为住户服务的非营利机构可支配收入使用账户

使用		来源	
		可支配收入总额	37
		可支配收入净额	34
最终消费支出	32		
个人消费支出	31		
公共消费支出	1		
总储蓄	5		
净储蓄	2		

从上述账户和各科目之间的平衡关系可以看出，为住户服务的非营利机构将最终消费支出（32）中的96.9%（31）用于个人消费支出，公共消费支出（1）只占到全部最终消费支出的3.1%。

二、调整后可支配收入使用账户

为住户服务的非营利机构调整后可支配收入使用账户是用来记录该部门如何将调整后可支配收入用于实际最终消费和储蓄的账户。

为住户服务的非营利机构的实际最终消费就是该部门用于公共服务上的消费，它等于其最终消费支出总额减去以实物社会转移形式提供给住户个人货物服务后的差额。

国家会计制度规定，如果不能识别和测算出为住户服务的非营利机构提供的公共服务，则在账户中就不显示该部门的实际最终消费。

【例 7 –7】 据国家会计资料显示，上述经济总体的为住户服务的非营利机构在某个会计年度，经过调整后所得到的可支配收入总额和净额分别为 6 和 3。同期，该部门用于公共实际最终消费的数额为 1。

依据上述资料，可以编制如表 7 – 7 所示的为住户服务的非营利机构调整后可支配收入使用账户。

表 7 –7　　为住户服务的非营利机构调整后可支配收入使用账户

使用		来源	
		调整后可支配收入总额	6
		调整后可支配收入净额	3
实际最终消费	1		
实际公共消费	1		
总储蓄	5		
净储蓄	2		

为住户服务的非营利机构调整后可支配收入使用账户中各科目之间的平衡关系为：

调整后可支配收入总额（6）–实际最终消费（1）=总储蓄（5）

调整后可支配收入净额（3）–实际最终消费（1）=净储蓄（2）

第五节　积累账户

为住户服务的非营利机构的积累账户同其他机构部门一样，也是由资本账户、金融账户、资产物量其他变化账户和重估价账户四个账户构成的一个账户体系。

一、资本账户

为住户服务的非营利机构的资本账户是记录该部门通过交易所获得的或处置的非金融资产价值、由储蓄和资本转移引起的资产净值变化的价值，以及通过非金融投资后所形成的资金余缺金额。

同其他机构部门一样，为住户服务的非营利机构的资本账户也包含了净储蓄、资本转移、储蓄和资本转移引起的资产净值变化、资本形成总额、资本形成净额、非金融非生产资产获得减处置、净借出（+）/净借入（-）七个科目。这些科目的含义、登录方法等也与其他机构部门同类账户相同。

【例7-8】据某国的国家会计资料显示，该国为住户服务的非营利机构在某个会计年度的各项资本交易活动记录如下：

（1）从可支配收入使用账户结转过来的净储蓄为2；

（2）没有收到相关的资本转移；应付资本转移为3，全部为其他资本转移；

（3）获得7个单位的固定资产，同期处置的固定资产为2；

（4）存货没有发生变动；

（5）没有进行贵重物品获得减处置交易；

（6）非生产资产的获得减处置为1，用于获得自然资源。

根据以上资料，核算为住户服务的非营利机构该会计年度的净借出（+）/净借入（-），并编制资本账户。

要核算该部门的净借出（+）/净借入（-），需要首先分别核算资金筹集总额和资金运用总额，然后将二者相减便可得到净借出（+）/净借入（-）。

资金筹集总额就是由储蓄和资本转移引起的资产净值变化额。

$$\text{储蓄和资本转移引起的资产净值变化}(-1)=\text{净储蓄}(2)+\text{应收资本转移}(0)-\text{应付资本转移}(3)$$

$$\text{资本形成净额}(2)=\text{固定资本形成净额}(2)+\text{存货变化}(0)+\text{贵重物品的获得减处置}(0)$$

$$\text{资金运用总额}(3)=\text{资本形成净额}(2)+\text{非生产资产获得减处置}(1)$$

$$\text{净借入}(-4)=\text{储蓄和资本转移引起的资产净值变化}(-1)-\text{资金运用总额}(3)$$

将以上核算结果和相关记录登入资本账户，即可得到如表 7－8 所示的账户形式与内容。

表 7－8　　为住户服务的非营利机构资本账户

资产变化		负债和资产净值变化	
资本形成总额	5	净储蓄	2
资本形成净额	2	应收资本转移	0
固定资本形成总额	5	应付资本转移	－3
固定资本获得减处置	5	应付资本税	0
固定资本消耗	－3	其他应付资本转移	－3
存货变化	0		
贵重物品的获得减处置	0		
非生产资产获得减处置	1		
自然资产获得减处置	1		
		储蓄和资本转移引起的资产净值变化	－1
净借入（－）	－4		

从上面账户中的各个科目和各科目之间的平衡关系可以看出，为住户服务的非营利机构在资金筹集方面，只有通过从可支配收入使用账户结转过来净储蓄 2，不仅没有通过应收资本转移渠道筹措到资金，相反，还由于其他应付资本转移减少了 3 个单位的资金，进而使得由储蓄和资本转移引起的资产净值变为－1。

为住户服务的非营利机构在购买非金融资产方面共支出 3（不包括固定资本消耗）。其中用于购买生产资产为 2（全部用于购置固定资产），另外 1 个单位用于非生产资产中的自然资源。

由于为住户服务的非营利机构没有筹集到足够的资金用于购买非金融资产，从而产生了 4 个单位的资金短缺，需要从金融市场融资来弥补。

二、金融账户

为住户服务的非营利机构的金融账户是记录该部门的净借出（或净借入）资金如何受到所持有的金融资产和负债变化影响的账户。

由于为住户服务的非营利机构全都是以免费或没有显著经济意义的价格提供货物和服务，而且资金来源主要是会员会费或缴款，或是社会公众、公司或政府的捐赠，因此，尽管理论上该部门可以在金融市场上进行与其他部门相同的各类金融交易，但实际上其在金融账户中涉及的金融资产类别并不多。

【例7-9】上述经济总体的为住户服务的非营利机构在某个会计年度获得的各项金融资产和发生的负债金额如下：

（1）手持通货1；存入金融机构的可转让存款3，同期从金融机构取出可转让存款2。

（2）处置了1个单位的长期债务性证券。

（3）净获得了1个单位的其他应收款。

（4）在负债方面，净发生的贷款为6。除此之外没有发生其他负债。

$$\frac{\text{金融资产}}{\text{净获得}(2)}=\frac{\text{通货和存款}}{(2)}+\frac{\text{债务性证券}}{(-1)}+\frac{\text{其他应收款}}{(1)}$$

金融负债净发生（6）=贷款（6）

净借入（-4）=金融资产净获得（2）-金融负债净发生（6）

将上述核算结果和会计记录整理后填写到金融账户，即可形成如表7-9所示的为住户服务的非营利机构金融账户。

表7-9　为住户服务的非营利机构金融账户

资产变化		负债和资产净值变化	
		净借入（-）	-4
金融资产净获得	2	金融负债净发生	6
通货和存款	2	债务性证券	0
通货	1	贷款	6
可转让存款	1	金融衍生工具和雇员股票期权	0
债务性证券	-1	其他应付款	0
贷款	0		
股权和投资基金份额/单位	0		
保险、养老金和标准化担保计划	0		
金融衍生工具和雇员股票期权	0		
其他应收款	1		
其他应收款	1		

三、其他积累账户

为住户服务的非营利机构的其他积累账户同其他机构部门一样，也包括资产物量其他变化账户和重估价账户两个账户。

（一）资产物量其他变化账户

为住户服务的非营利机构资产物量其他变化账户记录的是该部门在会计年度通过各种非交易活动的其他事件给资产负债价值和构成带来的变化。

尽管从理论上讲，为住户服务的非营利机构的资产物量其他变化账户也可以包含所有科目，但由于日常经济活动中该部门所持有的资产和承担的负债都不具有一定规模，比如在联合国等国际组织编写的《2008 国民账户体系（System of National Accounts 2008）》案例中，就将为住户服务的非营利机构的资产物量其他变化账户所有科目假设为 0，因此，本书在此也不详细阐述该部门此账户的具体内容，有关表式和构成可以参考其他部门的此类账户。

（二）重估价账户

为住户服务的非营利机构重估价账户是记录该部门名义持有损益，以及名义持有损益构成（中性持有损益和实际持有损益）具体情况的账户。

【例 7－10】 据国家会计资料显示，上述经济总体的为住户服务的非营利机构在某个会计年度的各项持有损益情况为：

（1）由于持有非金融资产所应得的名义持有损益为 8。其中，非金融生产资产为 5，全部为固定资产；非金融非生产资产为 3，全部为自然资源。

金融资产的名义持有损益为 2，分别为债务性证券 1 和股票和投资基金份额/单位 1。

持有的负债名义持有损益为 0。

（2）在 8 个单位的非金融资产名义持有损益中，中性持有损益为 6，分别为非金融生产资产 5，全部为固定资产；非金融非生产资产 1，为自然资源。

金融资产的中性持有损益为 3，分别为通货和存款 2、债务性证券 1。

负债的中性持有损益为 3，分别为通货和存款 1、债务性证券 1。

如果将为住户服务的非营利机构上述有关持有损益的会计资料，以及通过计算得到的实际持有损益资料按照合并原则编制成该部门重估价账户，便可得到如表 7－10 所示的账户表式和内容①。

① 由于为住户服务的非营利机构的重估价账户在本书整个内容体系中不占有重要的地位，故在此为简化起见，就不像其他机构部门那样分别编制三个持有损益账户，而只编制一个合并的重估价账户。读者如果要了解该机构部门三个持有收益账户内容，可以借鉴别的机构部门，采用本部分所给的已知资料试着编制这三个账户。

表 7－10　　为住户服务的非营利机构重估价账户

	资产变化		负债和资产净值变化	
名义持有损益	名义持有损益合计	10		
	非金融资产	8		
	非金融生产资产	5		
	非金融非生产资产	3		
	金融资产	2	负债	0
			名义持有损益引起的资产净值变化	10
中性持有损益	中性持有损益合计	9		
	非金融资产	6		
	非金融生产资产	5		
	非金融非生产资产	1		
	金融资产	3	负债	3
			中性持有损益引起的资产净值变化	6
实际持有损益	实际持有损益合计	1		
	非金融资产	2		
	非金融生产资产	0		
	非金融非生产资产	2		
	金融资产	－1	负债	－3
			实际持有损益引起的资产净值变化	4

为住户服务的非营利机构重估价账户中各项科目之间的平衡关系如下：

资产变化方：

$$\text{资产名义持有损益（10）}=\text{资产中性持有损益（9）}+\text{资产实际持有损益（1）}$$

$$\text{资产名义持有损益（10）}=\text{非金融资产名义持有损益（8）}+\text{金融资产名义持有损益（2）}$$

其中，

$$\text{非金融资产名义持有损益（8）}=\text{非金融资产中性持有损益（6）}+\text{非金融资产实际持有损益（2）}$$

$$\text{金融资产名义持有损益（2）}=\text{金融资产中性持有损益（3）}+\text{金融资产实际持有损益（－1）}$$

负债和资产净值变化方：

$$\frac{负债名义持有}{损益（0）} = \frac{负债中性持有}{损益（3）} + \frac{负债实际持有}{损益（-3）}$$

$$\frac{名义持有损益引起的}{资产净值变化（10）} = \frac{中性持有损益引起的}{资产净值变化（6）} + \frac{实际持有损益引起的}{资产净值变化（4）}$$

对为住户服务的非营利机构持有损益进行分析，可以发现有如下特征。

首先，由于该部门所持有的资产和负债规模都比较小，因此，该部门持有它们所引起的各种持有损益的数额也都比较小。

其次，从负债持有损益方面分析，为住户服务的非营利机构一方面由于所承担的一部分负债价格上涨水平同整个社会负债价格上涨水平持平，造成 3 个单位的损失；另一方面，由于一部分负债的价格上涨水平低于整个社会债务上涨水平，进而产生 3 个单位的收益（负债减少），最终使得负债的名义持有损益为 0。

最后，从资产净值变化角度看，整个会计年度由名义持有损益引起资产净值变化为 10，分别由中性持有损益引起资产净值变化 6（占名义持有损益 60.0%）和实际持有损益引起资产净值变化 4（占名义持有损益 40.0%）构成。

第六节　资产负债表

为住户服务的非营利机构资产负债表是记录该部门在某一时点编制的，记录其所拥有的资产、承担负债价值和资产净值的报表。为住户服务的非营利机构资产负债表的表式结构和内容如同其他部门一样，而且也是由会计年度期初资产负债表、资产负债变动表和期末资产负债表三张报表组成的报表体系。

【例 7－11】 据国家会计资料显示，上述经济总体的为住户服务的非营利机构在某个会计年度期初和期间的资产负债存量和变动情况如下：

（1）会计年度期初所拥有的非金融生产资产为 124，其中所包括的固定资产、存货和贵重物品分别为 121、1 和 2；非金融非生产资产为 35，全部为其拥有的自然资源。

期初所拥有的金融资产分别为通货和存款 110，债务性证券 25，贷款 8，股票和投资基金份额/单位 22，保险、养老金和标准化担保计划 4，其他应收款 3。

期初所承担的负债分别为通货和存款 38，贷款 43，保险、养老金和标准化担保计划 5，其他应付款 35。

（2）会计年度期间各类资产发生的变动如下：新获得的非金融生产资产为 9，同期处置的非金融生产资产为 2，获得和处置的资产全部为固定资产；净获得的非金融非生产资产为 4，全部为新净获得的自然资源。

会计期间净获得了 4 个单位的金融资产，分别为通货和存款 2、股票和投资基金份额/单位 1 以及其他应收款 1。

本会计年度所承担负债的新增加金额为 8，同期偿还的负债为 2，新增和处置的负债全部为贷款。

根据以上会计资料，分别核算为住户服务的非营利机构本会计年度期初资产净值、期间的资产净值变化额和期末资产净值，并按照资产负债表的登录规则，将为住户服务的非营利机构上述会计资料和核算结果登录到资产负债表。

我们可以按以下步骤完成本例中所要求做的工作。

第一步，核算期初资产净值，并编制期初资产负债表。

$$\text{期初非金融资产合计（159）}=\text{非金融生产资产（124）}+\text{非金融非生产资产（35）}$$

期初金融资产合计（172）=通货和存款（110）
+债务性证券（25）
+贷款（8）
+股票和投资基金份额/单位（22）
+保险、养老金和标准化担保计划（4）
+其他应收款（3）

期初资产合计（331）=非金融资产合计（159）+金融资产合计（172）

期初负债合计（121）=通货和存款（38）
+贷款（43）
+保险、养老金和标准化担保计划（5）
+其他应付款（35）

期初资产净值（210）=资产合计（331）-负债合计（121）

将上述核算结果连同第（1）部分所给出的会计资料登录到资产负债表中，就可以编制出为住户服务的非营利机构期初资产负债表（见表 7-11）。

表 7－11　　为住户服务的非营利机构期初资产负债表

资产		负债和资产净值	
资产合计	331		
非金融资产	159		
非金融生产资产	124		
固定资产	121		
存货	1		
贵重物品	2		
非金融非生产资产	35		
自然资源	35		
合约、租约和许可	0		
商誉和营销资产	0		
金融资产	172	负债	121
通货和存款	110	通货和存款	38
债务性证券	25	债务性证券	0
贷款	8	贷款	43
股票和投资基金份额/单位	22	股票和投资基金份额/单位	0
保险、养老金和标准化担保计划	4	保险、养老金和标准化担保计划	5
金融衍生工具和雇员股票期权	0	金融衍生工具和雇员股票期权	0
其他应收款	3	其他应付款	35
		资产净值	210

第二步，核算资产净值变化额，并编制资产负债变动表。

非金融资产变动合计（11）= 非金融生产资产变动（7）+ 非金融非生产资产变动（4）

资产变动合计（15）= 非金融资产变动合计（11）+ 金融资产变动合计（4）

负债变动合计（6）= 贷款（8）－贷款（2）

资产净值变化额（9）= 资产变动合计（15）－ 负债变动合计（6）

将上述核算结果连同第（2）部分所给出的会计资料登录到资产负债表中，就可以编制出为住户服务的非营利机构期初资产负债变动表（见表 7－12）。

表 7－12　　为住户服务的非营利机构资产负债变动表

资产变化		负债和资产净值变化	
资产变动合计	15		
非金融资产净获得	11		
非金融生产资产	7		
固定资本获得减处置	7		
存货变化	0		
贵重物品获得减处置	0		
非金融非生产资产	4		
自然资源	4		
合约、租约和许可	0		
商誉和营销资产	0		
金融资产净获得	4	负债	6
通货和存款	2	通货和存款	0
债务性证券	0	债务性证券	0
贷款	0	贷款	6
股票和投资基金份额/单位	1	股票和投资基金份额/单位	0
保险、养老金和标准化担保计划	0	保险、养老金和标准化担保计划	0
金融衍生工具和雇员股票期权	0	金融衍生工具和雇员股票期权	0
其他应收款	1	其他应付款	0
		资产净值变化总额	9
		储蓄和资本转移引起的资产净值变化	－1
		资产物量其他变化引起的资产净值变化	0
		名义持有损益引起的资产净值变化	10
		中性持有损益引起的资产净值变化	6
		实际持有损益引起的资产净值变化	4

第三步，核算期末资产净值，编制期末资产负债表。

期末非金融资产合计（170）＝期初非金融资产合计（159）＋非金融资产净获得（11）

期末金融资产合计（176）＝期初金融资产合计（172）
＋金融资产变动合计（4）

期末资产合计（346）＝期末非金融资产合计（170）＋期末金融资产合计（176）

期末负债合计（127）＝期初负债合计（121）＋负债变动合计（6）

期末资产净值（219）＝期末资产合计（346）－期末负债合计（127）

由于本题只给出了期初资产负债存量和期间资产负债变化额，要编制期末资产负债表，就需要依据期末资产（负债）存量等于期初资产（负债）存量加上期间资产（负债）变动额的换算关系和已有资料，分别计算出期末各类科目的存量，然后再将它们登录到资产负债表中。

为住户服务的非营利机构期末各类资产负债的存量如下：

非金融生产资产 131，包括固定资产 128、存货 1、贵重物品 2；非金融非生产资产 39，全部为自然资源。

金融资产 176，分别为通货和存款 112，债务性证券 25，贷款 8，股票和投资基金份额/单位 23，保险、养老金和标准化担保计划 4，其他应收款 4。

负债 127，分别为通货和存款 38，贷款 49，保险、养老金和标准化担保计划 5，其他应付款 35。

将以上相关资料登录到资产负债表，即可得到如表 7－13 所示的为住户服务的非营利机构期末资产负债表。

表 7－13　　为住户服务的非营利机构期末资产负债表

资产		负债和资产净值	
资产合计	346		
非金融资产	170		
非金融生产资产	131		
固定资产	128		
存货	1		
贵重物品	2		
非金融非生产资产	39		
自然资源	39		
合约、租约和许可	0		
商誉和营销资产	0		
金融资产	176	负债	127
通货和存款	112	通货和存款	38
债务性证券	25	债务性证券	0
贷款	8	贷款	49
股票和投资基金份额/单位	23	股票和投资基金份额/单位	0
保险、养老金和标准化担保计划	4	保险、养老金和标准化担保计划	5
金融衍生工具和雇员股票期权	0	金融衍生工具和雇员股票期权	0
其他应收款	4	其他应付款	35
		资产净值	219

第四步，根据需要，将上述三个资产负债表编制成一张资产负债表合并报表（见表7－14）。

表7－14　　为住户服务的非营利机构资产负债表

	资产存量和变化		负债和资产净值存量和变化	
期初资产负债	资产合计	331		
	非金融资产	159		
	非金融生产资产	124		
	非金融非生产资产	35		
	金融资产	172	负债	121
			资产净值	210
资产负债变动	资产变动合计	15		
	非金融资产净获得	11		
	非金融生产资产	7		
	非金融非生产资产	4		
	金融资产净获得	4	负债净发生	6
			资产净值变化总额	9
			储蓄和资本转移引起资产净值变化	－1
			资产物量其他变化引起资产净值变化	0
			名义持有损益引起资产净值变化	10
			中性持有损益引起资产净值变化	6
			实际持有损益引起资产净值变化	4
期末资产负债	资产合计	346		
	非金融资产	170		
	非金融生产资产	131		
	非金融非生产资产	39		
	金融资产	176	负债	127
			资产净值	219

从本会计年度期初到期末，为住户服务的非营利机构的资产负债情况表现为如下特征：

（1）该部门所拥有的资产由期初的331增加到期末的346，增加了15个单位，增长率为4.5%。其中，非金融资产由期初的159增加到期末的170，增加了11，自身增长率为6.9%，在全部资产中的增长率为3.3%；金融资产由期初的172增加到期末的176，增加金额为4，自身增长率为2.3%，在全部资产中的增长率为1.2%。

（2）该部门所承担的负债由期初的121增加到期末的127，增加了6个单位，增长率为5.0%。其中，新增的负债全部为贷款。

（3）由于各种交易活动和非交易引起资产净值增加了9个单位，最终使该部门的资产净值由期初的210个单位增加到期末的219个单位，增加了4.3%。

（4）该部门的资产负债率比较稳定且保持在一个较低水平上，会计年度期初和期末分别为的36.6%（121/331）和36.7%（127/346），这与该部门的性质是密切相关的。

【复习思考题】

1. 什么是非营利机构？它具有哪些特征？
2. 非营利机构有哪几种？它们是如何归类的？
3. 简述为住户服务的非营利机构概念及其特征。
4. 为住户服务的非营利机构生产账户中来源方的总产出是什么性质的产出？
5. 简述为住户服务的非营利机构收入分配账户所包括的科目。
6. 为住户服务的非营利机构最终消费支出与政府部门最终消费支出有哪些不同？
7. 为住户服务的非营利机构的实际最终消费用于哪种消费？在记账时如何处理该部门的实际最终消费？
8. 为什么为住户服务的非营利机构在金融交易活动方面的数额较其他机构部门少？

第八章 经济总体会计核算

【学习目标与要求】

1. 掌握经济总体的概念和特点；

2. 掌握各类部门综合账户的基本框架、功能和编制方法；

3. 掌握经济总体生产账户包含的科目、编制的步骤和方法；

4. 掌握经济总体各类收入分配账户和收入使用账户的编制步骤和方法；

5. 掌握经济总体各类积累账户和资产负债表的编制步骤和方法。

第一节 经济总体会计核算的基本问题

一、经济总体的概念和特点

国家会计中的经济总体是指在一个国家经济领土范围内，由所有常住机构单位所组成的整体。

正确理解经济总体的内涵，需要注意以下几点（经济总体的特点）。

（一）经济总体强调机构单位的“常住性”

实际上，一个国家的经济总体是由许许多多个常住单位组成的。所谓常住单位就是指在一个国家经济领土范围内，拥有一个主要经济利益中心的机构单位。国家会计在判定一个机构单位是否属于某个经济总体时，其标准就看这个机构单位是否是该经济总体的常住单位，而并不是人们传统意义上的所谓“国土原则”或“国民原则”。

我们在理解常住单位的概念时，有两个要点需要正确把握，其中一个是经济领土，另一个是经济利益中心。

经济领土是指由单一政府进行有效经济控制的区域。一个国家的经济领土不同于该国的地理领土，它是在以地理领土为主体的基础上，通过某些加减项后所得到的领土范围。经济领土涵盖包括岛屿在内的陆地区域、领空、领水和物理上位于其他领土上的国外领土飞地（如免受所在领土法律管辖的大使馆、领事馆、军事基地、科研站、信息和移民机构），以及一些特殊区域，如自由贸易区和离岸金融中心等，但不包括物理上位于本国领土上的国际组织和其他政府的飞地。

如果一个机构单位在一个国家的经济领土范围内，利用一些地点、住宅、生产场地或其他活动场所，从事而且有意持续（一年或一年以上）从事具有显著规模的经济活动或交易，那么就可以认为这个机构单位在该国经济领土范围内具有一个主要经济利益中心。

（二）经济总体与国外

构成一国经济总体的基本元素是常住单位。与常住单位对应的是非常住单位。非常住单位就是那些其他经济总体的常住单位。国家会计将所有非常住单位的集合称为国外。一个经济总体的常住单位会与非常住单位发生交易。这些交易是该经济总体的对外交易，归国外核算。国外的作用与机构部门类似。

（三）经济总体与国民经济

传统意义上，人们习惯于将一个国家的整体经济称为国民经济。从这一角度看，国家会计中的经济总体就等同于国民经济。但严格意义上讲，二者是有所区别的。“国民经济”一既不规范也不严谨，是一个很容易引起歧义的概念。这主要在于，一方面，国民经济所涵盖的范围可大可小，人们既可以将一个国家的整体经济称为国民经济，也可以将一个地区，甚至一个单位的经济称为国民经济。另一方面，“国民”一词很容易使人们以为区分一国经济与别国经济的标准就是国民的原则，误认为只要一个公民属于某国的国民（国籍），他（她）的所有经济活动就属于该国核算的范围。实际上，按照国际惯例，在确定经济总体范围时从来没用过所谓“国民原则”和“国土原则”，而是强调机构单位的常住性，即常住单位。这也是国家会计在核算一个国家的总体经济时用经济总体而不用国民经济的原因所在。

二、经济总体会计核算与机构部门会计核算和机构单位会计核算的关系

经济总体会计核算与部门会计核算、单位会计核算之间既有联系又有区别。

（一）三种会计核算之间的联系

三者的联系表现在逐级包含关系。所有经济总体会计科目的数值都是各机构部门会计科目汇总的结果，而每个机构部门会计科目的数值都是由各自机构部门内部所有机构单位会计科目汇总而成的。三者之间呈现一种由机构单位会计核算（微观会计、商业会计）→机构部门会计核算（中观会计）→经济总体会计核算（宏观会计、国家会计）逐级递进、包含与被包含的关系。三种会计核算的具体关系如图 8－1 所示。

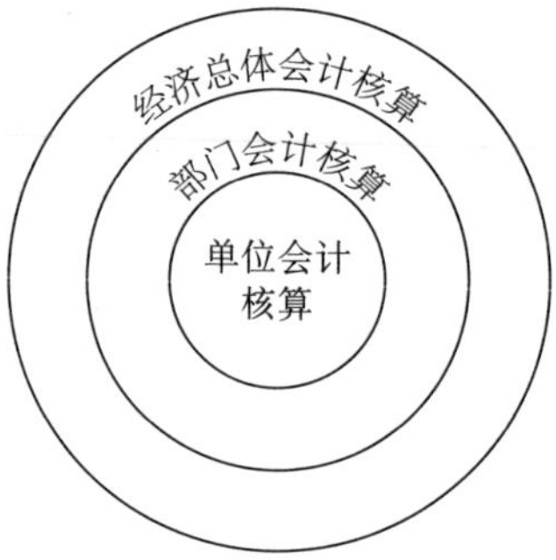

图 8－1　经济总体会计核算、部门会计核算和单位会计核算的联系

（二）三种会计核算之间的区别

三种会计核算之间主要存在以下五个方面的区别。

1. 三种会计核算的对象和范围不同

经济总体会计核算的对象和范围是整个国家经济总体的所有经济活动（包括经济总体与国外之间的经济交往）；机构部门会计核算的对象和范围则是某个机构部门的所有经济活动（包括本机构部门与本机构部门以外其他经济主体之间的经济交往）；机构单位会计核算的对象和范围则是本单位所有经济活动（包括本单位与本单位以外其他经济主体之间的经济交往）。

2. 三种会计核算的层次不同

机构单位会计核算属于微观会计核算，是最基本、最基础的会计核算；机构部门会计核算属于中观会计核算，是机构单位会计核算和经济总体会计核算的中间层次会计核算；经济总体会计核算属于宏观会计核算，是最高层次的会计核算。三者之间的关系和作用如图 8－2 所示。

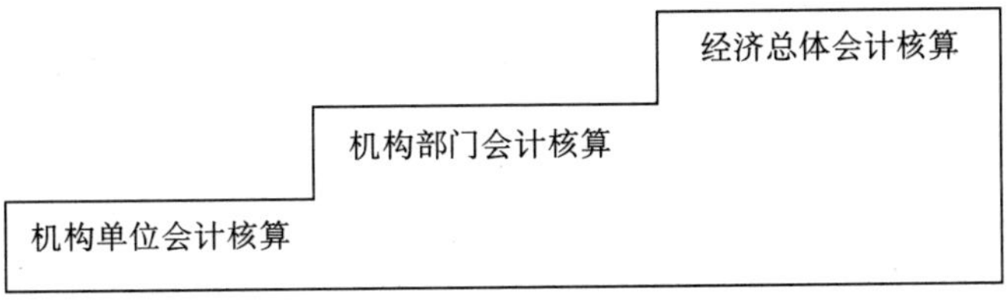

图 8－2　三种会计核算之间的关系和作用

3. 三者在一些账户平衡科目上的名称不同

由于三种会计核算在核算范围上存在差异，由此使得国家会计在一些账户平衡科目的名称设置上与另两种会计核算也有所不同。比如，在生产账户中，经济总体生产账户的平衡科目称为国内生产总（净）值，机构部门和机构单位生产账户的平衡科目称为总（净）增加值。三种会计部分账户平衡科目的名称如表 8－1 所示。

表 8－1　　经济总体会计、机构部门会计和机构单位会计部分账户平衡科目名称

账户	经济总体会计平衡科目	部门和单位会计平衡科目
生产账户	国内生产总（净）值	总（净）增加值
初始收入分配账户		
收入形成账户	营业盈余总（净）额	营业盈余总（净）额 混合收入总（净）额
初始收入分配账户	国民总（净）收入	初始收入总（净）额
收入再分配账户		
收入再分配账户	国民可支配收入总（净）额	可支配收入总（净）额
实物收入再分配账户	调整后国民可支配收入总（净）额	调整后可支配收入总（净）额
收入使用账户		
可支配收入使用账户	国民总（净）储蓄	总（净）储蓄
调整后可支配收入使用账户	国民总（净）储蓄	总（净）储蓄
资本账户	国民净借出（＋）/净借入（－）	净借出（＋）/净借入（－）

4. 三种会计核算每个账户中平衡科目的功能也不同

经济总体会计账户中的每个平衡科目都为反映整个经济总体某个领域状况的总量科

目，如国内生产总值就是一个反映一个国家整体生产规模的总量科目。人们在进行宏观经济分析、制定宏观经济政策和国际比较时都会十分关注这些经济总体的会计科目。而机构部门会计和机构单位会计账户中的每个平衡科目都是各自相应领域的分量科目，它们只能反映本部门、本单位的经济状况。

5. 三种会计的记账规则不同

经济总体会计因为不仅要关注总体自身的经济状况，还要关注总体内部各个机构部门之间的经济往来状况。所以，它的记账规则遵循“四式记账规则”，即一笔发生在不同机构部门之间的交易需要在两个不同机构部门各自登录两笔，从而产生了四笔记账行为。而机构部门会计和机构单位会计只关注本部门、本单位内部的经济状况，所以它们遵循与一般商业会计相同的“复式记账规则”。

三、编制经济总体会计账户的基础

经济总体会计账户是各机构单位或机构部门类似账户的汇总。尽管从理论上讲，经济总体某个会计账户可以由该经济总体内部全部机构单位的类似账户汇总而成，但实际上多为由机构部门账户汇总而成。因此，在编制经济总体会计账户之前，可以先通过编制机构部门综合账户为其奠定基础。

机构部门综合账户是将经济总体中所有机构部门和国外的账户用一张表格来表现的账户。该类账户采用列联表的形式，在各类账户的主栏（横行标题）列示该类账户中所包含的科目；表的宾栏（纵列标题）列示各类机构部门、经济总体和国外（在有国外的情况下）。各种机构部门综合账户的表式及内容分别见本章后面的相应账户。

第二节　经济总体生产账户

一、经济总体生产账户的概念

经济总体生产账户是各个机构部门生产账户的汇总。

基于经济总体层面研究生产账户，可以从编制账户不同主体两条线索来进行。即生产账户既可以按机构单位和机构部门编制，也可以按基层单位和产业部门①编制。按机构单位和机构部门编制账户可以形成一个从生产账户开始，直至资产负债表结束的完整账户序列，从而展示收入在经济体中是如何产生、分配和使用的，以及如何通过积累活动来增加资产的净值。按基层单位和产业部门编制账户只能编制生产账户和收入形成账户，主要用于研究经济体中的产业活动并编制供给使用表和投入产出表。

由于国家会计着重研究的是经济总体从生产到积累整个经济活动序列会计核算的内容和方法等问题，这些核算内容需要采用相应的账户序列进行记录。因此，本书只介绍有关按机构单位和机构部门编制账户线索编制经济总体生产账户的有关内容。

二、机构部门生产综合账户

（一）机构部门生产综合账户的表式和内容

如前所述，在编制经济总体生产账户之前，可以通过编制机构部门生产综合账户为其做准备。

机构部门生产综合账户是由账户的名称、账户的科目（横行标题）、账户的经济主体（纵列标题）和具体数值四部分内容构成的。具体表式和内容如表 8－2 所示。

从账户来源方看，横行记录的是经济总体货物服务出口和构成、各机构部门与经济总体总产出；纵列记录各机构部门、经济总体内部总产出的构成、经济总体的产品税和产品补贴，以及国外货物服务出口构成。

从账户使用方看，横行记录的是经济总体货物服务进口及构成、各机构部门和经济总体的中间消耗、增加值/国内产值。纵列反映各机构部门和经济总体内部不同使用科目构成和平衡科目。

将各机构部门的生产账户加以汇总加工，便可形成如表 8－2 所示的机构部门生产综合账户。

（二）国外、货物服务进出口与货物服务对外差额

国外是所有非常住机构单位的集合。在一个开放的经济体制下，一个国家的许多经济活动都要与国外非常住机构单位发生交易。当一个国家在进行生产活动（所有经济活动的

① 基层单位是指只位于一个场所，且只从事一种生产活动，或由其主要活动产生大部分增加值的生产单位。产业部门是指从事相同或类似活动的基层单位的集合。

开始阶段）时，以及后续对收入的使用都会产生对国外货物服务的进口需求，与此同时，当国内生产活动结束以后生产出货物服务时，也会产生对外出口的需求。国内与国外这些货物服务的进出口活动必然影响到整个经济总体的会计核算，需要通过一定的方式和手段进行记录。

为了完整有序地记录国内外所有交易活动引起的经济流量变化，以及国内外经济存量关系，国家会计从机构部门生产综合账户开始到资产负债表结束，凡是涉及国外有关的内容，都在综合账户和资产负债表中增列国外，用以记录经济总体与国外的各种交易流量和资产负债存量关系。

按照国际会计制度规定，国外账户是立足于国外角度编制的。因此，国外货物服务的出口（亦即国内货物服务的进口）记录在机构部门生产综合账户的来源方；国外货物服务的进口（亦即国内货物服务出口）记录在该账户的使用方。后续所有机构部门综合账户都按此记账规则记录。

货物服务对外差额是反映经济总体与国外货物服务进出口贸易状况的科目。由于该科目是立足于国外设立的，因此，如果由来源方减去使用方所得差额为正值，表明国外进出口贸易为顺差；反之，则为国内顺差。

（三）机构部门生产综合账户实例

【例 8－1】根据国家会计对经济总体某个会计年度各机构部门的生产核算，已经得到每个机构部门生产资料如下：

1. 非金融公司部门

总产出 2808，全部为市场产出；中间消耗 1477；固定资本消耗 157；总增加值和净增加值分别为 1331 和 1174。

2. 金融公司部门

总产出 146，全部为市场产出；中间消耗 52；固定资本消耗 12；总增加值和净增加值分别为 94 和 82。

3. 政府部门

总产出 348，全部为非市场产出；中间消耗 222；固定资本消耗 27；总增加值和净增加值分别为 126 和 99。

4. 住户部门

总产出 270，其中，市场产出 123、为自身最终使用的产出 147；中间消耗 115；固定资本消耗 23；总增加值和净增加值分别为 155 和 132。

5. 为住户服务的非营利机构

总产出 32，全部为非市场产出；中间消耗 17；固定资本消耗 3；总增加值和净增加值分别为 15 和 12。

6. 国外

出口货物和服务 499，其中，出口货物 392，出口服务 107；进口货物和服务 540，其中，进口货物 462，进口服务 78。

另据经济总体会计记录显示，该经济总体各机构部门本会计年度上缴的产品税为 141，获得的产品补贴为 8。

根据以上资料，核算货物服务对外差额，并编制机构部门生产综合账户。

根据以上会计资料和要求，我们可以按照以下步骤来完成此项工作。

第一步，分别汇总各机构部门的总产出、产品税、产品补贴、中间消耗和固定资本消耗的一级科目和二级科目（如果有必要的话），以便得出经济总体相应科目的一级科目和二级科目。

经济总体的总产出：

$$\text{总产出}（3604）=2808+146+348+270+32$$

$$\text{市场产出}（3077）=2808+146+123$$

$$\text{自给性产出}（147）=147$$

$$\text{非市场产出}（380）=348+32$$

经济总体的产品税：

$$\text{产品税}（141）=141$$

经济总体的产品补贴：

$$\text{产品补贴}（8）=8$$

经济总体的中间消耗：

$$\text{中间消耗}（1883）=1477+52+222+115+17$$

经济总体的固定资本消耗：

$$\text{固定资本消耗}（222）=157+12+27+23+3$$

第二步，核算货物服务对外差额。

$$\begin{matrix}\text{货物服务对外} \\ \text{差额}（41）\end{matrix}=\begin{matrix}\text{货物服务} \\ \text{出口额}（540）\end{matrix}-\begin{matrix}\text{货物服务} \\ \text{进口额}（499）\end{matrix}$$

第三步，将上述经济总体的核算资料和各机构部门的各科目登入机构部门生产综合账户，即可得到如表 8－2 所示的机构部门生产综合账户。

表 8-2　　机构部门生产综合账户

使用　　来源

经济总体	NPISH	住户	一般政府	金融公司	非金融公司	交易和平衡科目	非金融公司	金融公司	一般政府	住户	NPISH	经济总体
						货物服务出口						540
						货物出口						462
						服务出口						78
499						货物服务进口						
392						货物进口						
107						服务进口						
						总产出	2808	146	348	270	32	3604
						市场产出	2808	146	0	123	0	3077
						自给性产出	0	0	0	147	0	147
						非市场产出			348		32	380
1883	17	115	222	52	1477	中间消耗						
						产品税						141
						产品补贴（-）						-8
1854	15	155	126	94	1331	总增加值/GDP						
222	3	23	27	12	157	固定资本消耗						
1632	12	132	99	82	1174	净增加值/NDP						
						货物服务对外差额						41

（四）机构部门生产综合账户的功能

机构部门生产综合账户具有以下三项功能。

1. 机构部门生产综合账户是编制经济总体生产账户的基础

如前所述，由于经济总体账户是在机构部门账户的基础上汇总而成的。因此，当各个机构部门完成了本部门生产账户编制工作后，经济总体的会计核算机构就可以将这些部门的生产账户加以汇总，编制出机构部门的生产综合账户，从而为经济总体生产账户的编制做好前期准备工作。

2. 依据机构部门生产综合账户，可以进行多种有关生产结构方面的分析，进而扩大经济总体生产账户的用途。

机构部门生产综合账户是一个由多部门纵横交叉构成的一张表格。从横向看，可以分析各机构部门之间，以及各机构部门与经济总体之间在各项产出和各项使用方面所表现出来的结构关系。如从产出方面看，除了可以分析各部门产出占经济总体产出的比重外，还可以分别分析各部门所生产的市场产出、自给性产出和非市场产出各自占经济总体同类型产出的比重。有关使用方面的分析也如此。通过上述这些扩展性分析可以进一步扩大经济总体生产账户的功能，为人们更加广泛地了解经济生产结构提供帮助。

3. 机构部门生产综合账户可以反映经济总体与国外货物服务进出口状况

从机构部门生产综合账户可以看出，国外的货物服务出口为499（经济总体的进口），进口为540（经济总体的出口），国外的货物服务对外差额为-41（经济总体41）。这一数字意味着，经济总体的货物服务进出口贸易为顺差，国外为逆差。这个差额将对经济总体与国外之间后面的其他交易活动产生一定影响。

三、经济总体生产账户

（一）经济总体生产账户的构成

依据生产账户的基本架构，将表8-2机构部门生产综合账户中有关经济总体的各项数值填入表8-3，便形成了一个完整的经济总体生产账户。

表8-3是一个高度概括的经济总体生产账户，从账户本身只能观察到单一的，经过对各个机构部门进行汇总而得到的经济总体生产的概括性数据，而无法观察到各机构部门之间，以及机构部门与总体之间的相互关系数据。

表8-3　经济总体生产账户

使用		来源	
货物服务进口	499	货物服务出口	540
货物进口	392	货物出口	462
服务进口	107	服务出口	78
中间消耗	1883	总产出	3604
		市场产出	3077
		自给性最终使用产出	147
		非市场产出	380
		产品税	141
		产品补贴（-）	-8
国内生产总值	1854		
固定资本消耗	222		
国内生产净值	1632		
货物服务对外差额	41		

（二）账户中平衡科目——国内生产总（净）值

经济总体生产账户中除了平衡科目——国内生产总（净）值外，其他科目的含义与有关机构部门中所涉及的同类科目含义均相同。国内生产总值是国家会计中最重要的经济总体科目之一，也是世界各国用来测度本国经济综合实力的最重要指标。因此，在此重点对该科目加以阐述。

1. 国内生产总值的含义

国内生产总值（Gross Domestic Product）英文缩写为GDP，是指经济总体所有常住单位在会计年度生产的最终产品（增加值）的总和。这里的最终产品是相对中间产品而言的。它是指由本期生产，本期不再加工，可供社会最终使用的社会产品。而中间产品又称中间消耗，是生产过程中消耗的除固定资本以外的各种原材料、燃料和动力等货物及各种服务的价值。

2. 国内生产总值的地位和功能

依据经济学一般原理，一个国家的一切经济活动都是围绕生产展开的。通常在不考虑对外交往的情况下，一个国家生产什么、生产多少，随后就分配什么、分配多少，最终也就会使用什么和使用多少。因此，在国家会计所有总体平衡科目中，国内生产总值是一个核心科目，占据着核心重要地位。它的核算还将对后面若干个总体科目，如国民总收入、国民可支配收入等产生重要影响。

我们可以从国内和国际两个角度考察国内生产总值的功能。从国内看，国内生产总值是衡量一个国家生产能力和综合国力的重要科目。一个国家的居民无论是收入水平还是最终消费水平的高低从根本上说，都取决于这个国家生产水平的高低。国内生产总值正是反映生产水平最恰当的科目。从国际看，国内生产总值具备的两大功能分别是，一个是有关国际组织或研究机构比较分析各国经济实力必用的首选科目；另一个是有关国际组织对其会员国分配义务，如上缴会员费、派出维和力量等的重要依据。

3. 国内生产总值的表现形态及其核算

国内生产总值存有价值形态、收入形态和产品形态三种不同表现形态。与此相对应，国内生产总值也分别可以从生产、收入和使用三个角度进行会计核算，分别称为生产法、收入法和支出法。

生产法是从价值形态核算国内生产总值的一种方法。按此方法核算的国内生产总值是所有常住单位在会计年度产出的所有货物和服务价值超过同期投入的全部非固定资产货物和服务价值的差额，即所有常住单位的总增加值之和。

收入法是从收入形态核算国内生产总值的另外一种方法。按照此方法核算的国内生产总值是所有常住单位在会计年度创造并分配给常住单位的初次分配收入之和。

支出法是从产品形态核算国内生产总值的一种方法，它是经济总体中所有常住单位最终使用的货物和服务减去进口货物和服务的差额。

国家会计认为，尽管 GDP 的概念以生产的原则为基础，但由于 GDP 具有增加值形态（生产领域）、收入形态（收入分配领域）和产品形态（收入使用领域）三种不同形态，因而从理论上讲，由 GDP 的三种形态而决定的三种核算方法是一个等式，即：

$$生产法\ GDP = 收入法\ GDP = 支出法\ GDP$$

但是，实际上国家会计核算时由于角度不同，在采集数据方面会有一些差异，进而导致三种核算结果会有一定的误差，如果要满足理论上恒等的要求，就需要对其结果进行一定的调整。

GDP 的三种核算方法详细内容分别为：

（1）生产法。生产法也称增加值法，是一种以增加值为基础，从生产的角度核算 GDP 的方法。具体有以下三种不同生产法计算公式：

①GDP = 按生产者价格计算的总增加值之和 + 进口税 − 进口补贴 + 不可抵扣 VAT

②GDP = 按基本价格计算的总增加值之和 + 产品税 − 产品补贴

③GDP = 按生产者价格计算的总产出 − 按购买者价格计算的中间消耗
= 按基本价格计算的总产出 + 产品税 − 产品补贴 − 按购买者价格计算的中间消耗

在实际中具体用哪种生产法计算公式来计算 GDP，可以根据所掌握的不同资料来确定。例如，假如我们只有如表 8－3 经济总体生产账户的有关资料，则需要利用生产法第③个计算公式求出 GDP。即：

$$\begin{aligned} GDP &= 3604 + 141 - 8 - 1883 \\ &= 1854 \end{aligned}$$

如果我们掌握了如表 8－2 机构部门生产综合账户资料，既可以利用第②个也可以利用第③个公式计算 GDP。例如，利用第②个公式的计算结果为：

$$\begin{aligned} GDP &= 1721 + 141 - 8 \\ &= 1854 \end{aligned}$$

（2）收入法。收入法也称分配法，是一种以生产要素所有者收入为基础，从生产过程中收入形成的角度核算 GDP 的方法。收入法的具体计算公式为：

$$GDP = \frac{雇员}{报酬} + \frac{生产税}{净额} + \frac{固定资本}{消耗} + \frac{营业盈余净额和}{混合收入净额}$$

例如，根据本章第三节收入分配账户的经济总体收入形成账户中各相关科目的数值：

$$GDP = 1150 + (235 - 44) + (214 + 8) + (238 + 53) = 1854$$

（3）支出法。支出法也称使用法，是一种从全社会对最终产品使用的角度核算 GDP 的方法。支出法的计算公式为：

GDP = 最终消费支出 + 资本形成总额 + （出口 - 进口）

例如，根据本章第四节经济总体国民可支配收入使用账户、第五节经济总体积累账户中的资本账户和第二节机构部门生产综合账户的相关科目数值可以核算出会计年度支出法的 GDP 为：

$$GDP = 1399 + 414 + (540 - 499) = 1854$$

由于上面所举的例子只是一种理论上的数据，因此，从以上三种计算结果可以看出，它们符合国家会计定义的 GDP 是一个恒等式的要求，即：

生产法 GDP（1854）= 收入法 GDP（1854）= 支出法 GDP（1854）

国内生产净值是国内生产总值扣除固定资本消耗以后的价值额，即：

国内生产净值（1632）= 国内生产总值（1854）- 固定资本消耗（222）

无论是微观（单位）或是中观（部门）的增加值，还是经济总体的国内生产总值都是用于衡量生产过程所创造的新增加值的，而固定资本消耗是生产费用，因此理论上增加值和国内生产总值都应当按净额计算。但实际中，计算固定资本消耗是比较困难的。因此，国家会计不得不规定增加值和国内生产总值既可以按总额计算，也可以按净额计算。同理，在随后账户中的平衡科目也都可以同时按总额或净额计算。

第三节　经济总体收入分配账户

如同机构部门一样，经济总体收入分配账户也是由初始收入分配账户与收入再分配账户两个一级账户，以及收入形成账户、初始收入分配账户和收入再分配账户、实物收入再分配账户四个二级账户组成的账户体系。

一、经济总体初始收入分配账户

经济总体初始收入分配账户是各个机构部门（机构单位）初始收入分配账户的汇总。

它从总体上记录一个国家生产过程中各种收入的形成状况和对生产成果（国内生产总值/净值）进行直接分配所形成的结果。

（一）经济总体收入形成账户

经济总体收入形成账户是从生产过程中各种生产要素所有者如何创造收入的角度记录经济总体收入形成状况的账户。它可以首先通过编制机构部门收入形成综合账户，然后在此基础上将综合账户中的合计项提取出来编制而成。

1. 机构部门收入形成综合账户

【例8－2】将各机构部门的收入形成账户加以汇总加工，就形成了如表8－4所示的机构部门收入形成综合账户。

表8－4　　**机构部门收入形成综合账户**

使用							来源					
经济总体	NPISHs	住户	一般政府	金融公司	非金融公司	交易和平衡科目	非金融公司	金融公司	一般政府	住户	NPISHs	经济总体
						总增加值/GDP	1331	94	126	155	15	1854
						净增加值/NDP	1174	82	99	132	12	1632
1150	11	11	98	44	986	雇员报酬						
235						生产税和进口税						
-44						补贴						
452	3	84	27	46	292	营业盈余总额						
61		61				混合收入总额						
214	3	15	27	12	157	固定资本消耗						
8		8				固定资本消耗						
238	0	69	0	34	135	营业盈余净额						
53		53				混合收入净额						

注：表中第一项固定资本消耗为营业盈余总额中的固定资本消耗，第二项固定资本消耗为混合收入总额中的固定资本消耗。由于制表宽度受限难以完整表述，在此加以说明。

在表8－4中，账户的来源方只列示了起始科目，即从机构部门生产综合账户中的平衡科目结转过来的各部门的总（净）增加值。账户的使用方列示了形成收入的各种元素和平衡科目，包括各机构部门用于雇员的报酬，向政府部门缴纳的生产税和进口税合计数与政府部门支出的补贴合计数（税和补贴都只列在经济总体下），以及平衡科目——营业盈余和混合收入。

机构部门收入形成综合账户中各种科目之间的关系为：

（1）来源方。来源方从横向看，反映了各机构部门和经济总体总增加值和净增加值。

$$\text{经济总体总增加值} = \sum \text{各机构部门总增加值}$$

$$1721 = 1331 + 94 + 126 + 155 + 15$$

$$\text{经济总体净增加值} = \sum \text{各机构部门净增加值}$$

$$1499 = 1174 + 82 + 99 + 132 + 12$$

（2）使用方。使用方从横向看，反映了各机构部门和经济总体支付的雇员报酬、经济总体的生产和进口税、补贴、各机构部门营业盈余和住户部门的混合收入状况。

$$\text{经济总体应付雇员报酬} = \sum \text{各机构部门应付的雇员报酬}$$

$$1150 = 986 + 44 + 98 + 11 + 11$$

$$\text{经济总体营业盈余总额} = \sum \text{各机构部门营业盈余总额}$$

$$452 = 292 + 46 + 27 + 84 + 3$$

$$\text{经济总体营业盈余净额} = \sum \text{各机构部门营业盈余净额}$$

$$238 = 135 + 34 + 0 + 69 + 0$$

（3）来源方和使用方。将账户中来源方和使用方的相关科目结合起来，便形成如下平衡关系：

①经济总体

GDP（1854）－应付雇员报酬（1150）－（生产和进口税－补贴）（235－44）＝营业盈余总额（452）＋混合收入总额（61）

NDP（1632）－应付雇员报酬（1150）－（生产和进口税－补贴）（235－44）＝营业盈余净额（238）＋混合收入净额（53）

②住户部门以外各机构部门

总增加值－应付雇员报酬－（生产和进口税－补贴）＝营业盈余总额

例如，非金融公司部门：

$$1331 - 986 - 53 = 292$$

净增加值－应付雇员报酬－（生产和进口税－补贴）＝营业盈余净额

例如，非金融公司部门：

$$1174 - 986 - 53 = 135$$

③住户部门

$$\frac{\text{总增加值}}{(155)} - \frac{\text{应付雇员}}{\text{报酬}(11)} - \frac{(\text{生产和进口税}-\text{补贴})}{(-1)} = \frac{\text{营业盈余}}{\text{总额}(84)} + \frac{\text{混合收入}}{\text{总额}(61)}$$

$$\frac{\text{净增加值}}{(132)} - \frac{\text{应付雇员}}{\text{报酬}(11)} - \frac{(\text{生产和进口税}-\text{补贴})}{(-1)} = \frac{\text{营业盈余}}{\text{净额}(69)} + \frac{\text{混合收入}}{\text{净额}(53)}$$

从以上对机构部门收入形成综合账户的解读可以看出，该账户不仅可以在一个账户内分别描述各机构部门和经济总体的收入形成状况，还可以反映各机构部门的不同收入形成科目在经济总体中所占比重，对全面分析各种收入形成的结构关系起着重要的作用。例如，在经济总体的收入形成中，应付雇员报酬为1150，占全部形成收入总额（GDP）1854的62.0%。其中，非金融公司部门、金融公司部门、政府部门、住户部门和为住户服务的非营利机构应付雇员报酬占应付雇员报酬总额和收入形成总额的比重如表8－5所示。

表8－5　　各机构部门应付雇员报酬占收入形成总额和应付雇员报酬总额比重表

机构部门	非金融公司	金融公司	政府	住户	NPISH	经济总体
应付雇员报酬	986	44	98	11	11	1150
占应付雇员报酬总额（%）	85.7	3.8	8.5	1.0	1.0	100.0
占收入形成总额（%）	53.2	2.4	5.3	0.6	0.6	62.0

2. 经济总体收入形成账户

【**例8－3**】将表8－4中有关经济总体的相关科目摘录出来，同时将经济总体生产账户的平衡科目结转过来，按照收入形成账户的标准款式加以整理，即可编制出经济总体的收入形成账户。其具体内容和表式如表8－6所示。

表8－6　　经济总体收入形成账户

使用		来源	
雇员报酬	1150	国内生产总值	1854
工资和薪金	950	国内生产净值	1632
雇主社会缴款	200		
生产税和进口税	235		
补贴	-44		
营业盈余总额	452		
混合收入总额	61		
营业盈余总额中的固定资本消耗	214		
混合收入总额中的固定资本消耗	8		
营业盈余净额	238		
混合收入净额	53		

在经济总体收入形成账户中有两个平衡科目，一个是对于所有机构部门收入形成账户

都有的平衡科目——营业盈余；另一个是只有住户部门收入形成账户独有的平衡科目——混合收入。因此，在构造经济总体收入形成账户中平衡关系时，需要将上述两个平衡科目合并在一起作为该账户的平衡科目。

经济总体收入形成账户中各种科目之间的关系为：

国内生产总值（1854）－雇员报酬（1150）－（生产税和进口税－补贴）（235－44）＝营业盈余总额（452）＋混合收入总额（61）

国内生产净值（1632）－雇员报酬（1150）－（生产税和进口税－补贴）（235－44）＝营业盈余净额（238）＋混合收入净额（53）

（二）经济总体初始收入分配账户

经济总体初始收入分配账户是各机构部门（机构单位）初始收入分配账户的汇总，从宏观经济层面记录一个国家初始收入的分配状况。如同前述的经济总体生产账户和收入形成账户的编制过程一样，也可以通过先编制机构部门初始收入分配综合账户，再在此基础上编制经济总体初始收入分配账户的程序进行。

1. 机构部门初始收入分配综合账户

机构部门初始收入分配综合账户是将各机构部门初始收入分配账户组合在一起，用一张表格记录所有机构部门和经济总体初始收入分配状况的账户。

【例8－4】根据前面各机构部门收入初始收入账户的有关资料。将它们汇总并填写到机构部门初始收入分配综合账户，就得到如表8－7所示的账户表式和内容。

表8－7　　　　机构部门初始收入分配综合账户

使用　　　　来源

国外	经济总体	NPISH	住户	一般政府	金融公司	非金融公司	交易和平衡项	非金融公司	金融公司	一般政府	住户	NPISH	经济总体	国外
							营业盈余总额	292	46	27	84	3	452	
							混合收入总额				61		61	
							营业盈余净额	135	34	0	69	0	238	
							混合收入净额				53		53	
6							雇员报酬				1154		1154	2
							生产税和进口税			235			235	
							补贴			－44			－44	
44	391	6	41	42	168	134	财产收入	96	149	22	123	7	397	38
	1864	4	1381	198	27	254	初始收入总额/GNI							
	1642	1	1358	171	15	97	初始收入净额/NNI							

需要注意的是，由于初始收入分配涉及的机构部门既包括国内机构部门也包括国外，由此机构部门初始收入分配综合账户中的左右方也分别列示了国外。而且，从机构部门初始收入分配综合账户开始，直至最终的机构部门资产负债综合表整合账户序列，凡是涉及国外的账户都将其列入相应的账户中。

我们可以从以下三个方面解读机构部门初始收入分配综合账户中各项科目之间的关系：

（1）来源方。从横向看来源方，各机构部门和经济总体不同科目之间存在以下关系：

$$\sum \text{各机构部门营业盈余总额} = \text{经济总体营业盈余总额}$$

$$292 + 46 + 27 + 84 + 3 = 452$$

$$\text{住户部门混合收入总额} = \text{经济总体混合收入总额}$$

$$61 = 61$$

$$\sum \text{各机构部门营业盈余净额} = \text{经济总体营业盈余净额}$$

$$135 + 34 + 0 + 69 + 0 = 238$$

$$\text{住户部门混合收入净额} = \text{经济总体混合收入净额}$$

$$53 = 53$$

$$\text{住户部门应得雇员报酬} = \text{经济总体应得雇员报酬}$$

$$1154 = 1154$$

$$\text{政府部门应得生产税和进口税} = \text{经济总体应得生产税和进口税}$$

$$235 = 235$$

$$\text{政府部门应付补贴} = \text{经济总体应付补贴}$$

$$-44 = -44$$

$$\sum \text{各机构部门获得财产收入} = \text{经济总体获得财产收入}$$

$$96 + 149 + 22 + 123 + 7 = 397$$

从纵向看来源方，账户记录的是各部门（包括国外）内部和经济总体初始收入来源的总和。

例如，住户部门初始收入来源的总额和净额分别为：

$$\begin{matrix}\text{初始收入}\\\text{来源总额}\end{matrix} = \begin{matrix}\text{营业盈余}\\\text{总额}\end{matrix} + \begin{matrix}\text{混合收入}\\\text{总额}\end{matrix} + \begin{matrix}\text{雇员}\\\text{报酬}\end{matrix} + \begin{matrix}\text{应收}\\\text{财产收入}\end{matrix}$$

$$1422 = 84 + 61 + 1154 + 123$$

$$\text{初始收入来源净额} = \text{营业盈余净额} + \text{混合收入净额} + \text{雇员报酬} + \text{应收财产收入}$$

$$1399 = 69 + 53 + 1154 + 123$$

再比如，经济总体应付国外的初始收入总和为①：

应付国外的初始收入 = 应付雇员报酬 + 应付财产收入

$$40 = 2 + 38$$

（2）使用方。从横向看使用方，账户记录的是各机构部门与经济总体应付财产收入和平衡科目状况。具体为：

$$\sum \text{各机构部门应付财产收入} = \text{经济总体应付财产收入}$$

$$134 + 168 + 42 + 41 + 6 = 391$$

$$\sum \text{各机构部门初始收入总额} = \text{国民总收入}$$

$$254 + 27 + 198 + 1381 + 4 = 1864$$

$$\sum \text{各机构部门初始收入净额} = \text{国民净收入}$$

$$97 + 15 + 171 + 1358 + 1 = 1642$$

从纵向看使用方，账户主要记录的是各机构部门和经济总体应付的财产收入和平衡科目状况。其中，国外除了应付财产收入外，还包括应付的雇员报酬。

（3）来源方和使用方。如果将账户的来源方和使用方结合起来考察，机构部门初始收入分配综合账户具有以下两个功能：

首先，账户分别反映各机构部门和经济总体财产收入净额，即：

财产收入净额 = 应收财产收入（来源方）－应付财产收入（使用方）

例如，住户部门、国外和经济总体的财产收入净额分别为：

住户部门财产收入净额 = 123 － 41 = 82

国外财产收入净额 = 38 － 44 = －6

经济总体财产收入净额 = 397 － 391 = 6

或

① 国外部门账户是站在国外角度编制的。所以，国外的来源就是国内的使用（列在账户的来源方）；国外的使用就是国内的来源（列在账户的使用方）。

$$\text{经济总体财产收入净额} = \text{从国外应收财产收入} - \text{应付给国外财产收入}$$

$$6 = 44 - 38$$

从上述有关经济总体和国外财产收入净额的关系可以看出，由于在经济总体内部各机构部门之间，一个机构部门的应收财产收入必是另一个机构部门对应等额的应付财产收入，如此相互抵销的结果为，从经济总体层面考察，各机构部门应收财产收入之和与应付财产收入之和的差额为零。经济总体的财产收入净额则为经济总体与国外之间应收应付财产收入的差额。

其次，该账户分别记录的是各机构部门和经济总体初始收入总额和净额状况。例如，一般政府部门的初始收入总额和净额分别如下：

$$\text{政府部门初始收入总额} = 27 + 235 - 44 + 22 - 42 = 198$$

$$\text{政府部门初始收入净额} = 0 + 235 - 44 + 22 - 42 = 171$$

2. 经济总体初始收入分配账户

【例 8-5】将机构部门初始收入分配综合账户中有关经济总体的相关科目摘录出来，按照初始收入标准账户的形式进行整理，即可编制出经济总体初始收入分配账户（见表8-8）。

表 8-8　　经济总体初始收入分配账户

使用		来源	
		营业盈余总额	452
		混合收入总额	61
		营业盈余净额	238
		混合收入净额	53
		雇员报酬	1154
		生产税和进口税	235
		补贴	-44
应付财产收入	391	应收财产收入	397
国民总收入	1864		
国民净收入	1642		

经济总体初始收入分配账户中各科目的数量关系为：

$$\text{营业盈余总额}(452) + \text{混合收入总额}(61) + \text{雇员报酬}(1154) + \text{生产税和进口税}(235) - \text{补贴}(44) + \text{应收财产收入}(397) - \text{应付财产收入}(391)$$
$$= \text{国民总收入}(1864)$$

$$\frac{\text{营业盈余}}{\text{净额}(238)}+\frac{\text{混合收入}}{\text{净额}(53)}+\frac{\text{雇员报酬}}{(1154)}+\frac{\text{生产税和进}}{\text{口税}(235)}-\frac{\text{补贴}}{(44)}+\frac{\text{应收财产}}{\text{收入}(397)}-\frac{\text{应付财产}}{\text{收入}(391)}$$

$$=\text{国民净收入}(1642)$$

（三）经济总体初始收入分配账户的平衡科目——国民总（净）收入

1. 国民总（净）收入的含义

经济总体初始收入分配账户的平衡科目是国民总（净）收入。国民总（净）收入[①]是国家会计中一个非常重要的总体科目，它对于宏观经济会计核算和分析具有十分重要的地位和作用。

国民总收入（英文缩写 GNI）是经济总体中所有机构部门初始收入总额加总后的总量值，记录的是一个国家经过收入初次分配后所获得的初始收入总额。

国民净收入（英文缩写 NNI）是经济总体中所有机构部门初始收入净额加总后的总量值，记录的是一个国家经过收入初次分配所获得的初始收入总额扣除固定资本消耗后的收入净额。

2. 国民总收入和国内生产总值的关系

国民总收入与国内生产总值之间既有联系又有区别。二者之间的联系表现在：首先，二者测度与记录的常住机构单位相同；其次，国内生产总值是计算国民总收入的基础。由于二者涉及的常住单位相同，GNI 和 GDP 的数值差别就在于来自国外的净要素收入，即常住者从非常住者处应收的初始收入与常住者应付给非常住者的初始收入二者的差额。

$$\frac{\text{国民总收入}}{(1864)}=\frac{\text{国内生产总值}}{(1854)}+\frac{\text{常住者应收非常住者}}{\text{初始收入}(50)}-\frac{\text{常住者应付给非常住者}}{\text{初始收入}(40)}$$

$$=\frac{\text{国内生产总值}}{(1854)}+\frac{\text{来自国外的净要素收入}}{(10)}$$

从经济总体生产账户、机构部门初始收入分配综合账户和经济总体初始收入分配账户可以看出，国民总收入之所以由 GDP 的 1854 增加到 GNI 的 1864，所多出的 10 个单位主要是由于从国外应收的初始收入（50）比应付给国外的初始收入（40）多出 10 个单位所造成的。其中，从国外应收雇员报酬为 6，应付给国外的雇员报酬为 2，多出 4 个单位；从国外应收财产收入为 44，应付给国外的财产收入为 38，多出 6 个单位。二者合计使得来自国外的净收入为 10。

① 国民总收入（GNI）就是以前的国民生产总值（GNP），联合国等国际组织为避免人们将 GNP 误认为是一个生产指标，故从 SNA 1993 开始将国民生产总值改称为国民总收入。

国民总收入与国内生产总值之间的区别也表现为两个方面。一方面，二者参与活动的机构单位范围不同，参与国内生产总值生产活动的都是国内常住机构单位，而参与初始收入分配活动的不仅有国内常住机构单位，也有非常住机构单位；另一方面，两个总体科目的性质和作用不同，国内生产总值是一个生产科目，用于记录生产成果，国民总收入是一个收入科目，用于记录初次收入分配的结果。

二、经济总体收入再分配账户

经济总体收入再分配账户是对各机构部门收入再分配账户加以汇总，从总体上记录所有常住机构单位收入再分配状况的账户。

依照经济学的基本原理，当生产成果（表现为生产活动所创造的收入）经过收入初次分配后便进入收入再分配阶段。用以核算经济总体收入再分配状况的账户，依据收入再分配和实物收入再分配也分别有两个不同的账户。

（一）经济总体收入再分配账户

如同前面的经济总体生产账户、收入形成账户和初始收入分配账户一样，经济总体的收入再分配账户也可以首先通过编制机构部门收入再分配综合账户，在此基础上再编制该账户。

1. 机构部门收入再分配综合账户

编制机构部门收入再分配综合账户的工作可以分为以下两个步骤进行。

首先，按照机构部门综合账户的模板，将国内各机构部门的收入再分配账户有关科目填写到综合账户内。

其次，收集国内各机构部门（机构单位）与国外经常转移资料，并汇总成经济总体与国外的经常转移资料，然后将其列入综合账户内。

【例 8－6】根据汇总上述经济总体某一会计年度各机构部门与国外所发生的经常转移交易得到，该经济总体从国外应收的经常转移为 17。其中，有 1 个单位为所得税，其余为其他经常转移。与此同时，国外从国内应收的经常转移为 55，全部为其他经常转移。

依据上述会计资料和前面各机构部门收入再分配账户相关科目，编制该经济总体该会计年度机构部门收入再分配综合账户。

按照前面所述，在完成以上两个步骤的工作后即可编制出如表 8－9 所示的机构部门收入再分配综合账户。

表 8－9　　　　机构部门收入再分配综合账户

使用　　　　　　　　　　　　　　　　　　　　　　来源

国外	经济总体	$NPISH_s$	住户	一般政府	金融公司	非金融公司	交易和平衡项	非金融公司	金融公司	一般政府	住户	$NPISH_s$	经济总体	国外
							初始收入总额/GNI	254	27	198	1381	4	1864	
							初始收入净额/NNI	97	15	171	1358	1	1642	
17	1212	7	582	248	277	98	经常转移	72	275	367	420	40	1174	55
1	212	0	178	0	10	24	所得税、财产税等经常税			213			213	0
0	333		333				社会缴款净额	66	213	50	0	4	333	0
0	384	5	0	112	205	62	实物社会转移以外的社会福利				384		384	0
16	283	2	71	136	62	12	其他经常转移	6	62	104	36	36	244	55
	1826	37	1219	317	25	228	可支配收入总额/GNDI							
	1604	34	1196	290	13	71	可支配收入净额/NNDI							

我们可以分别从以下三个角度解读机构部门收入再分配综合账户的构成。

（1）账户的来源方。从账户来源方的横向看，它列示了各机构部门（包括国外）和经济总体从上一个账户结转过来的平衡科目——初始收入总额和净额，以及应收经常转移。其中，经常转移又进一步划分为所得税、财产税等经常税、社会缴款净额、实物社会转移以外的社会福利和其他经常转移四个二级科目。国内各机构部门每个科目数值加总等于经济总体的同类科目数值。例如，

$$\sum \text{机构部门应收经常转移} = \text{经济总体应收经常转移}$$

$$72 + 275 + 367 + 420 + 40 = 1174$$

从账户来源方的纵向看，它列示了各机构部门（包括国外）和经济总体各自收入再分配过程中的收入来源总计，即由初始收入加上应收经常转移构成。例如，非金融公司部门在收入再分配阶段收入来源的总额数值为 326（254＋72）。这个数额在没有扣除应付经常转移之前，还不是该部门有权支配可供其最终使用的收入。

（2）账户的使用方。从账户使用方的横向看，它列示了各机构部门（包括国外）与经济总体应付经常转移和该账户的平衡科目——可支配收入。其中，国内各机构部门每个科目数值加总等于经济总体的同类科目数值。例如，

$$\sum \text{机构部门应付经常转移} = \text{经济总体应付经常转移}$$

$$98 + 277 + 248 + 582 + 7 = 1212$$

从账户使用方的纵向看，它列示了各机构部门和经济总体各自收入再分配过程中支出的科目——应付经常转移，以及该账户的平衡科目——可支配收入。

（3）账户的来源方和使用方。如果将该账户的来源方和使用方合在一起考察，各机构部门、经济总体和国外内部存在以下横衡关系：

$$\text{某部门（经济总体）初始收入} + \text{应收经常转移} - \text{应付经常转移} = \text{可支配收入}$$

例如，一般政府部门各科目之间的数量关系为：

$$\text{初始收入总额（198）} + \text{应收经常转移（367）} - \text{应付经常转移（248）} = \text{可支配收入总额（317）}$$

$$\text{初始收入净额（171）} + \text{应收经常转移（367）} - \text{应付经常转移（248）} = \text{可支配收入净额（290）}$$

再比如，国外应收经常转移与应付经常转移之间的数量关系为：

$$\text{经常转移净收入（38）} = \text{应收经常转移（55）} - \text{应付经常转移（17）}$$

2. 经济总体收入再分配账户

经济总体收入再分配账户是各机构部门收入再分配账户的汇总，从宏观层面记录经济总体经过收入再分配阶段后所形成的，可供一个国家最终支配使用的收入数额的账户。

【例 8－7】 如同编制经济总体生产账户和初始收入分配账户一样，我们将机构部门收入再分配综合账户中有关经济总体的各项内容摘录出来，按收入再分配账户模板加以编制，即得到如表 8－10 所示经济总体收入再分配账户。

表 8－10　　经济总体收入再分配账户

使用		来源	
		国民总收入	1864
		国民净收入	1642
经常转移	1212	经常转移	1174
所得税、财产税等经常税	212	所得税、财产税等经常税	213
社会缴款净额	333	社会缴款净额	333
实物社会转移以外的社会福利	384	实物社会转移以外的社会福利	384
现金形式的社会保障福利	53	现金形式的社会保障福利	53
其他社会保险的保险金	279	其他社会保险的保险金	279
现金形式的社会救济福利	52	现金形式的社会救济福利	52
其他经常转移	283	其他经常转移	244
国民可支配总收入	1826		
国民可支配净收入	1604		

经济总体收入再分配账户中各科目之间的数量关系：

国民总收入（1864）+ 应收经常转移（1174）− 应付经常转移（1212）= 国民可支配总收入（1826）

国民净收入（1642）+ 应收经常转移（1174）− 应付经常转移（1212）= 国民可支配净收入（1604）

账户来源方的应收经常转移和使用方的应付经常转移及其各子科目之间数量的关系分别为：

经济总体应收经常转移（1174）− 经济总体应付经常转移（1212）= 来自国外经常转移净收入（−38）

其中，

国内应收所得税、财产税等经常税（213）− 国内应付所得税、财产税等经常税（212）= 来自国外经常税净额（1）

国内应收社会缴款净额（333）= 国内应付社会缴款净额（333）

国内应收实物社会转移以外的社会福利（384）= 国内应付实物社会转移以外的社会福利（384）

国内应收其他经常转移（244）− 国内应付其他经常转移（283）= 来自国外其他经常转移净额（−39）

（二）经济总体收入再分配账户的平衡科目——国民可支配收入

1. 国民可支配收入的概念

经济总体收入再分配账户的平衡科目是国民可支配收入。这个平衡科目在国家会计核算中具有十分重要的地位和作用。

国民可支配收入是一个国家在一定时期内，经过收入初次分配和再分配以后所形成的，可供该国最终支配使用的收入。

国民可支配收入依据是否包含固定资本消耗分为国民可支配总收入和国民可支配净收入。

2. 国民可支配收入的核算

国民可支配收入可以分别从来源（形成）角度和去向角度进行核算得到。现以国民可支配总收入为例，来介绍其不同角度的核算方法。

从来源角度核算的国民可支配总收入：

$$\text{国民可支配总收入} = \sum \text{机构部门可支配收入总额}$$

根据机构部门收入再分配综合账户数据有：

$$1826 = 228 + 25 + 317 + 1219 + 37$$

或：

$$\begin{array}{c}\text{国民可支配}\\\text{总收入（1826）}\end{array} = \begin{array}{c}\text{国民总收入}\\\text{（1864）}\end{array} + \begin{array}{c}\text{国内应收经常}\\\text{转移（1174）}\end{array} - \begin{array}{c}\text{国内应付经常}\\\text{转移（1212）}\end{array}$$

$$= \begin{array}{c}\text{国民总收入}\\\text{（1864）}\end{array} - \begin{array}{c}\text{来自国外经常转移}\\\text{净额（38）}\end{array}$$

从去向角度核算的国民可支配总收入：

$$\text{国民可支配总收入} = \text{国内最终消费支出} + \text{国内总储蓄}$$

例如，从后面我们将要介绍的经济总体收入使用账户可以看到，国内最终消费支出为1399，总储蓄为427，二者相加的之和即为国民可支配总收入的1826。

3. 国民可支配收入的作用

国民可支配收入（包括总收入和净收入）在国家会计核算中具有两个十分重要的作用。即一方面它是衡量一个国家全部收入分配活动结束后，最终获得的可供本国支配收入的收入水平科目，这与国际上经济学界所公认的“收入”概念相一致，而不像国民收入（包括总收入和净收入）只是反映一个国家初次分配活动结束后所形成的收入水平。国民收入尽管也反映了一个国家的收入状况，但由于在该收入水平的基础上还要进行国内外的经常转移交易，它不能决定该国最终可用于最终消费支出和储蓄的收入究竟是多少。

另一方面，国民可支配收入是一个国家一定时期内在不存在资本转移、增加新的负债或减少原有资产的前提下，可用于最终消费支出和资本形成的最高限额。从机构部门层面分析，对于那些不具有最终消费功能的部门，包括非金融公司部门和金融公司部门，由于可支配收入全部都用于储蓄，因而它们的可支配收入就是其资本形成的最高限额。而对于那些具有最终消费功能的政府部门、住户部门和为住户服务的非营利机构，它们的可支配收入即为其最终消费的最高界限。

（三）经济总体实物收入再分配账户

经济总体实物收入再分配账户是由具有实物社会转移收支功能的那些机构部门，包括政府部门、为住户服务的非营利机构和住户部门实物收入再分配账户汇总而成的，从宏观层面记录实物社会转移转入和转出状况的账户。

如同编制经济总体其他账户一样，经济总体实物收入再分配账户也可以首先通过编制部门实物收入再分配综合账户，然后再将其中的经济总体部分摘录出来编制而成。

1. 机构部门实物收入再分配综合账户

由于实物社会转移只发生在政府、为住户服务的非营利机构和住户之间，所以非金融公司部门和金融公司部门在建立各自的账户序列时无须编制实物收入再分配账户。但是，在编制机构部门实物收入再分配综合账户时，为了整个经济总体的一致性，还需要将非金融公司部门和金融公司部门列入账户宾栏，它们在该账户的平衡科目数额——调整后可支配收入就是收入再分配账户的平衡科目数额——可支配收入。

机构部门实物收入再分配综合账户的表式及内容如表 8 - 11 所示。

表 8 - 11　　　　机构部门实物收入再分配综合账户

使用								来源						
国外	经济总体	NPISH	住户	一般政府	金融公司	非金融公司	交易和平衡科目	非金融公司	金融公司	一般政府	住户	NPISH	经济总体	国外
							可支配收入总额/GNDI	228	25	317	1219	37	1826	
							可支配收入净额/NNDI	71	13	290	1196	34	1604	
	215	31		184			实物社会转移				215		215	
	211	31		180			非市场产出				211		211	
	4			4			从市场购买的产品				4		4	
	1826	6	1434	133	25	288	调整后可支配收入总额/AGNDI							
	1604	3	1411	106	13	71	调整后可支配收入净额/ANNDI							

从机构部门实物收入再分配综合账户中可以清楚地看到，住户部门作为实物社会转移的转入方，总共从政府部门和为住户服务的非营利机构转入 215 个单位的实物收入，其中来自政府和为住户服务的非营利机构分别为 184 和 31。从使用方考察，政府部门所转出的 184 个单位实物收入，其中有 180 个单位为非市场产出，4 个单位为从市场上购买的产品，再以免费或没有显著经济意义价格转移给住户部门。为住户服务的非营利机构所转出 31 个单位全部为非市场产出。

由于住户部门通过实物社会转移增加了 215 个单位的收入，使其经过调整后的可支配收入由可支配收入总额的 1219 增加到 1434，增加了 17.6%。相反，政府部门和为住户服务的非营利机构的调整后可支配收入总额分别减少到 133 和 6，分别减少了 58.0% 和 83.8%。

值得注意的是，由于通过实物社会转移的收支活动使政府部门、为住户服务的非营利机构和住户部门的收入在数量上都发生了一定的变化，因此，科学准确地分析评价一个国家某一时期各经济主体的最终收入分配格局，就应当采用各机构部门的调整后可支配收入而不是可支配收入，更不能采用初始收入。

2. 经济总体实物收入再分配账户

（1）经济总体实物收入再分配账户的表式与构成。

【例 8－8】 通过编制机构部门实物收入再分配综合账户，可以得到有关经济总体在实物社会转移中的有关数据，再将这些数据从表 8－11 中摘录出来，按照实物收入再分配账户的模板即可编制经济总体实物收入再分配账户。其表式及内容如表 8－12 所示。

表 8－12　　　　经济总体实物收入再分配账户

使用		来源	
		国民可支配总收入	1826
		国民可支配净收入	1604
实物社会转移	215	实物社会转移	215
非市场产出实物社会转移	211	非市场产出实物社会转移	211
购买市场产出的实物社会转移	4	购买市场产出的实物社会转移	4
调整后国民可支配总收入	1826		
调整后国民可支配净收入	1604		

（2）调整后国民可支配收入。

调整后国民可支配收入是经济总体实物收入再分配账户的平衡科目，是经济总体经过实物收入再分配后所形成的，可用于最终使用的收入。

由表 8－12 可以看出，由于实物社会转移只是在经济总体内部不同机构部门之间转出转入，其转入总额与转出总额相互抵销为零。所以，经济总体调整后国民可支配总（净）收入与国民可支配总（净）收入完全一致。

第四节　经济总体收入使用账户

与经济总体收入再分配账户和实物收入再分配账户相对应，经济总体收入使用账户是由国民可支配收入使用账户和调整后国民可支配收入使用账户两个账户构成的。

一、国民可支配收入使用账户

国民可支配收入使用账户是由各机构部门可支配收入使用账户加以汇总得到的，用以记录整个国民经济是如何将可支配收入用于最终消费和储蓄的账户。

如同编制经济总体其他账户的步骤一样，我们也可以通过首先编制机构部门可支配收入使用综合账户，然后再在此基础上编制国民可支配收入使用账户。

（一）机构部门可支配收入使用综合账户

机构部门可支配收入使用综合账户是由各机构部门可支配收入使用账户加以合并组成的，用于记录各机构部门有关收入是如何使用，以及各部门之间和各部门与经济总体之间收入使用关系的账户。

机构部门可支配收入使用综合账户的来源方记录的是各部门及经济总体从收入再分配账户结转过来的平衡科目——可支配收入总额和净额；使用方记录的是具有最终消费功能的三个机构部门与经济总体的最终消费支出金额，各个部门及经济总体的平衡科目——总储蓄金额和净储蓄金额，以及国外的对外经常项目差额。

需要说明的是，机构部门可支配收入使用综合账户（与后面的机构部门调整后可支配收入使用综合账户并行）作为经常综合账户序列的最后一个账户，由于其可以从整体上反映与国外的经常往来，所以，在此综合账户和后面的机构部门调整后可支配收入使用综合账户中便增添记录对外经常项目差额科目。对外项目差额是由货物服务对外差额、来自国外初始收入净额和来自国外经常转移净额三个子科目组成的科目。

【例 8-9】通过对上述经济总体各机构部门对外交往会计记录进行整理得到，该经济总体在某一会计年度的对外贸易中，货物和服务交易的顺差为41，来自国外的初始收入净额为10，来自国外的经常转移净额为-38。

根据以上资料和各机构部门可支配收入使用账户相关资料，编制该经济总体本会计年度机构部门可支配收入使用综合账户。

首先，我们将前述几章有关各机构部门可支配收入使用账户加以综合；

其次，计算国外对外经常项目差额并将其填入表中；

$$\begin{matrix}\text{国外经常项目}\\ \text{差额（-13）}\end{matrix} = \begin{matrix}\text{货物服务交易}\\ \text{差额（-41）}\end{matrix} + \begin{matrix}\text{初始收入}\\ \text{差额（-10）}\end{matrix} + \begin{matrix}\text{经常转移}\\ \text{净额（38）}\end{matrix}$$

完成上述两步后即可得到如表 8-13 所示的机构部门可支配收入使用综合账户。

表 8－13　　　　机构部门可支配收入使用综合账户

使用　　　　　　　　　　　　　　　　　　　　来源

国外	经济总体	NPISH	住户	一般政府	金融公司	非金融公司	交易和平衡科目	非金融公司	金融公司	一般政府	住户	NPISH	经济总体	国外
							可支配收入总额/GNDI	228	25	317	1219	37	1826	
							可支配收入净额/NNDI	71	13	290	1196	34	1604	
	1399	32	1015	352			最终消费支出							
	1230	31	1015	184			个人消费支出							
	169	1		168			公共消费支出							
0	11	0		0	11	0	养老金权益变化调整				11		11	0
	427	5	215	－35	14	228	总储蓄							
	205	2	192	－62	2	71	净储蓄							
－13							对外经常项目差额							

（二）经济总体国民可支配收入使用账户

将机构部门可支配收入使用综合账户中有关经济总体的内容摘录出来，按照可支配收入使用账户的一般表式加以编制，便可得到如表 8－14 所示的经济总体国民可支配收入使用账户。

表 8－14　　　　经济总体国民可支配收入使用账户

使用　　　　　　　　　　　　　　　　　　　　来源

使用		来源	
		国民可支配总收入	1826
		国民可支配净收入	1604
最终消费支出	1399		
个人消费支出	1230		
公共消费支出	169		
总储蓄	427		
净储蓄	205		

从经济总体国民可支配收入使用账户可以发现，整个经济总体将可支配收入总额的 76.6%（1399/1826），可支配收入净额的 87.2%（1399/1604）用于最终消费支出，进而使经济总体的总储蓄和净储蓄分别为 427 和 205，总储蓄率和净储蓄率分别为 23.4% 和 12.8%。由于国民可支配总收入中包含了固定资本消耗的价值额，而实际可以用于最终消费支出和储蓄的则是国民可支配净收入。如果从净值的角度考察，该经济总体的最终消费

率和储蓄率分别为87.2%和12.8%。由此可见，该经济总体是一个消费型的国家。

在经济总体的1399个单位的最终消费支出中，个人消费支出为1230，占全部最终消费的87.9%，而由政府和为住户服务的非营利机构所支出的169个单位公共消费支出，仅占全部最终消费支出的12.1%。

二、调整后国民可支配收入使用账户

调整后国民可支配收入使用账户与经济总体实物收入再分配账户相对应，从经济总体角度记录调整后可支配收入是如何用于实际最终消费和储蓄的账户。

（一）机构部门调整后可支配收入使用综合账户

为了编制经济总体调整后国民可支配收入使用账户，我们也可以首先来编制机构部门调整后可支配收入使用综合账户。

将政府部门、住户部门和为住户服务的非营利机构三个部门的调整后可支配收入使用账户加以综合，并同时将非金融公司部门和金融公司部门的可支配收入使用账户有关科目结转过来，即可编制出如表8-15所示的机构部门调整后可支配收入使用综合账户。

表8-15　　机构部门调整后可支配收入使用综合账户

使用								来源						
国外	经济总体	NPISH	住户	一般政府	金融公司	非金融公司	交易和平衡科目	非金融公司	金融公司	一般政府	住户	NPISH	经济总体	国外
							调整后可支配收入总额/AGNDI	228	25	133	1434	6	1826	
							调整后可支配收入净额/ANNDI	71	13	106	1411	3	1604	
	1399	1	1230	168			实际最终消费支出							
	1230		1230				实际个人消费							
	169	1		168			实际公共消费							
0	11	0		0	11	0	养老金权益变化调整				11		11	0
	427	5	215	-35	14	228	总储蓄							
	205	2	192	-62	2	71	净储蓄							
-13							对外经常项目差额							

从上面的综合账户可以看出，由于实际最终消费只发生在政府部门、住户部门和为住户服务的非营利机构，因此，非金融公司部门和金融公司部门的调整后可支配收入既是它

们的可支配收入，也是它们的储蓄。

住户部门由于通过实物社会转移增加了调整后可支配收入，从而使该部门尽管由自身支出的最终消费为1015，但实际最终消费却为1230，实际最终消费比最终消费支出增加了215个单位。政府部门和为住户服务的非营利机构实际最终消费分别为168和1，并且分别都用于实际公共消费。五个部门的储蓄水平与可支配收入使用账户相同，都未发生变化。

（二）经济总体调整后国民可支配收入使用账户

我们将机构部门调整后可支配收入使用综合账户中有关经济总体的相关内容单独摘录出来，按照调整后可支配收入使用账户的标准表式进行汇编，即可得到经济总体国民可支配收入使用账户。其具体内容与账户结构如表8-16所示。

表8-16　经济总体调整后国民可支配收入使用账户

使用		来源	
		调整后国民可支配总收入	1826
		调整后国民可支配净收入	1604
实际最终消费	1399		
实际个人消费	1230		
实际公共消费	169		
总储蓄	427		
净储蓄	205		

从调整后国民可支配收入使用账户可以看出，整个经济总体用于实际最终消费的数额为1399，占调整后国民可支配净收入的87.2%。其中，实际个人消费为1230，占全部实际最终消费的87.9%，实际公共消费为169，占全部实际最终消费的12.1%。

对照国民可支配收入使用账户和调整后国民可支配收入使用账户可以看出，几个科目的数据完全一样，区别只在于前者使用方的消费科目名称为最终消费支出，后者使用方的消费科目名称为实际最终消费。具体分别为：

$$\text{国民可支配总收入（1826）} = \text{调整后国民可支配总收入（1826）}$$

$$\text{国民可支配净收入（1604）} = \text{调整后国民可支配净收入（1604）}$$

最终消费支出（1399）	=	实际最终消费（1399）
个人消费支出（1230）	=	实际个人消费（1230）
公共消费支出（169）	=	实际公共消费（169）
总储蓄（427）	=	总储蓄（427）
净储蓄（205）	=	净储蓄（205）

第五节 经济总体积累账户

经济总体积累账户是由一系列记录经济总体资本积累活动的账户构成的账户体系，包括经济总体资本账户、经济总体金融账户、经济总体资产物量其他变化账户和经济总体重估价账户。

一、经济总体资本账户

经济总体资本账户是由各机构部门资本账户经过汇总得到的，记录整个国民经济资本转移收支和资本形成状况的账户。

如同编制经济总体其他账户一样，我们也可以首先通过编制机构部门资本综合账户，然后再将其中有关经济总体部分摘录出来的方法编制经济总体资本账户。

【例 8－10】根据各机构部门资本账户汇总得知，上述经济总体在某一会计年度对外应收资本转移为净额为－3。其中，对外应收资本转移为 1，对外应付资本转移为 4。

根据以上新增会计资料和各机构部门资本账户资料，编制该经济总体本会计年度机构部门资本综合账户和经济总体资本账户。

（一）机构部门资本综合账户

机构部门资本综合账户如表 8－17 所示。

表 8－17　　　　　　　　　　机构部门资本综合账户

资产变化　　　　　　　　　　　　　　　　　　　　负债和资产净值变化

国外	经济总体	NPISH	住户	一般政府	金融公司	非金融公司	交易和平衡科目	非金融公司	金融公司	一般政府	住户	NPISH	经济总体	国外
							净储蓄	71	2	－62	192	2	205	－13
							对外经常差额							－13
	414	5	55	38	8	308	资本形成总额							
	192	2	32	11	－4	151	资本形成净额							
	376	5	48	35	8	280	固定资本形成总额							
	－222	－3	－23	－27	－12	－157	固定资本消耗（－）							
	154	2	25	8	－4	123	固定资本形成净额							
	28	0	2	0	0	26	存货变化							
	10	0	5	3	0	2	贵重物品获得减处置							
	0	1	4	2	0	－7	非生产资产获得减处置							
							应收资本转移	33	0	6	23	0	62	4
							应付资本转移	－16	－7	－34	－5	－3	－65	－1
							储蓄和资本转移引起净值变化	88	－5	－90	210	－1	202	－10
－10	10	－4	174	－103	－1	－56	净借出（＋）/净借入（－）							

从机构部门资本综合账户可以看出，该账户的来源方记录的是各机构部门和经济总体从上一个账户结转过来的平衡科目——净储蓄、国外对外经常差额、各机构部门（包括国外）应收应付资本转移和储蓄和资本转移引起的资产净值变化额；账户的使用方记录的是各机构部门与经济总体的资本形成总（净）额、非生产资产获得减处置和平衡科目——净借出（＋）/净借入（－）。

各科目之间的数量关系为：

1. 从账户双方各自的横向看

$$\sum \text{某个科目数值} = \text{经济总体该科目数值}$$

例如，

$$\sum \text{机构部门应收资本转移} = \text{经济总体应收资本转移}$$

$$33+0+6+23+0=62$$

$$\sum \text{机构部门资本形成净额} = \text{经济总体资本形成净额}$$

$$151+(-4)+11+32+2=192$$

2. 从账户双方各自的纵向看

（1）各机构部门或经济总体。

$$\text{净储蓄}+\frac{\text{应收}}{\text{资本转移}}-\frac{\text{应付}}{\text{资本转移}}=\frac{\text{储蓄和资本转移引起的}}{\text{资产净值变化}}$$

例如，非金融公司部门：

$$71+33-16=88$$

（2）国外。

$$\frac{\text{对外}}{\text{经常差额}}+\frac{\text{应收}}{\text{资本转移}}-\frac{\text{应付}}{\text{资本转移}}=\frac{\text{储蓄和资本转移引}}{\text{起的资产净值变化}}$$

$$-13+4-1=-10$$

（3）各机构部门或经济总体。

$$\frac{\text{资本形成}}{\text{净额}}=\frac{\text{固定资本}}{\text{形成总额}}-\frac{\text{固定资本}}{\text{消耗}}+\frac{\text{存货}}{\text{变动}}+\frac{\text{贵重物品}}{\text{获得减处置}}$$

例如，非金融公司部门：

$$151=280-157+26+2$$

3. 从账户双方的平衡关系看

（1）各机构部门或经济总体。

$$\frac{\text{储蓄和资本转移引起的}}{\text{资产净值变化}}-\frac{\text{资本形成}}{\text{净额}}-\frac{\text{非生产资产}}{\text{获得减处置}}$$

$$=\text{净借出}(+)/\text{净借入}(-)$$

例如，非金融公司部门：

$$88-151-(-7)=-56$$

（2）国外。

$$\text{储蓄和资本转移引起的资产净值变化}=\text{净借出}(+)/\text{净借入}(-)$$

$$-10=-10$$

（二）经济总体资本账户

将表 8－17 中的经济总体数据摘录出来填制到资本账户的表式中，即可得到如表 8－18 所示的经济总体资本账户。

表 8－18　　经济总体资本账户

资产变化		负债和资产净值变化	
资本形成总额	414	净储蓄	205
资本形成净额	192	应收资本转移	62
固定资本形成总额	376	应收资本税	2
固定资本获得减处置	359	应收投资补助	23
固定资本消耗	－222	其他应收资本转移	37
存货变化	28	应付资本转移	－65
贵重物品的获得减处置	10	应付资本税	－2
非生产资产获得减处置	0	应付投资补助	－27
自然资产获得减处置	0	其他应付资本转移	－36
合约、租约和许可获得减处置	0	储蓄和资本转移引起的净值变化	202
净借出（＋）	10		

从经济总体资本账户的来源方可以看到，该经济总体本会计年度期初在没有对外发生资本转移收支活动之前，由国民可支配收入扣除最终消费支出后，可用于资本形成的净储蓄为 205。由于会计年度在与国外发生资本转移收支活动中，应收资本转移比应付资本转移减少了 3 个单位（62－65），从而使该经济总体可以用于非金融投资的资金来源合计为 202。

从经济总体资本账户的使用方看，该经济总体本会计年度资本形成的净额为 192，而由于非生产非金融资产获得减处置交易只在经济总体内部进行，各机构部门之间交易金额相互抵销为 0。最终，经济总体本会计年度的非金融投资金额为 192。

综合经济总体资本账户来源方和使用方，用本会计年度非金融投资的资金来源合计 202 减去非金融投资实际发生额 192，最终得到该经济总体本会计年度末的净借出为 10。这个数额与机构部门资本综合账户中国外的净借入 10 相等。

二、经济总体金融账户

经济总体金融账户是各机构部门金融账户的汇总，用以记录整个国家金融交易状况的账户。为保证经济总体金融账户编制工作的顺利进行，也需要首先通过编制机构部门金融综合账户，再对综合账户加以汇总以得到编制经济总体金融账户所需要的数据，并将其填入经济总体金融账户的步骤来完成。

【例 8－11】 通过对上述各机构部门某一会计年度的对外金融交易情况汇总，得到经济总体对外金融交易资料：对外金融资产的净获得为57，分别包括通货和存款 -2，债务性证21，贷款35，股权和投资基金份额14，金融衍生工具和雇员股票期权 -14；对外负债净发生为47，分别包括货币黄金和特别提款权1，通货和存款11，债务性证券9，贷款4，股权和投资基金份额12，其他应付款10。

根据以上资料和各机构部门金融账户资料分别编制该经济总体本会计年度的机构部门金融综合账户和经济总体金融账户。

（一）机构部门金融综合账户

机构部门金融综合账户如表8-19所示。

表8-19　　机构部门金融综合账户

资产变化　　负债和资产净值变化

国外	经济总体	NPISH	住户	一般政府	金融公司	非金融公司	交易和平衡科目	非金融公司	金融公司	一般政府	住户	NPISH	经济总体	国外
							净借出（+）/净借入（-）	-56	-1	-103	174	-4	10	-10
47	436	2	189	-10	172	83	金融资产净获得/负债净发生	139	173	93	15	6	426	57
1	-1				-1		货币黄金和特别提款权							
11	89	2	64	-26	10	39	通货和存款		65	37			102	-2
9	86	-1	10	4	66	7	债务性证券	6	30	38	0	0	74	21
4	78	0	3	3	53	19	贷款	21	0	9	11	6	47	35
12	107	0	66	3	28	10	股权和投资资金份额	83	22				105	14
0	48	0	39	1	7	1	保险、养老金和标准化担保计划		48	0			48	0
0	14	0	3	0	8	3	金融衍生工具和雇员投票期权	3	8	0	0	0	11	3
10	15	1	4	5	1	4	其他应收/应付款	26	0	9	4		39	-14

从上述机构部门金融综合账户的表式结构可以看出，该账户如同其他机构部门综合账户一样，也是在来源方和使用方的横行标题分别列出交易项目；纵列标题分别列出各机构部门、经济总体和国外。账户的内容与单个机构部门金融账户相同，除了详细列出金融资产八种交易类型外，还包括所有金融交易的合计项——金融资产净获得与负债净发生、金额与资本账户相等的净借出（+）/净借入（-）。

1. 账户负债和资产净值变化方

从账户负债和资产净值变化方的横行看，第一行记录了各机构部门、经济总体和国外在本会计年度发生的净借出（+）或净借入（-）数额。在本账户中，经济总体的净借出10正好与国外的净借入10相等；第二行记录了各机构部门、经济总体和国外在本会计年度负债净发生的总额；其余各行各类金融负债净发生的数额。

$$\sum \text{机构部门某类负债净发生} = \text{经济总体该类负债净发生}$$

例如，贷款科目：

$$21+0+9+11+6=47$$

从账户负债和资产净值变化方的纵列看，记录的是各机构部门、经济总体和国外在本会计年度各自内部发生的净借出（+）或净借入（-）数额、负债净发生总额以及各种类型负债数额。

$$\text{某机构部门（经济总体）负债净发生总额} = \sum \text{各类负债净发生}$$

例如，住户部门：

$$15=0+11+0+4$$

2. 账户资产变化方

账户资产变化方的第一行记录了各机构部门、经济总体和国外在本会计年度金融资产净获得的总额，其余各行记录了各类金融资产净获得的数额。

$$\sum \text{机构部门某类金融资产净获得} = \text{经济总体该类资产净获得}$$

例如，贷款科目：

$$19+53+3+3+0=78$$

账户资产变化方的各列记录了各机构部门、经济总体和国外各自在本会计年度金融资产净获得的总额及各类金融资产净获得的数额。

$$\text{某机构部门（经济总体）金融资产净获得总额} = \sum \text{各类金融资产净获得}$$

例如，住户部门：

$$189=64+10+3+66+39+3+4$$

3. 账户双方

$$\begin{matrix}\text{某机构部门（经济总体）} \\ \text{金融资产净获得总额}\end{matrix} - \begin{matrix}\text{该机构部门（经济总体）} \\ \text{负债净发生总额}\end{matrix} = \begin{matrix}\text{净借出（+）/} \\ \text{净借入（-）}\end{matrix}$$

例如，政府部门：

$$-10-93=-103$$

再比如，国外：

$$47 - 57 = -10$$

（二）经济总体金融账户

将表 8 – 19 中有关经济总体的科目摘录出来加以整理，再将每笔数值填写到一般金融账户中，即得到如表 8 – 20 所示的经济总体金融账户。

表 8 – 20　　经济总体金融账户

资产变化		负债和资产净值变化	
		净借出（+）	10
金融资产净获得	436	金融负债净发生	426
货币黄金和特别提款权	–1	货币黄金和特别提款权	
通货和存款	89	通货和存款	102
债务性证券	86	债务性证券	74
贷款	78	贷款	47
股权和投资基金份额/单位	107	股权和投资基金份额/单位	105
保险、养老金和标准化担保计划	48	保险、养老金和标准化担保计划	48
金融衍生工具和雇员股票期权	14	金融衍生工具和雇员股票期权	11
其他应收款	15	其他应付款	39

从经济总体金融账户可以看出，各类金融工具在金融交易中的作用是有所不同的。从融资方式角度分析，该经济总体各机构部门在本会计年度所采用的融资手段主要是直接融资，包括债务性证券、股权和投资基金份额、金融衍生工具和雇员股票期权等。这三种金融工具的资产净获得和负债净发生分别占经济总体资产净获得合计和负债净发生合计的 47.5% 和 44.6%。而以贷款为主要手段的间接融资方式在经济总体的金融交易中只是起到辅助作用，其资产净获得和负债净发生分别占经济总体资产净获得合计和负债净发生合计的 17.9% 和 11.0%。值得注意的是，由于金融资产和负债具有对称性（除了货币黄金），而经济总体在贷款类资产方面的净获得远远多于负债净发生，其差额主要产生于与国外的金融交易。从机构部门金融综合账户也可以看出，国外贷款类金融资产净获得为 4，负债净发生为 35，负债多于资产的 31 恰好是国内贷款类资产净获得多于负债净发生的数额。可见，该经济总体在本会计年度内所获得的贷款类金融资产主要来源于国外，即把很多资金贷给国外了。

另一个值得注意的现象是，国内的其他应付款多于其他应收款 24 个单位，表明该经济总体本会计年度拖欠国外的债务也是其负债的重要原因。

综合经济总体金融资产净获得和负债净发生的结果，由于前者多于后者 10 个单位，最终使该经济总体在本会计年度经过金融交易形成对外的净借出为 10 个单位。

从经济学基本原理视角考察，由于货币运动仅仅是实物运动的一种价值符号形式，其内容是实体经济。经济总体本会计年度尽管以货币形式表现为对外净借出 10 个单位，但实质是由于在实体经济运行阶段储蓄和资本转移引起的资产净值增加 10 个单位造成的。由储蓄和资本转移引起资产净值增加 10 和金融交易对外净借出 10，这两个数值完全相等的事实，很好地证明了经济学关于实物运动和价值运动一致性的基本原理的无比正确性。

三、经济总体其他积累账户

经济总体其他积累账户包括资产物量其他变化账户和重估价账户两个账户。它们也可以通过先编制机构部门综合账户，然后再编制经济总体账户的方法和步骤完成。

（一）经济总体资产物量其他变化账户

经济总体资产物量其他变化账户是各机构部门经济总体资产物量其他变化账户的汇总，用以记录经济总体某个会计年度从期初到期末由于无法控制的外生变量或意外事件而引起的资产、负债和资产净值变化的账户。

【例 8－12】将各机构部门某会计年度资产物量其他变化账户加以汇总整理，以及将汇总整理后所得到的经济总体数据填写到资产物量其他变化账户一般表式，即可分别得到如表 8－21 和表 8－22 所示该经济总体本会计年度机构部门资产物量其他变化综合账户和经济总体资产物量其他变化账户。

表 8－21　　机构部门资产物量其他变化综合账户

资产变化								负债和资产净值变化						
国外	经济总体	NPISH	住户	一般政府	金融公司	非金融公司	其他变化流量	非金融公司	金融公司	一般政府	住户	NPISH	经济总体	国外
	33	0	0	7	0	26	资产经济出现							
	－11	0	0	－2	0	－9	非金融非生产资产经济消失							
	－11	0	0	－6	0	－5	巨灾损失							
	0	0	0	5	0	－5	无偿没收							
	2	0	0	0	1	1	未另分类的物量其他变化	0	0	0	1	0	1	
	0	0	0	－4	－2	6	分类变化	0	0	2	0	0	2	
	13	0	0	0	－1	14	物量其他变化合计	0	0	2	1	0	3	
	－7	0	0	－3	－2	－2	非金融生产资产							

续表

国外	经济总体	NPISH	住户	一般政府	金融公司	非金融公司	其他变化流量	非金融公司	金融公司	一般政府	住户	NPISH	经济总体	国外
	17	0	0	3	0	14	非金融非生产资产							
	3	0	0	0	1	2	金融资产							
							由资产物量其他变化引起的资产净值变化	14	-1	-2	-1	0	10	

表 8-22　　经济总体资产物量其他变化账户

资产变化		负债和资产净值变化	
资产的经济出现	33		
非金融非生产资产的经济消失	-11		
巨灾损失	-11		
无偿没收	0		
未另分类物量的其他变化	2	未另分类物量的其他变化	1
分类变化	0	分类变化	2
物量其他变化合计	13	物量其他变化合计	3
非金融生产资产	-7	非金融生产资产	
非金融非生产资产	17	非金融非生产资产	
金融资产	3	负债	3
		资产物量其他变化引起的资产净值变化	10

从表 8-21 和表 8-22 可以看出，该经济总体本会计年度由于资产物量其他变化引起的资产净值增加了 10。这一结果是由于资产的变化使资产总量增加 13 和负债增加 3 共同作用所致。

在资产的变化中，资产的经济出现和未另分类物量其他变化使资产分别增加 33 和 2，同时由于非金融非生产资产的经济消失和巨灾损失各造成资产减少 11，最终使资产增加了 13 个单位。其中，非金融生产资产减少了 7，非金融非生产资产增加了 17，金融资产增加了 3。

在负债的变化中，未另分类物量其他变化和分类变化分别增加了 1 和 2 个单位的负债，最终使负债增加了 3。

综合资产变化方与负债和净值变化方，资产物量其他变化合计与负债物量其他变化合计相互抵销后，最终使由资产物量其他变化引起的资产净值变化为 10。

（二）经济总体重估价账户

经济总体重估价账户是各机构部门重估价账户的汇总，在宏观层面记录整个国民经济某个会计年度从期初到期末由于持有损益引起的资产、负债和资产净值变化的账户。

与编制经济总体其他账户的步骤与方法类似，经济总体重估价账户也可以首先通过编制机构部门重估价综合账户，然后再编制经济总体重估价账户获得。

1. 机构部门重估价综合账户

机构部门重估价综合账户记录的是经济总体和各机构部门以及国外由于持有资产价格变化所带来的损益。由于持有损益分为名义持有损益、中性持有损益和实际持有损益，并且名义持有损益是中性持有损益和实际持有损益二者之和，所以，无论是机构部门重估价综合账户还是经济总体重估价账户都分别包含了中性持有损益账户和实际持有损益账户。

（1）机构部门名义持有损益综合账户

【例 8 - 13】 根据国家会计核算资料显示，经过对上述经济总体某一会计年度各机构部门重估价账户汇总，得到该经济总体在该会计年度所持有的国外金融资产和负债名义持有损益以下资料：

持有国外金融资产的名义持有损益为 15。其中，货币黄金和特别提款权、债务性证券以及股权和投资基金份额/单位分别是 12、2 和 1。

承担国外负债的名义持有损失为 7。其中，债务性证券与股权和投资基金份额/单位分别是 4 和 3。

根据以上会计资料，结合各机构部门重估价账户资料，编制该经济总体该本会计年度机构部门名义持有损益综合账户。

经过对各机构部门重估价账户的汇总和将国外相关资料填入账户，得到如表 8 - 23 所示的该经济总体本会计年度机构部门名义持有损益综合账户。

表 8 - 23　　机构部门名义持有损益综合账户

资产变化　　　　负债和资产净值变化

国外	经济总体	NPISH	住户	一般政府	金融公司	非金融公司	资产重估价流量	非金融公司	金融公司	一般政府	住户	NPISH	经济总体	国外
	280	8	80	44	4	144	非金融资产							
	126	5	35	21	2	63	非金融生产资产							
	111	5	28	18	2	58	固定资产							
	7		2	1		4	存货							
	8		5	2		1	贵重物品							

续表

国外	经济总体	NPISH	住户	一般政府	金融公司	非金融公司	资产重估价流量	非金融公司	金融公司	一般政府	住户	NPISH	经济总体	国外
	154	3	45	23	2	81	非金融非生产资产							
	152	3	45	23	1	80	自然资源							
	2				1	1	合约、租约和许可							
							商誉和营销资产							
7	84	2	16	1	57	8	金融资产/负债	18	51	7	0	0	76	15
	12			1	11		货币黄金和特别提款权							12
	0						通货和存款							
4	40	1	6		30	3	债务性证券	1	34	7			42	2
	0						贷款							
3	32	1	10		16	5	股权和投资基金份额/单位	17	17				34	1
	0						保险、养老金和标准化担保计划							
	0						金融衍生产品和雇员股票期权							
	0						其他应收/应付款							
							由名义持有损益引起的资产净值变化	134	10	38	96	10	288	-8

对于机构部门名义持有损益综合账户，我们可以分别从账户负债和资产净值变化方、资产变化方和双方结合三个方面进行解读。

①账户的负债和资产净值变化方。从账户负债和资产净值变化方的横行看，账户记录了各机构部门、经济总体和国外会计年度各类负债的持有损益和由名义持有损益引起的资产净值变化额。

$$\sum \text{机构部门某类负债持有损益} = \text{经济总体该类负债持有损益}$$

例如，债务性证券：

$$1 + 34 + 7 = 42$$

$$\sum \text{机构部门名义持有损益引起资产净值变化} = \text{经济总体名义持有损益引起资产净值变化}$$

$$134 + 10 + 38 + 96 + 10 = 288$$

从账户负债和资产净值变化方的纵列看，记录了各机构部门、经济总体和国外各自内部本会计年度各类负债的持有损益和由名义持有损益引起的资产净值变化额。

例如，非金融公司部门：

$$18=1+17$$

②账户的资产变化方。从账户资产变化方的横行看，记录了各机构部门、经济总体和国外本会计年度各类资产，包括非金融资产和金融资产的名义持有损益。

$$\sum 机构部门某类资产名义持有损益 = 经济总体该类资产名义持有损益$$

例如，非金融资产：

$$144+4+44+80+8=280$$

从账户资产变化方的纵列看，记录了各机构部门、经济总体和国外各自内部本会计年度各类资产的名义持有损益。

例如，非金融公司部门：

$$152=144+8$$

③账户的双方。如果将该账户的双方结合起来考察，各机构部门、经济总体和国外资产变化方合计数减去各自负债和资产净值变化方合计数则等于各自位于负债和资产净值变化方的由名义持有损益引起的资产净值变化。

例如，非金融公司部门：

$$134=152-18$$

（2）机构部门中性持有损益综合账户和实际持有损益综合账户

由于名义持有损益账户可以分解为中性持有损益账户和实际持有损益账户两个分账户，所以，我们可以根据各机构部门、国外各类资产和负债中性持有损益和实际持有损益实际状况，分别编制出机构部门中性持有损益综合账户和机构部门实际持有损益综合账户。

【例 8－14】根据国家会计核算资料显示，经过对上述经济总体某一会计年度各机构部门名义持有损益价账户中的中性持有损益汇总，得到该经济总体在该会计年度所持有的国外金融资产和负债中性持有损益以下资料：

持有国外金融资产的中性持有损益为 22。其中，货币黄金和特别提款权 16，通货和存款 2，债务性证券 2，保险、养老金和标准担保计划 1，其他应收款 1。

承担国外负债的中性持有损失 12。其中，通货和存款 2，债务性证券 3，贷款 1，股权和投资基金份额/单位 2，保险、养老金和标准担保计划 1，其他应付款 3。

根据以上会计资料，结合各机构部门名义持有损益账户的中性持有损益资料，编制该经济总体该会计年度机构部门中性持有损益综合账户。

通过对各机构部门中性持有价账户的汇总和将国外相关资料填入账户，得到如表8-24所示的该经济总体本会计年度机构部门中性持有损益综合账户。

表8-24　　机构部门中性持有损益综合账户

资产变化　　　　负债和资产净值变化

国外	经济总体	NPISH	住户	一般政府	金融公司	非金融公司	其他流量	非金融公司	金融公司	一般政府	住户	NPISH	经济总体	国外
	198	6	56	32	3	101	非金融资产							
	121	5	34	20	2	60	非金融生产资产							
	111	5	28	18	2	58	固定资产							
	4		2	1		1	存货							
	6		4	1		1	贵重物品							
	77	1	22	12	1	41	非金融非生产资产							
	76		22	12	1	40	自然资源							
	1					1	合约、租约和许可							
							商誉和营销资产							
12	136	3	36	8	71	18	金融资产/负债	37	68	13	5	3	126	22
	16			2	14		货币黄金和特别提款权							16
2	30	2	17	3		8	通货和存款	1	26	2		1	30	2
3	25	1	4		18	2	债务性证券	1	21	4			26	2
1	28			3	24	1	贷款	18		7	3	1	29	
2	26		9		14	3	股权和投资基金份额/单位	14	14				28	
1	7		5		1	1	保险、养老金和标准化担保计划		7				7	1
	0						金融衍生产品和雇员股票期权							
3	4		1			3	其他应收/应付款	3			2	1	6	1
							由中性持有损益引起的净值变化	82	6	27	87	6	208	-10

【例8-15】 根据国家会计记载，经过对上述经济总体某一会计年度各机构部门的实际持有损益汇总后，得到该经济总体在本会计年度所持有的国外金融资产和负债实际持有损益以下资料：

持有国外金融资产的实际持有损益为-7。其中，货币黄金和特别提款权-4，通货和存

款 -2，股权和投资基金份额/单位 1，保险、养老金和标准担保计划 -1，其他应收款 -1。

承担国外负债的实际持有损失减少了 5。其中，通货和存款 -2，债务性证券 1，贷款 -1，股权和投资基金份额/单位 1，保险、养老金和标准担保计划 -1，其他应付款 -3。

根据以上会计资料，结合各机构部门的实际持有损益账户资料，编制该经济总体本会计年度机构部门实际持有损益综合账户。

通过对各机构部门实际持有损益价账户的汇总和将国外相关资料填入账户，得到如表 8 -25 所示的该经济总体该会计年度机构部门实际持有损益综合账户。

表 8 -25　　机构部门实际持有损益综合账户

资产变化								负债和资产净值变化						
国外	经济总体	NPISH	住户	一般政府	金融公司	非金融公司	其他流量	非金融公司	金融公司	一般政府	住户	NPISH	经济总体	国外
	82	2	24	12	1	43	非金融资产							
	5	0	1	1	0	3	非金融生产资产							
		0	0	0	0	0	固定资产							
	3	0	0	0	0	3	存货							
	2	0	1	1	0	0	贵重物品							
	77	2	23	11	1	40	非金融非生产资产							
	76	2	23	11	0	40	自然资源							
	1	0	0	0	1	0	合约、租约和许可							
							商誉和营销资产							
-5	-52	-1	-20	-7	-14	-10	金融资产/负债	-19	-17	-6	-5	-3	-50	-7
0	-4	0	0	-1	-3	0	货币黄金和特别提款权	0	0	0	0	0	0	-4
-2	-30	-2	-17	-3	0	-8	通货和存款	-1	-26	-2	0	-1	-30	-2
1	15	0	2	0	12	1	债务性证券	0	13	3	0	0	16	0
-1	-28	0	0	-3	-24	-1	贷款	-18	0	-7	-3	-1	-29	0
1	6	1	1	0	2	2	股权和投资基金份额/单位	3	3	0	0	0	6	1
-1	-7	0	-5	0	-1	-1	保险、养老金和标准化担保计划	0	-7	0	0	0	-7	-1
	0	0	0	0	0	0	金融衍生产品和雇员股票期权	0	0	0	0	0	0	0
-3	-4	0	-1	0	0	-3	其他应收/应付款	-3	0	0	-2	-1	-6	-1
							由实际持有损益引起的净值变化	52	4	11	9	4	80	2

对上述两个账户的解读如同机构部门名义持有损益综合账户，在此不再赘述。

2. 经济总体重估价账户

经济总体重估价账户是一个从宏观层面记录整个国家在会计年度所持有的资产（负债）由于其价格变动所带来的收益的账户。

【例 8 – 16】 将机构部门重估价综合账户（包括名义持有损益综合账户、中性持有损益综合账户和实际持有损益综合账户）中有关经济总体的科目单独摘录出来，并按照重估价账户的标准表式进行填写，即可得到如表 8 – 26、表 8 – 27、表 8 – 28 分别所示的经济总体三个重估价账户和表 8 – 29 所示的经济总体重估价合并账户。

表 8 – 26　　经济总体名义持有损益账户

资产变化		负债和资产净值变化	
名义持有损益合计	364		
非金融资产	280		
非金融生产资产	126		
固定资产	111		
存货	7		
贵重物品	8		
非金融非生产资产	154		
自然资源	152		
合约、租约和许可	2		
商誉和营销资产	0		
金融资产	84	负债	76
货币黄金和特别提款权	12	货币黄金和特别提款权	0
通货和存款	0	通货和存款	0
债务性证券	40	债务性证券	42
贷款	0	贷款	0
股票和投资基金份额/单位	32	股票和投资基金份额/单位	34
保险、养老金和标准化担保计划	0	保险、养老金和标准化担保计划	0
金融衍生工具和雇员股票期权	0	金融衍生工具和雇员股票期权	0
其他应收款	0	其他应付款	0
		名义持有损益引起的资产净值变化	288

表 8－27　　　　经济总体中性持有损益账户

资产变化		负债和资产净值变化	
中性持有损益合计	334		
非金融资产	198		
非金融生产资产	121		
固定资产	111		
存货	4		
贵重物品	6		
非金融非生产资产	77		
自然资源	76		
合约、租约和许可	1		
商誉和营销资产	0		
金融资产	136	负债	126
货币黄金和特别提款权	16	货币黄金和特别提款权	0
通货和存款	30	通货和存款	30
债务性证券	25	债务性证券	26
贷款	28	贷款	29
股票和投资基金份额/单位	26	股票和投资基金份额/单位	28
保险、养老金和标准化担保计划	7	保险、养老金和标准化担保计划	7
金融衍生工具和雇员股票期权	0	金融衍生工具和雇员股票期权	0
其他应收款	4	其他应付款	6
		中性持有损益引起的资产净值变化	208

表 8－28　　　　经济总体实际持有损益账户

资产变化		负债和资产净值变化	
实际持有损益合计	30		
非金融资产	82		
非金融生产资产	5		
固定资产	0		
存货	3		
贵重物品	2		
非金融非生产资产	77		
自然资源	76		
合约、租约和许可	1		
商誉和营销资产	0		
金融资产	－52	负债	－50
货币黄金和特别提款权	－4	货币黄金和特别提款权	0
通货和存款	－30	通货和存款	－30
债务性证券	15	债务性证券	16
贷款	－28	贷款	－29
股票和投资基金份额/单位	6	股票和投资基金份额/单位	6
保险、养老金和标准化担保计划	－7	保险、养老金和标准化担保计划	－7
金融衍生工具和雇员股票期权	0	金融衍生工具和雇员股票期权	0
其他应收款	－4	其他应付款	－6
		实际持有损益引起的资产净值变化	80

表 8－29　　经济总体重估价账户

	资产变化		负债和资产净值变化	
名义持有收益	名义持有损益合计	364		
	非金融资产	280		
	非金融生产资产	126		
	非金融非生产资产	154		
	金融资产	84	负债	76
			名义持有损益引起的资产净值变化	288
中性持有收益	中性持有损益合计	334		
	非金融资产	198		
	非金融生产资产	121		
	非金融非生产资产	77		
	金融资产	136	负债	126
			中性持有损益引起的资产净值变化	208
实际持有收益	实际持有损益合计	30		
	非金融资产	82		
	非金融生产资产	5		
	非金融非生产资产	77		
	金融资产	－52	负债	－50
			实际持有损益引起的资产净值变化	80

由上述经济总体重估价账户可以看出，该经济总体在本会计年度由于持有的非金融资产和金融资产（负债）价格的变化，使其资产净值增加了 288 个单位的名义持有损益。其中，由所持资产（负债）价格变动幅度与整体物价变动幅度持平所带来的中性持有损益使资产净值增加 208，占名义持有损益引起资产净值变化金额（288）的 72.2%；由所持资产（负债）价格变动幅度超出整体物价变动幅度所带来的实际持有损益使资产净值增加 80，占名义持有损益引起资产净值变化金额（288）的 27.8%。由此可见，由名义持有损益引起的资产净值增加主要还是由于中性持有损益引致的，资产增加的这部分净值只代表着所持资产的保值。而实际持有损益引起的资产净值增加部分才真正代表着持有资产的增值。

第六节　经济总体资产负债表

经济总体资产负债表是各机构部门资产负债表的汇总，记录经济总体在某个会计年度期初、期间和期末资产负债存量和流量状况的会计报表。

经济总体资产负债表包括经济总体会计年度期初资产负债表、期间资产负债变动表和期末资产负债表。每张表都可以分别通过首先编制机构部门资产负债综合表，再编制经济总体资产负债表的步骤来完成。

由于经济总体资产负债表的登录原则和方法与机构部门相同，在此仅将经济总体各种资产负债表列出，并只对其中一些重要的数量关系加以说明，其他有关内容可以参阅机构部门资产负债表部分。

一、经济总体会计年度期初资产负债表

机构部门会计年度期初资产负债综合表和经济总体会计年度期初资产负债表分别如表8－30和表8－32所示。

（一）机构部门会计年度期初资产负债综合表

机构部门会计年度期初资产负债综合表是一张由国内各机构部门、经济总体和国外构成的，记录这些经济主体在会计年度期初各种资产负债状况的会计报表。

【例8－17】将国内各机构部门和国外所要核算的会计年度期初资产负债表加以整理，通过一张资产负债表全面记录这些部门和经济总体期初资产负债情况，即可得到如表8－30所示的机构部门会计年度期初资产负债综合表。

表8－30　　机构部门会计年度期初资产负债综合表

资产								负债和资产净值						
国外	经济总体	NPISH	住户	一般政府	金融公司	非金融公司	资产负债科目	非金融公司	金融公司	一般政府	住户	NPISH	经济总体	国外
	4621	159	1429	789	93	2151	非金融资产							
	2818	124	856	497	67	1274	非金融生产资产							
	2579	121	713	467	52	1226	固定资产							
	114	1	48	22		43	存货							
	125	2	95	8	15	5	贵重物品							
	1803	35	573	292	26	877	非金融非生产资产							
	1781	35	573	286	23	864	自然资源							
	22			6	3	13	合约、租约和许可							
							商誉和营销资产							

续表

国外	经济总体	NPISH	住户	一般政府	金融公司	非金融公司	资产负债科目	非金融公司	金融公司	一般政府	住户	NPISH	经济总体	国外
805	8231	172	3260	396	3421	982	金融资产/负债	3221	3544	687	189	121	7762	1274
	770			80	690		货币黄金和特别提款权						0	770
105	1482	110	840	150		382	通货和存款	40	1281	102	10	38	1471	116
125	1263	25	198		950	90	债务性证券	44	1053	212	2		1311	77
70	1384	8	24	115	1187	50	贷款	897		328	169	43	1437	17
345	2614	22	1749	12	551	280	股权和投资基金份额/单位	1987	765	4			2765	203
26	470	4	391	20	30	25	保险、养老金和标准化担保计划	12	435	19		5	471	25
0	21	0	3	0	13	5	金融衍生产品和雇员股票期权	4	10				14	7
134	227	3	55	19		150	其他应收/应付款	237		22	8	35	302	59
							资产净值	-88	-30	498	4500	210	5090	-469

由机构部门会计年度期初资产负债综合表可以看出，该经济总体各机构部门以及国外期初的资产、负债和资产净值表现出各自不同的特点。非金融公司部门和政府部门的资产主要是非金融资产，而金融公司部门和住户部门的金融资产超过了非金融资产。由于非金融公司部门、金融公司部门和国外所持有的负债超过了它们各自持有的资产，从而导致这三个部门会计年度期初的资产净值为负，表明它们在上一个会计年度是在负债状态下运行的。住户部门是拥有社会财产最多的部门，该部门的资产净值为4500，占资产净值总额5090的88.41%；其次是政府部门为498，占总额的9.78%。国外的资产净值为-469，表明国内在会计年度期初对国外拥有469的净金融债权。

各机构部门会计年度期初的资产负债率如表8-31所示。

表8-31　机构部门会计年度期初资产负债率

部门	非金融公司部门	金融公司部门	政府部门	住户部门	NPISH
资产负债率（%）	102.8	100.9	58.0	4.0	36.6

由表8-31可以明显看出，由于非金融公司部门和金融公司部门各自的负债多于资产，因而使它们的资产负债率大于100.0%，也就意味着这两个市场生产部门是在依靠负债进行经营活动。在其余的三个部门中，住户部门的资产负债率仅为4.0%，这也意味着该部门的所有的生产经营、投资和最终消费活动基本依靠自有的资产来进行。政府部门和

为住户服务的非营利机构尽管它们的资产负债率都是两位数，但也都低于60.0%。

（二）经济总体会计年度期初资产负债表

经济总体会计年度期初资产负债表是一张由机构部门会计年度期初资产负债表汇总而成，概括记录经济总体会计年度期初资产负债状况的会计报表。

【例8－18】将上述表8－30中有关经济总体部分的内容摘录出来，按资产负债表的标准格式进行填写，即得到如表8－32所示的经济总体会计年度期初资产负债表。

表8－32　　经济总体会计年度期初资产负债表

资产		负债和资产净值	
资产合计	12852		
非金融资产	4621		
非金融生产资产	2818		
固定资产	2579		
存货	114		
贵重物品	125		
非金融非生产资产	1803		
自然资源	1781		
合约、租约和许可	22		
商誉和营销资产	0		
金融资产	8231	负债	7762
货币黄金和特别提款权	770	货币黄金和特别提款权	0
通货和存款	1482	通货和存款	1471
债务性证券	1263	债务性证券	1311
贷款	1384	贷款	1437
股票和投资基金份额/单位	2614	股票和投资基金份额/单位	2756
保险、养老金和标准化担保计划	470	保险、养老金和标准化担保计划	471
金融衍生工具和雇员股票期权	21	金融衍生工具和雇员股票期权	14
其他应收款	227	其他应付款	302
		资产净值	5090

从经济总体会计年度期初资产负债表可以看出，在经济总体12852的资产总值中，非金融资产为4621，占资产总值的36.0%；金融资产为8231，占资产总值的64.0%。由于金融资产除了货币黄金以外，其他资产都有对应的负债，所以，经济总体金融资产与负债相抵后的差额469，正好是该总体对外的金融债权。

该经济总体会计年度期初非金融资产 4621 与对外净金融债权 469 之和正好为资产净值 5090。这一数量关系进一步证明了经济学关于货币只是实物一种价值符号的基本原理。469 的对外净金融债权表明，该经济总体会计年度期初的全部非金融资产（资产净值 5090）中，有 9.2% 的资产存放在国外。即该经济总体随时都可以用这 469 的对外净金融债权（外汇）从国外购进国内所需要的非金融资产。

按照会计的一般恒等式，该经济总体会计年度期初资产、负债和资产净值的关系为：

$$资产合计 = 负债 + 资产净值$$

$$12852 = 7762 + 5090$$

资产负债率为：

$$资产负债率（\%）= \frac{负债}{资产合计} \times 100\%$$

$$= \frac{7762}{12852} \times 100\% = 60.4\%$$

对照各机构部门的资产负债率水平可知，经济总体资产负债率略高于 60.0%，主要是由于非金融公司部门和金融公司部门资产负债率超过 100.0% 所拉动的。

二、经济总体会计年度期间资产负债变动表

（一）机构部门会计年度期间资产负债变动综合表

机构部门会计年度期间资产负债变动综合表是一张由国内各机构部门、经济总体和国外构成的，通过一张表格记录这些经济主体在会计年度期间由各种交易流量和非交易流量引起的资产负债及其资产净值变动状况的会计报表。

【例 8－19】 通过对前述各机构部门的资产负债变动表和后一章国外的资产负债变动表加以整理，将它们置于一张资产负债变动表中，即得到如表 8－33 所示的机构部门会计年度期间资产负债变动综合表。

表 8－33　　机构部门会计年度期间资产负债变动综合表

资产变化　　负债和资产净值变化

国外	经济总体	NPISH	住户	一般政府	金融公司	非金融公司	资产负债科目	非金融公司	金融公司	一般政府	住户	NPISH	经济总体	国外
	482	11	116	57	－2	300	非金融资产							
	294	7	67	29	－4	195	非金融生产资产							

续表

国外	经济总体	NPISH	住户	一般政府	金融公司	非金融公司	资产负债科目	非金融公司	金融公司	一般政府	住户	NPISH	经济总体	国外
	246	7	53	23	-2	165	固定资产							
	32	0	4	1	0	27	存货							
	16	0	10	5	-2	3	贵重物品							
	188	4	49	28	2	105	非金融非生产资产							
	180	4	48	26	1	101	自然资源							
	8	0	1	2	1	4	合约、租约和许可							
	0	0	0	0	0	0	商誉和营销资产							
54	523	4	205	-9	230	93	金融资产/负债	157	224	102	16	6	505	72
1	11	0	0	1	10	0	货币黄金和特别提款权							12
11	89	2	64	-26	10	39	通货和存款	0	65	37	0	0	102	-2
13	126	0	16	4	96	10	债务性证券	7	64	45	0	0	116	23
4	78	0	3	3	53	19	贷款	21	0	9	11	6	47	35
15	141	1	76	3	44	17	股权和投资基金份额/单位	100	39	2	0	0	141	15
0	49	0	39	1	8	1	保险、养老金和标准化担保计划	0	48	0	1	0	49	0
0	14	0	3	0	8	3	金融衍生产品和雇员股票期权	3	8	0	0	0	11	3
10	15	1	4	5	1	4	其他应收/应付款	26	0	9	4	0	39	-14
							资产净值的变化	236	4	-54	305	9	500	-18
							储蓄和资本转移	88	-5	-90	210	-1	202	-10
							资产物量其他变化	14	-1	-2	-1	0	10	
							名义持有损益	134	10	38	96	10	288	-8
							中性持有损益	82	6	27	87	6	208	-10
							实际持有损益	52	4	11	9	4	80	2

由机构部门会计年度期间资产负债变化综合报表可以看出，该经济总体及其各机构部门和国外在整个会计年度由于交易流量和非交易流量引起的资产、负债和资产净值变动情况。尤其是资产净值变动一项，它表明各种经济主体经过一个会计年度的积累结果。其中，经济总体内部除了政府部门的积累结果不但没有使资产净值增加反而减少了 54 外，其他机构部门经过积累普遍使本部门的资产净值有所增加。尤其是住户部门和非金融公司

部门资产净值增加得比较多，分别为305和236，二者资产净值增加额合计占到经济总体资产净值变动的108.2%。

（二）经济总体会计年度期间资产负债变动表

经济总体会计年度期间资产负债变动表是一张由机构部门会计年度期间资产负债变动表汇总得到的，概括反映经济总体此间资产、负债和资产净值由于各种交易流量和非交易流量引起变动数额的会计报表。

【例8-20】将表8-33中有关经济总体部分数值摘录出来，再将其填写到资产负债变动表的标准格式中，即可得到如表8-34所示的经济总体会计年度期间资产负债变动表。

表8-34　　经济总体会计年度期间资产负债变动表

资产变动		负债和资产净值变动	
资产合计	1005		
非金融资产	482		
非金融生产资产	294		
固定资产	246		
存货	32		
贵重物品	16		
非金融非生产资产	188		
自然资源	180		
合约、租约和许可	8		
商誉和营销资产	0		
金融资产	523	负债	505
货币黄金和特别提款权	11	货币黄金和特别提款权	0
通货和存款	89	通货和存款	102
债务性证券	126	债务性证券	116
贷款	78	贷款	47
股票和投资基金份额/单位	141	股票和投资基金份额/单位	141
保险、养老金和标准化担保计划	49	保险、养老金和标准化担保计划	49
金融衍生工具和雇员股票期权	14	金融衍生工具和雇员股票期权	11
其他应收款	15	其他应付款	39
		资产净值的变化	500
		储蓄和资本转移引起的资产净值变化	202
		资产物量其他变化引起的资产净值变化	10
		名义持有损益引起的资产净值变化	288
		中性持有损益引起的资产净值变化	208
		实际持有损益引起的资产净值变化	80

从经济总体会计年度期间资产负债变动表可以看出，该经济总体在整个会计年度由于各种积累活动使资产增加了1005。其中，非金融资产增加了482，金融资产增加了523，分别占资产增加总额的48.0%和52.0%。与此同时，负债也增加了505。主要是通货和存款（102）、债务性证券（116）及股票和投资基金份额/单位（141），三者分别占负债增加额的20.2%、23.0%和27.9%。

由资产增加额（1005）扣除负债增加额（505），最终使经济总体会计年度的资产净值增加了500。其中，由储蓄和资本转移（交易流量）引起的资产净值增加了202，占资产净值增加总额的40.4%；资产物量其他变化（非交易流量）引起的资产净值增加了10，占资产净值增加总额2.0%；名义持有损益（非交易流量）引起的资产净值增加了288，占资产净值增加总额57.6 %。

从经济总体与国外的关系看，在整个会计年度内由于国外资产增加（54）少于负债增加额（72），从而使国外的资产净值减少了18，亦即经济总体对外资产净值增加了18。其中，由储蓄和资本转移（交易流量）引起的对外资产净值增加了10，占对外资产净值增加总额的55.6%；名义持有损益（非交易流量）引起的对外资产净值增加了8，占对外资产净值增加总额44.4 %。

由于国外的资产净值变动数额是由国内各机构部门内部常住机构单位与国外（非常住单位）之间资产净值变动差额的汇总，所以，从科目之间的平衡关系看，尽管各机构部门资产净值变动额之和等于经济总体资产净值变动额（500），但在这个变动额中包含了和机构部门对外资产净值变动额（合计数为18），这意味着经济总体本会计年度所增加的500资产净值中，有18的资产净值放在国外账户，占全部资产净值增加额的3.6%。

三、经济总体会计年度期末资产负债表

（一）机构部门会计年度期末资产负债综合表

机构部门会计年度期末资产负债综合表是一张由国内各机构部门、经济总体和国外构成的，通过一张表格记录这些经济主体在会计年度末所拥有的资产、所持负债以及资产净值状况的会计报表。

【例8－21】通过对前述各机构部门的期末资产负债表和后一章国外的期末资产负债表加以整理，并将它们置于一张资产负债表中，即得到如表8－35所示的机构部门会计年度末资产负债综合表。

表 8－35　　　　机构部门会计年度期末资产负债综合表

资产								负债和资产净值						
国外	经济总体	NPISH	住户	一般政府	金融公司	非金融公司	资产负债科目	非金融公司	金融公司	一般政府	住户	NPISH	经济总体	国外
	5103	170	1545	846	91	2451	非金融资产							
	3112	131	923	526	63	1469	非金融生产资产							
	2825	128	766	490	50	1391	固定资产							
	146	1	52	23	0	70	存货							
	141	2	105	13	13	8	贵重物品							
	1991	39	622	320	28	982	非金融非生产资产							
	1961	39	621	312	24	965	自然资源							
	30	0	1	8	4	17	合约、租约和许可							
	0	0	0	0	0	0	商誉和营销资产							
859	8754	176	3465	387	3651	1075	金融资产/负债	3378	3768	789	205	127	8267	1346
1	781	0	0	81	700	0	货币黄金和特别提款权							782
116	1571	112	904	124	10	421	通货和存款	40	1346	139	10	38	1573	114
138	1389	25	214	4	1046	100	债务性证券	51	1117	257	2	0	1427	100
74	1462	8	27	118	1240	69	贷款	918	0	337	180	49	1484	52
360	2755	23	1825	15	595	297	股权和投资基金份额/单位	2087	804	6	0	0	2897	218
26	519	4	430	21	38	26	保险、养老金和标准化担保计划	12	483	19	1	5	520	25
0	35	0	6	0	21	8	金融衍生产品和雇员股票期权	7	18	0	0	0	25	10
144	242	4	59	24	1	154	其他应收/应付款	263	0	31	12	35	341	45
							资产净值	148	－26	444	4805	219	5590	－487

表 8－35 记录了各机构部门、经济总体和国外在本会计年度末各自所拥有的资产、所持负债，以及资产净值的状况。

从静态上分析，通过这张资产负债综合表可以分析各机构部门内部、机构部门之间、机构部门和经济总体之间，以及经济总体与国外之间在资产、负债和资产净值等方面所存在的相互关系。比如，就住户部门而言，其会计年度末所持有的资产总额为5010。其中，非金融资产为1545，占全部资产的30.8%；金融资产为3465，占全部资产的69.2%。可见，住户部门的主要资产还是金融资产。住户部门所持有的金融资产是非金融资产的两倍多。与此同时，该部门所持负债为205。负债的主要类型是贷款（180），其金额占全部负债的87.8%。将该部门所拥有资产扣除所持负债后，其资产净值为4805。再将住户部门的资产、负债和资产净值与其他机构部门以及经济总体进行对比分析我们可以发现，住户部门是经济总体五个机构部门中拥有资产和资产净值最多的部门。其所拥有的5010资产占经济总体资产总额13857的36.2%；而资产净值4805，更是占到经济总体资产净值5590的86.0%，这充分体现了藏富于民的发展经济原则。而该部门的负债只有205，仅高于为住户服务的非营利机构，是整个经济总体中负债次少的部门。

此外，根据机构部门本会计年度期末资产负债综合表我们还可以分析各机构部门的资产负债率状况，具体见表8－36。

表8－36　　机构部门会计年度期末资产负债率

部门	非金融公司部门	金融公司部门	政府部门	住户部门	NPISH
资产负债率（%）	95.8	100.7	64.0.0	4.1	36.7

由表8－36可以看出，非金融公司部门和金融公司部门仍然是五个机构部门中会计年度末资产负债率最高的两个部门，而资产负债率最低的依然为住户部门。

从动态上分析，通过这张资产负债综合表可以同各机构部门内部从会计年度期初到期末资产、负债和资产净值的变动情况进行对比分析，并将这些部门、经济总体和国外的同类资料置于一张表中进行对比分析（见表8－37）。

表8－37　　机构部门资产、负债和资产净值增长速度

增长速度（%）＼部门	非金融公司部门	金融公司部门	政府部门	住户部门	NPISH	经济总体
资产	12.5	6.5	4.1	6.9	4.5	7.8
负债	4.9	6.3	14.9	8.5	5.0	6.5
资产净值	268.2	13.3	－10.8	6.8	4.3	9.8

由表8－37可以看出，在经济总体的五个机构部门中，非金融公司部门由于在会计年度资产增长的速度远远快于负债的增长速度，从而不仅使其资产净值由期初的负值（－88）变为正值（148），而且增长速度也是最高的，达到了268.2%。而政府部门由

于负债增长速度比资产增长速度高出10个多百分点，从而使其资产净值降低了10.8%。住户部门尽管负债的增长速度高于资产增长速度，但是由于资产的绝对数额远远高于负债的绝对数额，进而使其资产净值的增长速度基本与资产的增长速度保持同步。

如果将五个机构部门的期初和期末资产负债率放在一起比较，可以看出每个部门在这个科目上所发生的变化（见表8－38）。

表8－38　机构部门会计年度期初、期末资产负债率变化表

单位：%

部门	非金融公司部门	金融公司部门	政府部门	住户部门	NPISH
期初资产负债率	102.8	100.9	58.0	4.0	36.6
期末资产负债率	95.8	100.7	64.0	4.1	36.7
资产负债率变化率	-7.0	-0.2	6.0	0.1	0.1
期初期末平均资产负债率	99.1	100.8	61.0	4.1	36.6

从本会计年度期初到期末各机构部门资产负债率的变化率来看，非金融公司部门降低的幅度比较大，由期初的102.8%降低到95.8%，降低了7个百分点，而政府部门则提高了6个百分点。其余三个部门变化的幅度都不大，除了金融公司部门降低了0.2个百分点外，住户部门和为住户服务的非营利机构各提高了0.1个百分点。

由于无论是期初资产负债率还是期末资产负债率都是时点科目，它们只能反映各机构部门在某一瞬间（期初或期末）资产负债的对比状况，而要考察整个会计年度期间或每个时点资产负债的对比状况，则需要看各机构部门的期初期末平均资产负债率。从表8－38最后一行看，非金融公司部门由于在会计期间资产数量增加得比较多，从而不仅使期末的资产负债率比期初降低得比较快，也使整个会计期间的平均资产负债率低于100.0%。其余几个机构部门的平均资产负债率较各自两个时点的数值差异都不是十分大。

（二）经济总体会计年度期末资产负债表

经济总体会计年度期末资产负债表是各机构部门期末资产负债表的汇总，用于概括记录经济总体整个会计年度经过各种积累后，资产、负债和资产净值在期末所达到的规模。

【例8－22】通过对表8－35中有关经济总体的内容进行摘录，再将这些数值填写到资产负债表的标准格式中，即得到经济总体会计年度期末资产负债表（见表8－39）。

表 8－39　　经济总体会计年度期末资产负债表

资产		负债和资产净值	
资产合计	13857		
非金融资产	5103		
非金融生产资产	3112		
固定资产	2825		
存货	146		
贵重物品	141		
非金融非生产资产	1991		
自然资源	1961		
合约、租约和许可	30		
商誉和营销资产	0		
金融资产	8754	负债	8267
货币黄金和特别提款权	781	货币黄金和特别提款权	0
通货和存款	1571	通货和存款	1573
债务性证券	1389	债务性证券	1427
贷款	1462	贷款	1484
股票和投资基金份额/单位	2755	股票和投资基金份额/单位	2897
保险、养老金和标准化担保计划	519	保险、养老金和标准化担保计划	520
金融衍生工具和雇员股票期权	33	金融衍生工具和雇员股票期权	25
其他应收款	242	其他应付款	341
		资产净值	5590

综观经济总体会计年度期末资产负债表，其总资产 13857 中有 63.2% 的资产为金融资产（8754），其余 36.8% 为非金融资产（5103）。在 8754 的金融资产中扣除国内对应的负债 8267，余额 487 则为对外的净金融债权。

将经济总体会计年度期初、期末有关资产、负债、资产净值、资产负债率等科目（指标）进行对比，可以分析该经济总体在这些方面所发生的变化（见表 8－40）。

表 8－40　　经济总体会计年度资产负债分析表

	期初	期末	增减变动	
			绝对额	百分比（%）
资产	12852	13857	1005	7.8
负债	7762	8267	505	6.5
资产净值	5090	5590	500	9.8
资产负债率（%）	60.4	61.8	1.4	

从表 8－40 可以看出，由于该经济总体会计年度的资产增加多于负债的增加，从而使其资产净值的增长速度分别快于资产的增长速度和负债的增长速度。这也证明该经济总体本会计年度的积累效果较为理想。与此同时也可以看出，该经济总体本会计年度的资产负债率无论是期初还是期末，都保持在一个极低的水平。

四、经济总体会计年度资产负债合并表

有时为了满足经济总体会计核算和管理的要求，需要编制一张经济总体资产负债合并报表。该表的编制方法如同机构部门编表方法一样，将三个资产负债表加以合并，剔除其中一些更细的科目，即可得到一张经济总体资产负债合并报表（见表 8－41）。

表 8－41　　经济总体资产负债表

	资产存量和变化量		负债与资产净值存量和变化量	
期初资产负债	资产合计	12852		
	非金融资产	4621		
	非金融生产资产	2818		
	非金融非生产资产	1803		
	金融资产	8231	负债	7762
			资产净值	5090
资产负债变动	资产变动合计	1005		
	非金融资产净获得	482		
	非金融生产资产	294		
	非金融非生产资产	188		
	金融资产净获得	523	负债净发生	505
			资产净值变化总额	500
			储蓄和资本转移引起资产净值变化	202
			资产物量其他变化引起资产净值变化	10
			名义持有损益引起资产净值变化	288
			中性持有损益引起资产净值变化	208
			实际持有损益引起资产净值变化	80
期末资产负债	资产合计	13857		
	非金融资产	5103		
	非金融生产资产	3112		
	非金融非生产资产	1991		
	金融资产	8754	负债	8267
			资产净值	5590

五、经济总体会计年度资产账户

国家会计制度除了设计一套完整的期初、期间和期末资产负债表外，还对经济总体设计了一个资产账户，用以记录经济中所有机构单位、机构部门或经济总体所持有的同类资产和负债的价值。

资产账户的各行分别记录了资产、负债和资产净值；各列分别记录了期初资产负债表、资本和金融账户、资产物量其他变化账户、重估价账户，以及期末资产负债表。经济总体资产账户的结构详见表 8-42。

表 8-42　　经济总体会计年度资产账户

	期初资产负债表	资本和金融账户	资产物量其他变化账户	重估价账户			期末资产负债表
				名义持有收益	中性持有收益	实际持有损益	
非金融资产	4621	192	10	280	198	82	5103
生产资产	2818	175	-7	126	121	5	3112
固定资产	2579	137	-2	111	111	0	2825
存货	114	28	-3	7	4	3	146
贵重物品	125	10	-2	8	6	2	141
非生产资产	1803	17	17	154	77	77	1991
自然资源	1781	17	11	152	76	76	1961
合约、租约和许可	22	0	6	2	1	1	30
商誉和营销资产	0	0	0	0	0	0	0
金融资产	8231	436	3	84	136	-52	8754
货币黄金和 SDR_S	770	-1	0	12	16	-4	781
通货和存款	1482	89	0	0	30	-30	1571
债务性证券	1263	86	0	40	25	15	1389
贷款	1384	78	0	0	28	-28	1462
股票和投资基金份额/单位	2614	107	2	32	26	6	2755
保险、养老金和标准化担保计划	470	48	1	0	7	-7	519
金融衍生工具和雇员股票期权	21	14	0	0	0	0	35
其他应收/应付款	227	15	0	0	4	-4	242

续表

	期初资产负债表	资本和金融账户	资产物量其他变化账户	重估价账户			期末资产负债表
				名义持有收益	中性持有收益	实际持有损益	
金融负债	7762	426	3	76	126	-50	8267
货币黄金和 SDR_S	0	0	0	0	0	0	0
通货和存款	1471	102	0	0	30	-30	1573
债务性证券	1311	74	0	42	26	16	1427
贷款	1437	47	0	0	29	-29	1484
股票和投资基金份额/单位	2756	105	2	34	28	6	2897
保险、养老金和标准化担保计划	471	48	1	0	7	-7	520
金融衍生工具和雇员股票期权	14	11	0	0	0	0	25
其他应收/应付款	302	39	0	0	6	-6	341
资产净值	5090	202	10	288	208	80	5590

在资产账户中，某类资产的期初资产负债和期末资产负债之间，可以通过以下恒等式连接起来：

$$\begin{array}{c}\text{期初某类资产}\\\text{存量价值}\end{array}+\left(\begin{array}{c}\text{会计年度通过交易}\\\text{获得同类资产价值}\end{array}-\begin{array}{c}\text{同期处置同类}\\\text{资产价值}\end{array}\right)$$

$$+\text{持有这些资产的物量其他变化价值}$$

$$+\text{持有这些资产名义持有损益价值}$$

$$=\text{期末同类资产存量价值}$$

例如，资产净值：

$$5090+202+10+288=5590$$

【复习思考题】

1. 什么是经济总体？它具有哪些特点？
2. 简述经济总体会计核算与机构部门会计核算和机构单位会计核算的关系。
3. 简述机构部门综合账户的构造。
4. 解读机构部门生产综合账户。
5. 什么是国内生产总值？
6. 简述国内生产总值的三种表现形态和与其相对应的核算方法。

7. 阐述国民总收入的概念、功能及其与国内生产总值的关系。

8. 什么是国民可支配收入？如何分别从收入来源和使用去向核算国民可支配收入？

9. 什么是调整后国民可支配收入？经济总体层面它与国民可支配收入是什么关系？

10. 要科学准确地从经济总体层面分析各经济主体最终收入分配格局，应当采用哪种收入科目？

11. 如何解读机构部门资本综合账户和金融综合账户？

12. 如何解读机构部门资产负债综合表和经济总体资产负债表？

第九章　国外会计核算

【学习目标与要求】

1. 掌握国外的概念、国外账户的记账规则和记账货币单位原则；
2. 掌握国外经常账户中各类账户中的科目和账户的编制方法；
3. 掌握国外积累账户中各类账户中的科目和账户的编制方法；
4. 了解国外资产负债表的基本内容。

第一节　国外会计核算的基本问题

一、国外

在一个开放性的国度里，国内的常住机构单位总是要与非常住单位发生经济往来的。由于国家会计制度核算的是常住单位的交易往来，同时又要保证会计账目的平衡，所以在涉及与非常住单位的交易往来时，只关注其非常住性而不关注具体的交易单位，由此就把所有与国内常住单位发生交易的非常住单位统称为国外。

在国家会计中，国外是指所有与常住单位有交易或其他经济联系的非常住单位的统称。这些非常住单位的集合尽管不是一个机构部门，但在国家会计核算中通常将其作为一个机构部门来处理。因此，有时也称为“国外部门”。

二、国外（部门）账户

国外（部门）账户是国内常住机构单位或部门为了记录与非常住单位（国外）之间的交易或其他经济关系，立足于国外编制的部分账户序列的统称。

正确理解国外账户的含义，需要明确以下两点：第一，国外账户是立足于国外编制的，也就是说对于国内常住单位而言，国外账户的来源构成国内常住单位（机构部门）账户的使用；国外账户的使用则构成国内常住单位（机构部门）账户的来源。第二，尽管为了方便起见以及与国内各机构部门对等，经常将国外作为一个部门处理，但国外并不是一个一定要编制完整账户序列的部门，而只限于编制那些记录常住单位与非常住单位之间的交易或其他经济关系的账户和报表。

三、国外账户的记账规则

如上所述，正是由于国外账户是立足于国外角度对非常住单位与常住单位之间的交易或其他经济关系进行记账，所以对于经常账户，凡是能给国外带来收入的交易都记录在国外账户的来源方，凡是引起国外支出的交易都记录在国外账户的使用方；对于积累账户和资产负债表，国外账户的右方记录国外的负债和资产净值变化或存量，国外账户的左方则记录国外的资产变化或存量。

有关其他记账规则与国内常住单位（机构部门）相同。

四、记账货币单位原则

在进行对外交易核算时，对于采用不同货币或其他价值标准表示的价值，都要折算成标准记账单位，即编制国外账户的国家所采用的货币单位。

将一种交易货币单位折算成另一种记账货币单位的适当汇率是交易日期的通行汇率。如果没有此项汇率，则采用最短时期的平均汇率。这种平均汇率应使用买入和卖出汇率的中间价，并且不包括任何介于中间值和买入卖出汇率之间的服务费。

五、国外涉及与国内有交易或其他经济关系的账户

如上所述，对于国外来说，并不要求（实际上也不可能）编制一套完整的账户（或表）体系，它只限于编制部分与国内常住机构单位有交易或其他经济关系的账户或表。这些账户和表包括货物和服务账户（包含在生产账户中）、初始收入分配账户、收入再分配账户、资本账户、金融账户、资产物量其他变化账户、重估价账户和资产负债表。

下面各节就上述各有关国外账户的内容分别进行介绍。

第二节 国外经常账户

国外经常账户包括货物与服务账户、初始收入账户和二次收入账户。

一、国外货物和服务账户

国外货物和服务账户是记录常住单位（机构部门）与非常住单位（国外）之间由于进行货物和服务进出口交易而产生收支情况的账户。

（一）国外货物和服务账户中的科目

国外货物和服务账户包括以下科目。

1. 货物和服务出口

货物和服务出口由常住单位（机构部门）向非常住单位（国外）进行货物和服务的销售、易货贸易或赠予所组成。货物和服务出口科目下进一步细分为货物出口和服务出口两个子科目。

该科目记录在账户的使用方。

2. 货物和服务进口

货物和服务的进口由常住单位（机构部门）从非常住单位（国外）进行货物和服务的购买、易货贸易或赠予的接受所组成。货物和服务进口科目下进一步细分为货物进口和服务进口两个子科目。

该科目记录在账户的来源方。

3. 货物和服务对外差额

货物和服务对外差额是国外货物和服务账户的平衡科目，是常住单位（机构部门）货物和服务的出口减去货物和服务进口后的差额，反映常住单位（机构部门）在会计年度的进出口贸易状况。

该科目记录在账户的使用方。

（二）国外货物和服务账户结构

国外货物和服务账户与其他经常账户的结构基本相同，分设来源方和使用方。来源方记录国内的进口（国外的出口），使用方记录国内的出口（国外进口）和平衡科目——货物和服务对外差额。具体表式可见表 9－1。

【例 9－1】 据国家会计资料显示，某经济总体在某个会计年度，所有机构部门与国外所发生的货物与服务进出口贸易如下：

该经济总体出口到国外的货物与服务分别为 462 和 78；同期，从国外进口的货物和服务分别为 392 和 107。

根据上述资料，编制该经济总体在该会计年度的国外货物与服务账户。

将国内所有机构部门（单位）与国外之间发生货物服务进出口交易的数据，按照上述记账规则和所涉及科目的置放方法，即可得到如表 9－1 所示的国外货物和服务账户。

表 9－1　　国外货物与服务账户

使用		资源	
货物和服务出口	540	货物和服务进口	499
货物出口	462	货物进口	392
服务出口	78	服务进口	107
货物和服务对外差额	－41		

从表 9－1 可以看出，由于该经济总体货物和服务出口的总额（540）多于国外货物和服务进口的总额（499），从而使该经济总体在货物和服务的进出口贸易中产生 41 的顺差（国外的逆差）。

如果将该经济总体进出口贸易总额（1039）与同期国内生产总值（1854）相比，即可得到该经济总体的对外贸易依存度高达 56.0%。由此表明，该经济总体的经济活动超过一半与国外之间存在着联系，是一个开放度比较高的国家。

二、国外初始收入账户

国外初始收入账户是记录常住单位与非常住单位之间由于发生与初始收入有关的交易活动相关科目的账户。

（一）国外初始收入账户中的科目

1. 雇员报酬

凡是常住单位与非常住单位在交易活动中所形成的雇员报酬都在这个账户中记录。国外获得的雇员报酬记录在来源方；国内各机构部门获得的雇员报酬记录在使用方。

2. 生产税和进口税、生产补贴

由于国外账户序列不包括收入形成账户，因此与经济总体中账户序列不同的是，常住单位对国内政府上缴的生产税和从政府得到的生产补贴记录在收入形成账户，而常住单位对非常住单位所属的政府所有应付生产税和应得生产补贴则记录在初始收入账户中，与之相对应，国内政府相应的登录项目也显示在初始收入分配账户中。

3. 财产收入

凡是常住单位与非常住单位之间发生的应收应付财产收入都记录在这个账户中。常住单位应收的财产收入记录在账户的使用方，应付的财产收入记录在账户的来源方；非常住单位的应收应付财产收入作相反的登录。

上述四个会计科目中，雇员报酬和财产收入是这个账户的两个主要科目，而且二者合并在一起，构成常住单位与非常住单位之间的要素收入。而生产税和进口税与补贴两个科目，通常情况下发生的数额较小。

4. 初始收入对外差额

初始收入对外差额是国外初始收入账户的平衡科目，是由该账户来源方合计数与使用方合计数相减后的差额，反映非常住单位与常住单位之间在国际交往中所形成的初始收入结果。

（二）国外初始收入账户实例

【例 9－2】 据国家会计资料显示，上述经济总体在某个会计年度所有机构部门与国外之间在初始收入分配阶段所发生经济往来如下：

经济总体从国外获得的雇员报酬为 6，财产收入为 44；国外从经济总体获得的雇员报酬和财产收入分别为 2 和 38。

经济总体与国外之间没有发生生产税和进口税、生产补贴的交易。

根据以上资料，编制该经济总体本会计年度的国外初始收入账户。

将上述交易资料登录到国外收入初始账户中，便形成如表 9－2 所示的账户内容。

表 9－2　　国外初始收入账户

使用		来源	
雇员报酬	6	雇员报酬	2
生产税和进口税	0	生产税和进口税	0
生产补贴（－）	0	生产补贴（－）	0
应付财产收入	44	应收财产收入	38
初始收入对外差额	－10		

从表 9－2 中可以看出，由于国外从国内获得的雇员报酬与财产收入之和（40）少于国内从国外得到的两项收入之和（50），从而造成国外初始收入收不抵支的数额为 10，亦即经济总体从国外获得的初始收入净额为 10。

三、国外二次收入账户

国外二次收入账户是记录国外与国内之间收入再分配对应科目的账户。这个账户只包括对外经常转移和二次收入对外差额两个科目。其中，后者为该账户的平衡科目。

【例 9－3】据国家会计资料显示，上述经济总体在某个会计年度所有机构部门与国外之间所发生的经常转移收支状况分别为，经济总体从国外应获得的经常转移为 17，而同期应付给国外的经常转移为 55。

根据以上资料，编制该经济总体本会计年度的国外二次收入账户。

将上述交易记录登录到国外二次收入账户，即可得到以下的账户内容（见表 9－3）。

表 9－3　　国外二次收入账户

使用		来源	
经常转移	17	经常转移	55
二次收入对外差额	38		

国外二次收入账户的平衡科目——二次收入对外差额表明，该经济总体在本会计年度由收入二次分配减少了 38 个单位的国民可支配收入。

四、国外经常账户概览

国外经常账户概览，是将上述国外货物和服务账户、国外初始收入账户和国外二次收入账户等三个账户组合在一起，形成一个完整的记录国外经常账户科目和平衡科目的账户。账户的具体形式如表 9 - 4 所示。

表 9 - 4　　国外经常账户概览

使用		来源	
货物和服务账户			
货物和服务出口	540	货物和服务进口	499
货物和服务对外差额	-41		
初始收入账户			
雇员报酬	6	雇员报酬	2
生产税和进口税	0	生产税和进口税	0
生产补贴（-）	0	生产补贴（-）	0
财产收入	44	财产收入	38
初始收入对外差额	-10		
货物服务和初始收入对外差额	-51		
二次收入账户			
经常转移	17	经常转移	55
二次收入对外差额	38		
养老金权益变化调整			
经常性对外差额	-13		

从上述国外经常账户概览中可以看出，三个经常账户尽管每个账户都分别有一个平衡科目，但其平衡科目不像在国民账户体系中那样可以从一个账户转到下一个账户。同时，将三个平衡科目依次相加，便会依次得到另外两个平衡科目——货物服务与初始收入对外差额和经常性对外差额。即

货物和服务对外差额（-41）+初始收入对外差额（-10）
=货物服务和初始收入对外差额（-51）
+二次收入对外差额（38）
=经常性对外差额（-13）

在这五个平衡科目中，第一个平衡科目（货物和服务对外差额）和最后一个平衡科目（经常性对外差额）尤为重要。前者反映经济总体与国外之间的货物服务进出口贸易状况；后者反映经济总体对国外（或国外对经济总体）储蓄的依赖程度。

第三节　国外积累账户

国外积累账户包括国外资本账户、国外金融账户、国外资产物量其他变化账户和国外重估价账户。其中，前两个账户记录常住单位与非常住单位之间由于发生各种与资本形成和金融交易有关活动而引起资产和负债以及资产净值的变化；后两个账户（通常统称为国外资产其他变化账户）记录常住单位与非常住单位之间由于一些非交易活动而引起的资产和负债以及资产净值的变化。其中，由于国外资产物量其他变化账户的数量极小，有的会计年度甚至没有发生，因此本节不介绍该账户的内容。

一、国外资本账户

国外资本账户是记录常住单位与非常住单位之间所发生的与资本形成有关活动和结果的账户。

在国外资本账户中，仅有来自国外的应收资本转移、向国外的应付资本转移和非金融非生产资产的获得减处置三个科目。其中，尽管有时一项交易可能因涉及自然资源、合约租约许可、或者商誉和营销资产而被纪录，但是，由于这些资产的性质，并考虑到土地几乎总是在常住单位之间进行获得减处置，因此，非金融非生产资产获得减处置这个科目很少有记录。

【例 9－4】据国家会计核算资料显示，上述经济总体某个该会计年度从国外应收的资本转移为－1，向国外应付的资本转移为4，没有发生非金融非生产资产的获得减处置活动。

根据以上资料，编制该经济总体该会计年度的国外资本账户。

将上述会计资料登录到国外资本账户，便可得到如表 9－5 所示的国外资本账户内容和结构。

表 9－5　　　　国外资本账户

资产变化		负债和净值变化	
非金融非生产资产的获得减处置	0	对外经常差额	－13
		应收的资本转移	4
		应付的资本转移	－1
		储蓄和资本转移引起的资产净值变化	－10
对外资本差额	3		
净借出（＋）/净借入（－）	－10		

表9－5中的数值表明，该经济总体本会计年度对外资本差额为－3。该项数值再加上对外经常差额（13）就得到对国外的净借出为10。

二、国外金融账户

国外金融账户是记录常住单位与非常住单位之间由于金融交易而引起金融资产净获得、负债净发生和资产净值变化的账户。

国外金融账户的结构与国内机构部门相同，只是核算的对象为跨境的金融交易活动。

【例9－5】 据国家会计核算资料显示，上述经济总体在某个会计年度所有常住单位与非常住单位之间的各项金融交易活动汇总结果如下：

在金融资产净获得方面，通货和存款为2、债务性证券为21、贷款为35、股票和投资基金份额/单位为14、金融衍生工具和雇员股票期权为3、其他应收款为14。

在负债净发生方面，特别提款权为1、通货和存款为11、债务性证券为9、贷款为4、股票和投资基金份额/单位为12、其他应付款为10。

根据以上资料，编制该经济总体本会计年度的国外金融账户。

将上述常住单位与非常住单位之间发生的跨境金融交易金额登录到国外金融账户，即可得到如表9－6所示的账户内容与结构。

表9－6　　国外金融账户

资产变化		负债和资产净值变化	
		净借出（＋）/净借入（－）	－10
金融资产净获得	47	负债净发生	57
货币黄金和特别提款权	1	货币黄金和特别提款权	0
通货和存款	11	通货和存款	－2
债务性证券	9	债务性证券	21
贷款	4	贷款	35
股权和投资基金份额/单位	12	股权和投资基金份额/单位	14
保险、养老金和标准化担保计划	0	保险、养老金和标准化担保计划	0
金融衍生工具和雇员股票期权	0	金融衍生工具和雇员股票期权	3
其他应收款	10	其他应付款	－14

上述国外金融账户中的各项数值显示了经济总体资本账户的对外净借出的10是如何在国际金融市场得以实现的。即从金融资产净获得的合计数和负债净发生的合计数看，主要是由对外净获得的金融资产（国外负债净发生）57，多于对外负债净发生（国外金融

资产净获得）47 形成的。而每项金融资产和负债的具体数值则详细地反映了各自的交易构成。

三、国外资产其他变化账户

国外资产其他变化账户包括常住单位和非常住单位之间在整个会计年度期间发生的，由非交易流量引起的资产、负债和资产净值两类变化的账户。即一类是记录国外资产物量其他变化账户，登录的内容包括由于改变常住单位在国外持有资产物量的因素所引起的变化，例如，无偿没收、债权人承认对非常住单位的一笔贷款无法收回等。另一类是记录国外重估价账户，登录的内容包括由于资产价格和汇率的变化所引起的有关国外金融资产的持有损益。

如前所述，由于在常住单位和非常住单位之间极少发生国外资产物量其他变化账户所包括的那些非交易活动，因而，国外资产物量其他变化账户中的科目往往都记录为 0。所以，在此不详细介绍该账户的内容，而重点阐述国外重估价账户。

国外重估价账户由三个账户构成。首先是国外名义持有损益账户，随后又将该账户分解为两个子账户——国外中性持有损益账户和国外实际持有损益账户。

（一）国外名义持有损益账户

国外名义持有损益账户是记录常住单位与非常住单位之间所持有的资产、负债和资产净值，在会计年度内由于资产价格和汇率变化而引起价值额变化的账户。

【例 9 -6】 已知上述经济总体在某个会计年度，由于本国资产价格的变化和相关汇率的变化，导致所持有的国外金融资产和承担的负债名义持有损益价值额发生了如下变化：

货币黄金和特别提款权的价值增加了 12，债务性证券资产价值增加了 2，股票和投资基金份额/单位资产的价值增加了 1。

负债价值增加了 7，分别为债务性证券 4 和股票和投资基金份额/单位 3。

其余所持资产和应偿还债务的价值额没有发生变化。

根据以上资料，编制该经济总体本会计年度的国外名义持有损益账户。

将上述会计资料和通过用金融资产名义持有损益变化额减去负债名义持有损益变化额得到由名义持有损益引起资产净值变化额（ -8），一同登录到国外名义持有损益账户，即可得到该经济总体本会计年度国外名义持有损益账户（见表 9 -7）。

表 9－7　　　　国外名义持有损益账户

资产变化		负债和资产净值变化	
金融资产	7	负债	15
货币黄金和特别提款权	0	货币黄金和特别提款权	12
通货和存款	0	通货和存款	0
债务性证券	4	债务性证券	2
贷款	0	贷款	0
股权和投资基金份额/单位	3	股权和投资基金份额/单位	1
保险、养老金和标准化担保计划	0	保险、养老金和标准化担保计划	0
金融衍生工具和雇员股票期权	0	金融衍生工具和雇员股票期权	0
其他应收款		其他应付款	0
		国外名义持有损益引起的资产净值变化	－8

从上述国外名义持有损益账户可以看出，由于资产价格或汇率的变化，该经济总体所有常住单位持有的国外金融债权价值额在本会计年度增加了15。与此同时，所有常住单位所持有的负债价值额增加了7。二者相抵最终使该经济总体的国外名义持有损益引起的资产净值增加了8。

进一步观察账户中的具体科目可以发现，该经济总体国外金融资产价值额的增加主要是由货币黄金和特别提款权引起的，该类资产增加的价值额（12）占到全部资产价值增加额（15）的80%。而常住单位持有的负债价值的增加额（7）则由债务性证券及股权和投资基金份额/单位两类负债（二者分别为4和3）引起。

（二）国外中性持有损益账户

国外中性持有损益账户是记录常住单位与非常住单位之间所持有的资产、负债和资产净值，在会计年度内价值额变动幅度与整个资产价格和汇率变化幅度相同而引起的价值额增减数额的账户。

【例9－7】已知上述经济总体在同一个会计年度内，由于所持有的国外金融资产和承担的负债价格或汇率变动幅度同本国资产价格变化和相关汇率变化的幅度相同而导致所持有的国外金融资产和承担的负债价值额发生的变化如下：

资产方面，货币黄金和特别提款权的资产价值增加了16，通货和存款的资产价值额增加了2，债务性证券资产价值增加了2，保险、养老金和标准化担保计划的资产价值额增加了1，其他应收款的资产价值额增加了1。

负债方面，通货和存款的负债价值额增加了2，债务性证券的负债价值额增加了3，贷款负债额增加了1，股票和投资基金份额/单位负债价值额增加了2，保险、养老金和标准化担保计划的负债额增加了1，其他应付款增加了3。

根据以上资料，编制该经济总体本会计年度的国外中性持有损益账户。

将上述会计资料和通过用金融资产中性持有损益变化额减去负债中性持有损益变化额得到由中性持有损益引起资产净值变化额（-10），一同登录到国外中性持有损益账户，即可得到该经济总体本会计年度国外中性持有损益账户（见表9-8）。

表9-8　　国外中性持有损益账户

资产变化		负债和资产净值变化	
金融资产	12	负债	22
货币黄金和特别提款权	0	货币黄金和特别提款权	16
通货和存款	2	通货和存款	2
债务性证券	3	债务性证券	2
贷款	1	贷款	0
股权和投资基金份额/单位	2	股权和投资基金份额/单位	0
保险、养老金和标准化担保计划	1	保险、养老金和标准化担保计划	1
金融衍生工具和雇员股票期权	0	金融衍生工具和雇员股票期权	0
其他应收款	3	其他应付款	1
		国外中性持有损益引起的资产净值变化	-10

从上述国外中性持有损益账户可以看到，该经济总体中的常住单位在本会计年度所持有的国外金融债权由于其价格变化幅度同整个资产价格和汇率变化幅度一致而使资产价值额增加了22，与此同时，其对外负债的价值额由于同样的原因而增加了12。资产价值增加额扣除负债价值增加额后，最终使国外中性持有损益引起的资产净值变化为10。该项数值既说明由于资产价格和汇率变动给常住单位带来的收益，同时也说明由于资产价格变动平均水平和汇率变动平均水平对非常住单位带来的损失。

进一步分析表9-8中的科目构成，常住单位所持的国外金融债权除了货币黄金和特别提款权的资产价值额增加较多外（16，占资产增加额22的72.7%），其余国外金融债权价值发生变化的科目较为分散。同样，常住单位所持的国外负债由于此种原因而使价值发生变化的科目也较为分散。

（三）国外实际持有损益账户

国外实际持有损益账户是记录常住单位与非常住单位之间所持有的资产、负债和资产净值，在会计年度内由于价格变动和汇率变动，使其价值额变动幅度高出整个资产价格和汇率变化幅度而引起的价值额增减数额的账户。

【例9－8】 已知上述经济总体在同一个会计年度内，由于所持有的国外金融资产和承担的负债价格或汇率变动幅度高于本国资产价格变化和相关汇率变化的幅度，从而导致所持有的国外金融资产和承担的负债价值额也发生了变化。

通过利用实际持有损益等于名义持有损益减去中性持有损益的公式计算，得到该经济总体本会计年度所持有的各类国外金融资产和负债的实际持有损益分别为：

货币黄金和特别提款权的价值减少了4；通货和存款的资产价值额和负债价值额分别减少了2；债务性证券资产价值没有变化，负债的价值增加了1；贷款的资产额没有变化，负债额减少了1；股票和投资基金份额/单位资产和负债的价值分别增加了1；保险、养老金和标准化担保计划的资产额和负债分别减少了1；金融衍生工具和雇员股票期权的资产和负债价值没有发生变化；其他应收款减少了1，其他应付款减少了3。

根据以上资料，编制该经济总体该会计年度的国外实际持有损益账户。

将上述会计资料和通过用金融资产实际持有损益变化额减去负债实际持有损益变化额得到由实际持有损益引起资产净值变化额（2），一同登录到国外实际持有损益账户，即可得到该经济总体本会计年度国外实际持有损益账户（见表9－9）。

表9－9　　国外实际持有损益账户

资产变化		负债和资产净值变化	
金融资产	－5	负债	－7
货币黄金和特别提款权	0	货币黄金和特别提款权	－4
通货和存款	－2	通货和存款	－2
债务性证券	1	债务性证券	0
贷款	－1	贷款	0
股权和投资基金份额/单位	1	股权和投资基金份额/单位	1
保险、养老金和标准化担保计划	－1	保险、养老金和标准化担保计划	－1
金融衍生工具和雇员股票期权	0	金融衍生工具和雇员股票期权	0
其他应收款	－3	其他应付款	－1
		国外实际持有损益引起的资产净值变化	2

从上述国外实际持有损益账户可以明显看到，该经济总体中的常住单位所持有的国外金融债权的价格上涨幅度低于整个资产价格上涨幅度而造成的持有损失为7。与此同时，常住单位所持有的国外负债由于同样的原因而减少了5（非常住单位所持有的国外金融资产损失了5）。常住单位所持国外金融资产的损失扣除所持负债的收益后，最终使其由国外实际持有损益引起的资产净值减少了2（国外增加了2）。

结合上述持有损益的三个账户，它们的主要科目之间的平衡关系如下：

国外金融资产名义持有损益（7）＝国外金融资产中性持有损益（12）
＋国外金融资产实际持有损益（－5）

国外负债名义持有损益（15）＝国外负债中性持有损益（22）
＋国外负债实际持有损益（－7）

国外名义持有损益引起资产净值变化（－8）＝国外中性持有损益引起资产净值变化（－10）＋国外实际持有损益引起资产净值变化（2）

四、国外积累账户概览

如果将国外资本账户、国外金融账户和国外资产其他变化账户（包括国外资产物量其他变化账户和国外重估价账户）等三组账户组合在一起，即可构建一个国外积累账户概览，完整地记录经济体和国外之间所发生的积累过程和结果。仍以经济总体的国外积累账户为例，将上述几个积累账户组合成国外积累账户概览，其主要内容和构成如表 9－10 所示。

表 9－10　　国外积累账户概览

资产变化		负债和资产净值变化	
资本账户			
		国外经常差额	－13
		应收的资本转移	4
		应付的资本转移	－1
净借出（＋）/净借入（－）	－10		
金融账户			
		净借出（＋）/净借入（－）	－10
金融资产净获得	47	负债净发生	57
国外资产其他变化账户			
国外资产物量其他变化账户			
		国外资产物量其他变化引起的资产净值变化	0
国外重估价账户			
金融资产	7	负债	15
		国外名义持有损益引起的资产净值变化	－8
		国外中性持有损益引起的资产净值变化	－10
		国外实际持有损益引起的资产净值变化	2
		国外积累资产净值变化总量	－18

经济总体国外积累账户概览表明，该经济总体所有常住单位在本会计年度经过整个积累活动，所持有的国外金融债权净值增加了 18。这个金额分别由对外净借出 10 和国外名义持有损益引起资产净值变化 8 构成。与此同时，这个金额也意味着非常住单位同期国外资产净值的减少额。

第四节 国外资产负债表

一、编制国外资产负债表的基本问题

（一）国外资产负债表的概念和内容

国外资产负债表是记录经济总体中的常住单位，在会计年度期初对外拥有金融债权、承担负债和资产净值，交往中各种经常交易和积累活动引起的对外金融债权、负债和资产净值变化额，以及期末对外拥有金融债权、承担负债和资产净值的会计报表。

国外资产负债表包括会计年度期初国外资产负债表、会计年度国外资产负债变动表和会计年度期末国外资产负债表三张会计报表。

由于对外不存在非金融资产问题，所以国外资产负债表全部记录的是对外金融资产和负债的状况。

（二）国外金融资产和负债的估价

对所有国外金融资产和负债的估价，原则上都按与编制国外资产负债表有关时间的现期市场价格进行估价。在某些无法直接获取现期市场价格的情况下，可能需要采用市场价格的估计值或近似值。例如，对于直接投资分支机构的准公司来说，业主净权益的市场价值近似地等于企业资产的市场价值减去对第三方的任何负债的市场价值和股东的非权益负债的价值。

对以外币标价的国外金融资产负债的估价必须按编制国外资产负债表日期通告的市场汇率折算成本国货币，即使用买进卖出即期汇率的中间值进行折算。

二、国外资产负债表的内容与结构

（一）会计年度期初国外资产负债表

会计年度期初国外资产负债表是一张记录从上一会计年度末结转过来的，经济总体中所有常住单位所持有的对外金融债权和负债，以及金融资产净值的会计报表。

【例9－9】由国家会计资料显示，上述经济总体所有常住单位在某个会计年度期初所持有的国外金融债权和负债资料如下：

在金融债权方面，货币黄金和特别提款权770，国外银行存款18外币单位，债务性证券77，贷款17，股票和投资基金份额/单位203，保险、养老金和标准化担保计划25，金融衍生工具和雇员股票期权7，其他应收款59。

在负债方面，非常住单位在国内银行存款16外币单位，非常住单位持有的债务性证券19.4外币单位，贷款70，股票和投资基金份额/单位345，保险、养老金和标准化担保计划26，其他应付款134。

另据有关资料显示，该经济总体上一个会计年度末买进与卖出外币的汇率中间价为6.44。

根据上述资料，编制该经济总体本会计年度的期初国外资产负债表。

我们可以按以下两个步骤编制该经济总体本会计年度期初国外资产负债表。

首先，将会计资料中以外币单位表示的国外金融资产和负债，按上一个会计年度末买进与卖出外币的汇率中间价6.44换算为本国货币表示的资产和负债价值。

其次，将所有各类国外金融资产和负债按编制国外资产负债表的规则登录到国外资产负债表中。

完成上述两个步骤所编制成的期初国外资产负债表如表9－11所示。

表9－11　　期初国外资产负债表

资产		负债和资产净值	
金融资产	805	负债	1274
货币黄金和特别提款权		货币黄金和特别提款权	770
通货和存款	105	通货和存款	116
债务性证券	125	债务性证券	77
贷款	70	贷款	17
股票和投资基金份额/单位	345	股票和投资基金份额/单位	203
保险、养老金和标准化担保计划	26	保险、养老金和标准化担保计划	25
金融衍生工具和雇员股票期权	0	金融衍生工具和雇员股票期权	7
其他应收款	134	其他应付款	59
		资产净值	－469

通过该经济总体期初国外资产负债表可以发现，常住单位在期初所拥有的国外金融债权类型较为集中。在1274的国外金融债权中，最多的货币黄金和特别提款权为770，占到全部国外金融债权的60.4%，其次是股票和投资基金份额/单位203，占全部国外金融债权的15.9%，第三为通货和存款为116，占全部国外金融债权的9.1%。三种国外金融资产的数额占到全部国外金融资产85.5%。

在国外负债方面也表现得较为集中，前四种负债（分别为股票和投资基金份额/单位345，占负债总额42.9%；其他应付款134，占负债总额16.6%；债务性证券125，占负债总额15.5%；通货和存款105，占负债总额13.0%）合计占到全部负债的88.1%。

由于常住单位对外拥有的金融债权1274多于对外持有的负债805，使得该经济总体本会计年度期初对外拥有的金融资产净值为469。

（二）会计年度国外资产负债变动表

会计年度国外资产负债变动表是一张记录在某一会计年度经济总体中所有常住单位与非常住单位之间由于交易和资产其他变化原因引起的金融资产和负债，以及金融资产净值变动情况的会计报表。

【例9-10】已知上述经济总体所有常住单位在某个会计年度通过交易和资产其他变化所持有的国外金融债权和负债净变动如下：

在金融债权方面，货币黄金和特别提款权增加了12，通货和存款减少了2，债务性证券增加了23，对外贷款增加了35，股票和投资基金份额/单位增加了15，金融衍生工具和雇员股票期权增加了3，其他应收款减少了14。

在负债方面，货币黄金和特别提款权增加了1，通货和存款增加了11，债务性证券增加了13，贷款增加了4，股票和投资基金份额/单位增加了15，其他应付款增加了10。

根据上述资料，编制该经济总体本会计年度的国外资产负债变动表。

依据编制国外资产负债变动表的规则，将上述已有的会计资料分别填写到资产负债变动表中，即可得到如表9-12所示该经济总体本会计年度国外资产负债变动表。

从表9-12可以看出，该经济总体所有常住单位通过有关交易和其他变化使其对外拥有的金融债权增加了72，同时，所持有的国外负债也增加了54。对外增加的金融债权减去所增加的国外负债后，最终使经济总体持有的国外资产净值增加了18。其中，由国外储蓄和资本转移引起的金融资产净值增加了10，占全部国外资产净值增加额的55.6%；名义持有损益引起的国外资产净值增加了8，占全部国外资产净值增加额的44.4%。

表 9－12　　国外资产负债变动表

资产变动		负债和资产净值变动	
金融资产	54	负债	72
货币黄金和特别提款权	1	货币黄金和特别提款权	12
通货和存款	11	通货和存款	－2
债务性证券	13	债务性证券	23
贷款	4	贷款	35
股票和投资基金份额/单位	15	股票和投资基金份额/单位	15
保险、养老金和标准化担保计划	0	保险、养老金和标准化担保计划	0
金融衍生工具和雇员股票期权	0	金融衍生工具和雇员股票期权	3
其他应收款	10	其他应付款	－14
		资产净值变化总额	－18
		储蓄和资本转移引起资产净值变动	－10
		资产物量其他变化引起资产净值变动	0
		名义持有损益引起资产净值变动	－8
		中性持有损益引起资产净值变动	－10
		实际持有损益引起资产净值变动	2

（三）会计年度期末国外资产负债表

会计年度期末国外资产负债表是一张记录在某一会计年度末经济总体中所有常住单位所持有的对外金融债权和负债，以及对外金融资产净值的会计报表。

【例 9－11】将上述经济总体所有常住单位在某个会计年度期初所持有的国外金融债权加上该会计年度净获得的相对应国外金融资产，将期初的对外负债加上本会计年度净发生的相对应的负债，再将期初的资产净值加上本会计年度资产净值变动额，分别得到年末对外各类金融资产、负债和资产净值，最后将这些数值分别登录到国外资产负债表即可得到该经济总体本会计年度末的国外资产负债表（见表 9－13）。

表 9－13　　期末国外资产负债表

资产		负债和资产净值	
金融资产	859	负债	1346
货币黄金和特别提款权	1	货币黄金和特别提款权	782
通货和存款	116	通货和存款	114
债务性证券	138	债务性证券	100
贷款	74	贷款	52
股票和投资基金份额/单位	360	股票和投资基金份额/单位	218
保险、养老金和标准化担保计划	26	保险、养老金和标准化担保计划	25
金融衍生工具和雇员股票期权	0	金融衍生工具和雇员股票期权	10
其他应收款	144	其他应付款	45
		资产净值	－487

从表 9－13 可以看出，该经济总体所有常住单位会计年度末所持有的国外金融资产为 1346，比期初的 1274 增加了 72，增长了 5.7%。其中，对外拥有的货币黄金和特别提款权最多，该类金融资产 782 的数额占到全部国外金融债权的 58.1%。在对外负债方面，期末的 859 国外负债比期初的 805 增加了 54，增长了 6.7%。在全部国外负债中，股票和投资基金份额/单位最多，360 的数额占全部国外负债的 41.9%。其余三种国外负债，即通货和存款（116）、债务性证券（138）和其他应付款（144）较为均匀，分别占国外负债总额的 13.5%、16.1% 和 16.8%。上述四项国外负债金额占全部国外负债金额的 88.2%。

由于经济总体会计年度国外金融债权的增加额（72）多于国外负债的增加额（54），最终使国外资产净值增加了 18，由会计年度期初的 469 增加到期末的 487，增长了 3.8%。经济总体国外资产净值增长速度分别低于国外金融资产增长速度（5.7%）和国外负债增长速度（6.7%），主要是由于国外负债增长速度高于国外金融资产增长速度所致。

【复习思考题】

1. 什么是国外？如何看待国外的地位和处理国外账户？
2. 简述国外账户的记账规则和记账单位原则。
3. 国外有哪些涉及与国内有交易或其他经济往来的账户？
4. 简述国外经常账户包括的账户及其各自包含的科目。
5. 国外经常账户概览中有哪些对外交易差额？简述这些差额各自的含义、地位和作用。
6. 国外积累账户都包括哪些账户？
7. 什么是国外资产负债表？如何估价国外金融资产和负债？

主要参考文献

1. ［英］A. 马歇尔．经济学原理［M］．北京：商务印书馆，1964.

2. ［美］保罗·A. 萨缪尔森等．经济学（上、下）（第12版）［M］．北京：中国发展出版社，1992.

3. ［法］弗朗索瓦·勒盖耶，［英］德雷克·布莱兹．理解国民账户（第二版．修订和扩展版）［M］．国家统计局国际信息统计中心，译．北京：中国统计出版社，2017.

4. 国家统计局国民经济核算司编著．中国资产负债表编制方法［M］．北京：中国统计出版社，1997.

5. 李连友．国民经济核算学（第三版）［M］．北京：中国财政经济出版社，2022.

6. 李连友．经济主体收入分配格局与政府调控［M］．保定：河北大学出版社，2010.

7. 联合国经济和社会事务部统计处．国民经济核算体系［M］．闵庆全，等，译．北京：中国财政经济出版社，1982.

8. 联合国等．国民经济核算体系1993［M］．国家统计局国民经济核算司，译．北京：中国统计出版社，1995.

9. 联合国等．国民账户体系2008［M］．中国国家统计局国民经济核算司，等，译．北京：中国统计出版社，2012.

10. 联合国，欧洲中央银行．国民核算手册——国民账户中的金融生产、金融流量与存量［M］．中国人民银行调查统计司，译．北京：中国金融出版社，2018.

11. 许宪春．经济循环账户的基本理论和方法［M］．北京：中国统计出版社，1993.

12. ［英］约翰·理查德·希克斯．价值与资本［M］．北京：商务印书馆，1962.

13. 赵彦云．宏观经济统计分析（第二版）［M］．北京：中国人民大学出版社，2014.

14. 朱小平，等．初级会计学（第10版）［M］．北京：中国人民大学出版社，2019.